SAFETY DOCUMENTATION MANAGEMENT IN HIGHWAY DEVELOPMENT PROJECTS

公路建设项目
安全资料管理

山西交控汾石高速公路有限公司　主编

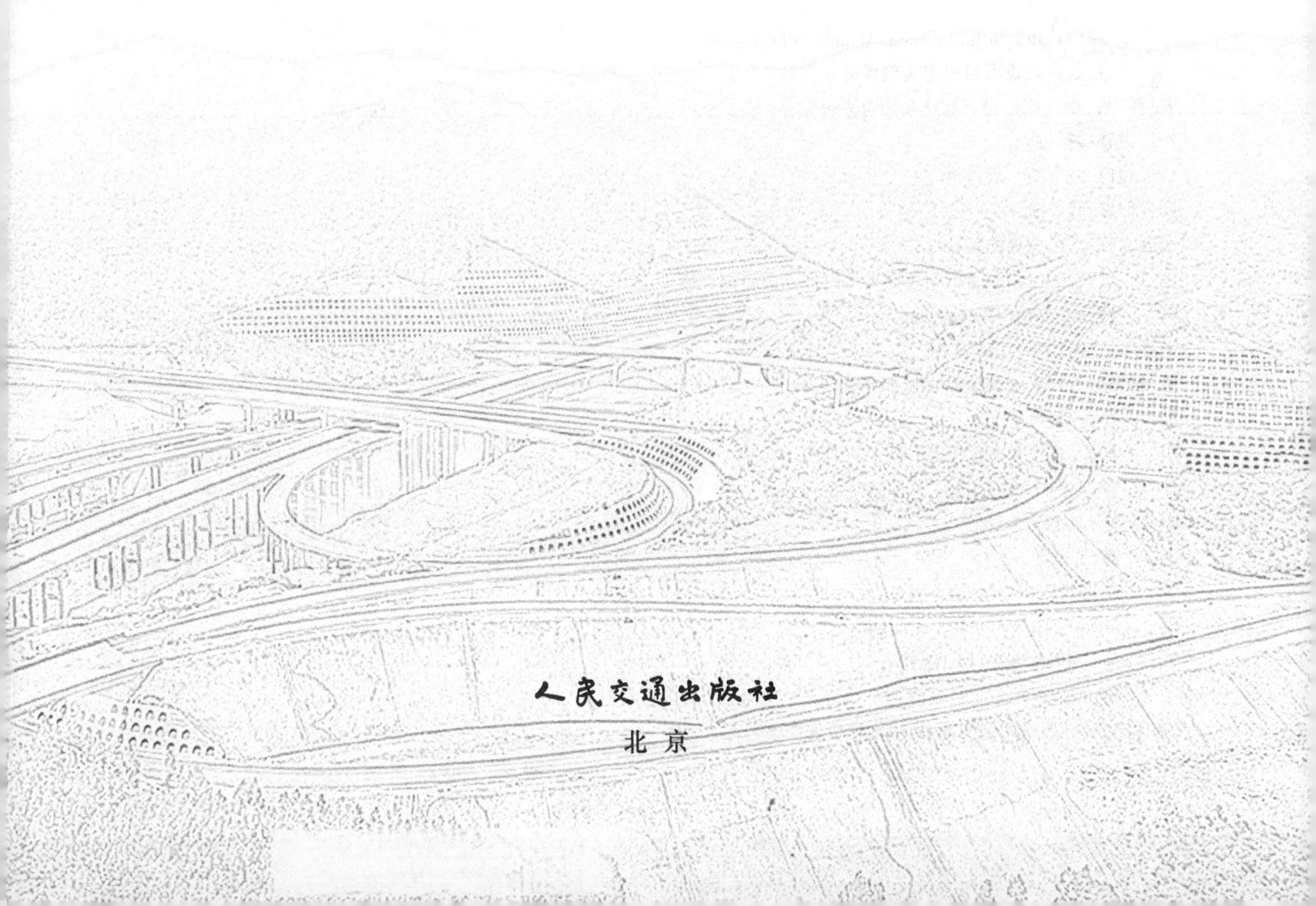

人民交通出版社
北京

内 容 提 要

本书参照《标准化工作导则　第1部分:标准化文件的结构和起草规则》(GB/T 1.1—2020)的规定编写,共7章、3个附录,内容包括:范围、规范性引用文件、术语和定义、安全管理表格编号规则、建设单位安全管理资料、监理单位安全管理资料、施工单位安全管理资料、附录A(资料性)建设单位安全表格、附录B(资料性)监理单位安全表格、附录C(资料性)施工单位安全表格。

本书可供交通运输行业主管部门、公路建设项目参建单位和参建人员使用,也可供公路建设从业者以及其他管理人员参考使用。

图书在版编目(CIP)数据

公路建设项目安全资料管理 / 山西交控汾石高速公路有限公司主编 . — 北京 : 人民交通出版社股份有限公司, 2025. 7. — ISBN 978-7-114-18693-6

Ⅰ. G275.3

中国国家版本馆 CIP 数据核字第 202569Q4H4 号

Gonglu Jianshe Xiangmu Anquan Ziliao Guanli

书　　名:公路建设项目安全资料管理
著 作 者:山西交控汾石高速公路有限公司
责任编辑:姚　旭
责任校对:龙　雪　武　琳
责任印制:张　凯
出版发行:人民交通出版社
地　　址:(100011)北京市朝阳区安定门外外馆斜街3号
网　　址:http:// www. ccpcl. com. cn
销售电话:(010)85285857
总 经 销:人民交通出版社发行部
经　　销:各地新华书店
印　　刷:北京虎彩文化传播有限公司
开　　本:880×1230　1/16
印　　张:25.125
字　　数:532千
版　　次:2025年7月　第1版
印　　次:2025年7月　第1次印刷
书　　号:ISBN 978-7-114-18693-6
定　　价:120.00元

《公路建设项目安全资料管理》
编 委 会

序

交通是国民经济的“大动脉”，是现代化建设的“先行军”。党的十八大以来，交通强国建设蹄疾步稳，我国交通基础设施建设水平在一次次跨越中不断实现自我突破。一张安全、便捷、绿色、智慧的现代综合立体交通网，正为经济社会高质量发展和实现中国式现代化保驾护航，“人享其行、物畅其流”的愿景正在逐步成为现实。

山西省作为能源资源大省和文化重地，地处黄土高原地带，地形起伏较大，地貌类型复杂，公路建设与施工安全面临地层岩性多样、区域地质构造复杂、不良地质及特殊岩土发育等诸多挑战。然而，正是在这样的复杂条件下，交通建设者们以“逢山开路、遇水架桥”的精神，书写着中国交通建设的壮丽篇章。

汾阳至石楼高速公路（简称“汾石高速公路”）是山西省“县县通高速”最后的攻坚项目，也是吕梁革命老区对外开放的重要通道。汾石高速公路的建设不仅是完善全省高速公路网的关键一环，更是推动县域经济社会发展、促进乡村振兴的重要引擎。汾石高速公路全长82.364km，北起山西省吕梁市汾阳市三泉镇汾阳南枢纽，途经孝义市、交口县，南止于石楼县罗村镇石楼东互通，沿线穿越采空区、矿产压覆区等复杂地质条件，桥梁、隧道、互通立交等大型构造物密集，施工难度大、安全风险高。

面对挑战，山西交控汾石高速公路有限公司（简称“汾石公司”）深入贯彻习近平总书记关于安全生产的重要指示批示精神以及交通运输部《关于加强公路水运工程平安工地建设的指导意见》，全面落实山西省交通运输厅关于“交通强国”“质量强国”的部署要求，严格执行山西交通控股集团有限公司关于安全生产管理“五大体系+数智化”建设标准，构建了符合汾石高速公路建设实际的“人防、物防、技防”安全生产管控网，不断将施工安全管理从经验型向科学型转变、从被动防控向主动预防转变、从单一管理向系统治理转变，努力为推动山西高速公路项目建设安全生产管理提供可复制、可推广的“汾石经验”。

项目施工安全资料管理是施工安全管理体系建设重要的环节，是规范施工管理、实施、监理等项目建设程序的重要依据。本书以“覆盖完善、精细精准、执行简单”为编制理念，广泛征求并采纳了行业内外专家、学者以及一线项目管理人员的宝贵意见和建议，涵盖安全培训教育、隐患排查治理、安全风险管控、应急救援管理、人员动态管理、机械设备管理、安全费用管理等施工安全管理相关内容，同时引入了风险评估、应急演练、网格化管理等现代化安全管理方法，旨在提高公路行业安全资料规范化程度，提升公路建设项目施工安全管理科学化、标准化、数智化水平。本书内容对大中型公路建设项目施工安全管理有着较强的规范、指导和借鉴意义。

交通强国，安全先行。本书的编制不仅是对汾石高速公路建设经验的总结，更是对行业高质量发展的探索与实践。本书的出版，既是汾石高速公路建设成果的体现，也是对行业高质量发展的贡献。我们希望，本书能够为公路建设领域的同人们提供有益的参考，共同推动中国交通建设迈向新的高度。

最后，感谢所有参与本书编制的专家、学者以及一线项目管理人员的辛勤付出和无私奉献。正是你们的智慧与努力，使本书内容更加精准完善。由于工程项目的特殊性，书中难免有不足之处，恳请各位专家和读者批评指正，以便我们不断完善和优化内容，更好地服务于公路建设项目施工安全管理工作。

作 者

2025年1月

目次

1 范围

本书规定了公路工程建设期间建设单位及各参建单位归档的全部安全管理资料，包含安全保证体系文件、安全培训教育文件等的收集范围及填写要求。

本书适用于公路工程新建及改扩建项目的施工安全资料管理。

2 规范性引用文件

下列文件中的内容通过文中的规范性引用而构成本文件必不可少的条款。其中，注日期的引用文件，仅该日期对应的版本适用于本文件；不注日期的引用文件，其最新版本（包括所有的修改单）适用于本文件。

GB/T 29639—2020　生产经营单位生产安全事故应急预案编制导则

JT/T 1404—2022　公路水运工程安全生产条件通用要求

JT/T 1405—2022　公路水运工程项目生产安全事故应急预案编制要求

JTG F90—2015　公路工程施工安全技术规范

AQ/T 9007—2019　生产安全事故应急演练基本规范

AQ/T 9009—2015　生产安全事故应急演练评估规范

3 术语和定义

下列术语和定义适用于本书。

3.1 安全生产管理体系

用于实现公路工程建设项目安全生产目标的管理体系。

3.2 风险辨识

发现、识别风险,并确定其特征和特性的过程。

3.3 风险评估

对潜在的风险进行辨识、分析、估测并提出控制措施的系列工作。

3.4 事故隐患

可能导致事故发生的人的不安全行为、物(环境)的不安全状态和管理上的缺陷。

3.5 应急预案

为迅速、有序地开展应急行动,针对公路工程建设项目可能发生的事故(事件)情景预先制订的行动方案。

3.6 平安工地

平安工地是针对公路水运建设工程实施安全生产内控自评、分级考评、持续改进的一项监督管理机制,旨在促进工程项目“3个达标”,即做到施工现场安全防护标准化达标、场容场貌规范化达标、安全管理程序化达标,通过考核评价,建立行业安全监管长效机制,不断提升安全管理水平,避免生产安全事故的发生。

4 安全管理表格编号规则

4.1 单位类别

根据参建单位的类型,使用汉语拼音首字母标识。建设单位表示为“JS”,监理单位表示为“JL”,施工单位表示为“SG”。

4.2 使用范围

“安全”标识为“AQ”。

4.3 类别号

4.3.1 建设单位类别号

建设单位类别号见表4.3.1。

建设单位类别号 **表4.3.1**

序号	分类	类别号
1	安全保证体系文件	01
2	安全培训教育文件	02
3	安全会议管理文件	03
4	安全风险管控文件	04
5	隐患排查治理文件	05
6	安全费用管理文件	06
7	应急救援管理文件	07
8	生产安全事故管理文件	08
9	“平安工地”管理文件	09
10	安全专项活动文件	10

4.3.2 监理单位类别号

监理单位类别号见表4.3.2。

监理单位类别号 表4.3.2

序号	分类	类别号
1	安全保证体系文件	01
2	安全培训教育文件	02
3	安全会议管理文件	03
4	安全风险管控文件	04
5	隐患排查治理文件	05
6	安全生产核查文件	06
7	安全生产事故管理文件	07
8	“平安工地”管理文件	08
9	应急救援管理文件	09
10	安全专项活动文件	10

4.3.3 施工单位类别号

施工单位类别号见表4.3.3。

施工单位类别号 表4.3.3

序号	分类	类别号
1	安全保证体系文件	01
2	人员动态管理文件	02
3	安全培训教育文件	03
4	安全会议文件	04
5	安全风险管控文件	05
6	隐患排查治理文件	06
7	机械设备管理文件	07
8	安全费用管理文件	08
9	应急管理文件	09
10	安全生产事故文件	10
11	“平安工地”管理文件	11

4.3.4 表格流水号

表格流水号为每张表格的顺序号或者编号，如第一张表格，顺序号为“01”。

示例：建设单位安全保证体系文件中第一张表格标识为“JS-AQ-01-01”。

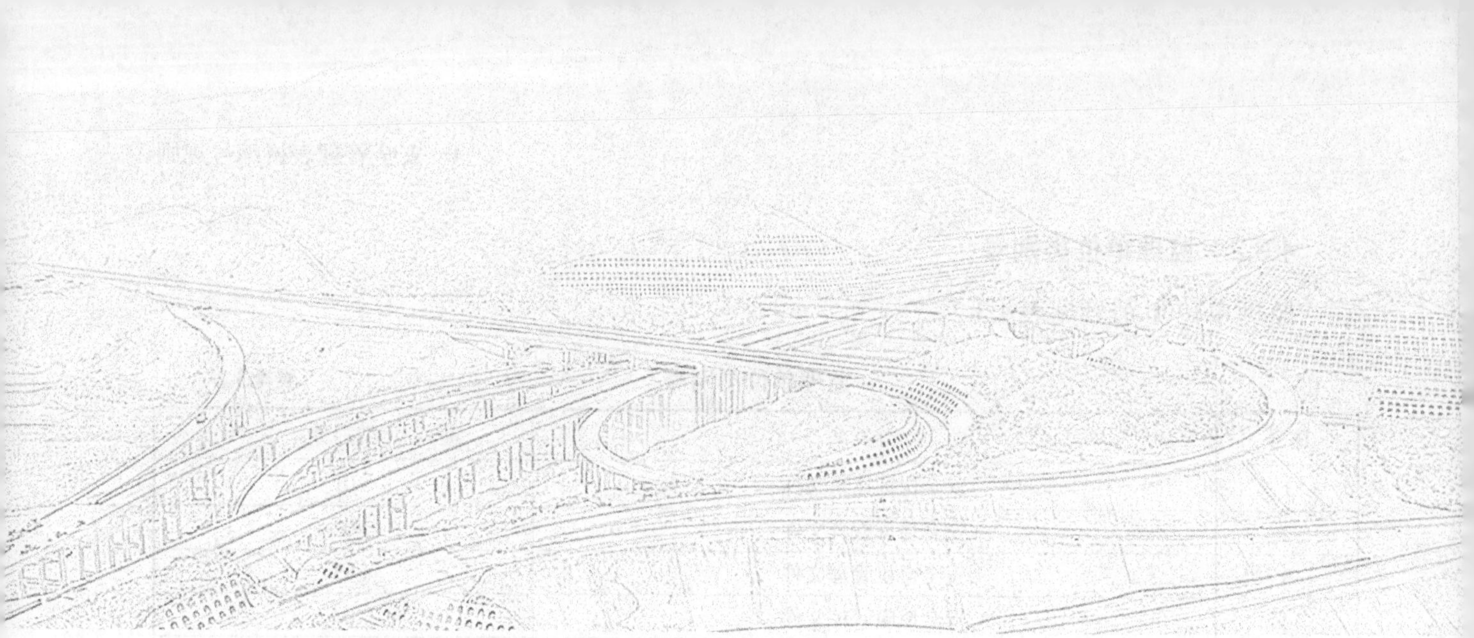

5 建设单位安全管理资料

5.1 安全保证体系文件

建设单位安全保证体系文件包括安全生产管理机构文件、安全管理制度文件、安全生产责任书、往来文件。

5.1.1 安全生产管理机构文件

5.1.1.1 收集范围及排序

收集范围及排序见表5.1.1.1。

安全生产管理机构文件收集范围及排序 **表5.1.1.1**

序号	文件名称	表号	备注
1	安全生产管理机构文件		
1.1	安全生产管理机构文件登记台账	JS-AQ-01-01	
1.2	安全生产委员会组织机构成立文件		
1.3	安全生产委员会工作制度		

5.1.1.2 表格填写说明

安全生产管理机构文件登记台账(JS-AQ-01-01):本表用于建设单位安全生产管理机构文件的登记,登记的文件应按序附表后。

5.1.2 安全管理制度文件

5.1.2.1 收集范围及排序

收集范围及排序见表5.1.2.1。

安全管理制度文件收集范围及排序 **表 5.1.2.1**

序号	文件名称	表号	备注
1	安全管理制度文件		
1.1	安全管理规章制度登记台账	JS-AQ-01-02	
1.2	安全生产监督管理办法		
1.3	安全生产责任制考核办法		
1.4	安全生产领导带班制度		
1.5	安全生产宣传教育及培训制度		
1.6	安全生产隐患排查治理制度		
1.7	安全生产事故隐患的违法行为举报奖励管理办法		
1.8	安全生产考核奖惩办法		
1.9	安全生产费用管理细则		
1.10	生产安全事故报告、处理和追究制度		
1.11	应急值班制度		
1.12	平安工地建设方案		

5.1.2.2　表格填写说明

安全管理规章制度登记台账(JS-AQ-01-02):本表用于发文定稿的各安全生产管理制度的登记,各项安全管理制度应按序附表后。

5.1.3　安全生产责任书

5.1.3.1　收集范围及排序

收集范围及排序见表5.1.3.1。

安全生产责任书收集范围及排序 **表 5.1.3.1**

序号	文件名称	表号	备注
1	安全工作计划及目标文件		
1.1	年度安全生产工作计划(要点)文件		
2	安全生产责任书登记台账	JS-AQ-01-03	
2.1	上级单位与建设单位安全生产责任书		
2.2	建设单位主要负责人履职尽责承诺书		
2.3	全员责任清单		
2.3.1	建设单位全员责任清单		
2.3.2	建设单位全员责任清单考核表		
3	监理单位安全生产责任书		
3.1	建设单位与监理部安全生产目标责任书及合同		
3.2	监理部安全领导班子履职尽责承诺书		
4	项目部安全生产责任书		
4.1	建设单位与项目部安全生产目标责任书及合同		
4.2	项目部安全领导班子履职尽责承诺书		

5.1.3.2　表格填写说明

安全生产责任书登记台账(JS-AQ-01-03):本表主要登记单位与单位、单位与个人签订的安全生产责任书。

5.1.4　往来文件

5.1.4.1　收集范围及排序

收集范围及排序见表5.1.4.1。

往来文件收集范围及排序　　表5.1.4.1

序号	文件名称	表号	备注
1	安全管理文件登记台账	JS-AQ-01-04	
2	各类安全管理往来文件		

5.1.4.2　表格填写说明

安全管理文件登记台账(JS-AQ-01-04):本表用于登记本单位接收其他单位或部门的安全相关文件以及项目下发的安全相关文件,登记的文件应按序附表后。

5.2　安全生产教育培训文件

5.2.1　收集范围及排序

收集范围及排序见表5.2.1。

安全生产教育培训文件收集范围及排序　　表5.2.1

序号	文件名称	表号	备注
1	安全教育培训计划		
1.1	年度安全教育培训计划		
2	安全教育培训活动		
2.1	安全教育培训活动登记台账	JS-AQ-02-01	
2.2	安全教育培训登记表	JS-AQ-02-02	
2.3	安全生产知识学习课件		
2.4	安全教育培训通知文件		
2.5	安全教育培训活动记录表	JS-AQ-02-03	
2.6	安全会议(教育培训活动)签到表	JS-AQ-02-04	
2.7	影像资料卡片	JS-AQ-02-05	
3	安全教育培训考核		
3.1	安全教育培训考核登记台账	JS-AQ-02-06	
3.2	安全教育培训考核结果统计表	JS-AQ-02-07	
3.3	安全教育培训活动试卷(答题结果)		

5.2.2　表格填写说明

(1)安全教育培训活动登记台账(JS-AQ-02-01):本表主要用于每次安全教育培训活动的登记。各项安全教育培训活动宜依次附于表后。

(2)安全教育培训登记表(JS-AQ-02-02):简要介绍主要内容,详细记录安全教育培训的内容和活动情况,附培训内容文字材料(如有)。

(3)安全教育培训活动记录表(JS-AQ-02-03):简要介绍主要内容,详细记录安全教育培训的内容和活动情况,附培训内容文字材料。

(4)安全会议(教育培训活动)签到表(JS-AQ-02-04):签到表上各栏目应填全,签到人处应由参会人本人签字。

(5)影像资料卡片(JS-AQ-02-05):要求附上每次活动彩色照片。

(6)安全教育培训考核登记台账(JS-AQ-02-06):本表用于汇总登记每次安全教育培训考核。

(7)安全教育培训考核结果统计表(JS-AQ-02-07):本表用于汇总每次安全教育培训考核的结果,如一张表格填写不下可续表。

5.3　安全会议管理文件

安全会议文件包含安全会议登记表、安全会议通知文件、安全例会、安全生产专题会议等。

5.3.1　收集范围及排序

收集范围及排序见表5.3.1。

安全会议管理文件收集范围及排序　　**表5.3.1**

序号	文件名称	表号	备注
1	安全会议登记表	JS-AQ-03-01	
1.1	安全会议通知文件		
1.2	安全会议纪要		
1.3	安全会议记录表	JS-AQ-03-02	
1.4	安全会议(教育培训活动)签到表	JS-AQ-02-04	
1.5	影像资料卡片	JS-AQ-02-05	

5.3.2　表格填写说明

(1)安全会议登记表(JS-AQ-03-01):本表用于公司安全会议的登记,每次安全会议记录文件应按序附表后。

(2)安全会议记录表(JS-AQ-03-02):本表在施工单位合同段组织召开安全相关会议后整理会议纪要时使用,记录不下时可另附页,后面应附“安全会议(教育培训活动)签到单”,安全会议具体内容及影像资料应作为附件附表后。

(3)安全会议(教育培训活动)签到表(JS-AQ-02-04):签到表上各栏目应填全,签到人处应由参会人本人签字。

5.4 安全风险管控文件

安全风险管控文件包含总体风险评估文件、专项风险评估文件(报备)、重大风险五项清单、施工组织设计及专项施工方案的备案文件、各专项施工方案的备案文件等。

5.4.1 总体风险评估文件

5.4.1.1 收集范围及排序

收集范围及排序见表5.4.1.1。

总体风险评估文件收集范围及排序 **表5.4.1.1**

序号	文件名称	表号	备注
1	总体风险评估报告		

5.4.2 专项风险评估文件(报备)

5.4.2.1 收集范围及排序

收集范围及排序见表5.4.2.1。

专项风险评估文件(报备)收集范围及排序 **表5.4.2.1**

序号	文件名称	表号	备注
1	安全风险评估报告登记表	JS-AQ-04-01	
2	专项风险评估报告		各类型
2.1	危险性较大工程审批表	JS-AQ-04-02	
2.2	危险性较大工程清单	JS-AQ-04-03	

5.4.2.2 表格填写说明

(1)安全风险评估报告登记表(JS-AQ-04-01):本表用于登记专项风险评估报告正式稿。按时间顺序排列。

(2)专项风险评估报告:风险源普查、辨识、分析以及重大风险源的估测,评估报告应报总监办审批、建设单位备案。

(3)危险性较大工程审批表(JS-AQ-04-02):施工单位申报危险性较大的工程清单用本表。

(4)危险性较大工程清单(JS-AQ-04-03):本表应根据施工单位合同段专项风险评估报告正式稿的危险源台账填写,报监理单位审核、建设单位备案。

5.4.3 重大风险五项清单

5.4.3.1 收集范围及排序

收集范围及排序见表5.4.3.1。

重大风险五项清单文件收集范围及排序　　表 5.4.3.1

序号	文件名称	表号	备注
1	危险性较大工程审批表	JS-AQ-04-02	
2	重大风险基础信息登记清单	JS-AQ-04-04	
3	危险性较大工程审批表	JS-AQ-04-02	
4	重大风险责任分工清单	JS-AQ-04-05	
5	危险性较大工程审批表	JS-AQ-04-02	
6	重大风险防控措施清单	JS-AQ-04-06	
7	危险性较大工程审批表	JS-AQ-04-02	
8	重大风险监测监控清单	JS-AQ-04-07	
9	危险性较大工程审批表	JS-AQ-04-02	
10	重大风险应急处置清单	JS-AQ-04-08	

5.4.3.2　表格填写说明

重大风险基础信息登记清单(JS-AQ-04-04)、重大风险责任分工清单(JS-AQ-04-05)、重大风险防控措施清单(JS-AQ-04-06)、重大风险监测监控清单(JS-AQ-04-07)、重大风险应急处置清单(JS-AQ-04-08):各单位要对照《山西省交通运输安全生产重大风险清单》,组织深入摸排本地区本单位安全生产风险,科学研判、综合评价,精准摸清重大风险的全要素信息,建立重大风险专项档案,准确记录重大风险地理位置、危险特性、影响范围以及可能发生的事故及后果等基础数据信息,做到重大风险底数清。

5.4.4　施工组织设计及专项施工方案的备案文件

5.4.4.1　收集范围及排序

收集范围及排序见表5.4.4.1。

施工组织设计及专项施工方案的备案文件收集范围及排序　　表 5.4.4.1

序号	文件名称	表号	备注
1	危险性较大分部分项工程专项施工方案登记台账	JS-AQ-04-09	
2	专项施工方案报批单(不需专家论证)	JS-AQ-04-10	
3	专项施工方案报批单(需专家论证)	JS-AQ-04-11	
4	专项技术方案审批表	JS-AQ-04-12	
5	专项施工组织设计方案		

5.4.4.2　表格填写说明

(1)危险性较大分部分项工程专项施工方案登记台账(JS-AQ-04-09):本表应根据施工单位合同段专项风险评估报告正式稿的风险评估结论填写。另根据实际情况,建设单位认为风险较大及以上施工风险的分部分项工程(在专项风险评估报告中未体现)也应列入表中;可结合现场情况,按照《公路工程施工安全技术规范》(JTG F90—2015)附录A所列内容编制。

(2)专项施工方案报批单(JS-AQ-04-10):本表用于不需专家论证的专项施工方案的报审。

(3)专项施工方案报批单(JS-AQ-04-11):本表用于超过一定规模,危险性较大,需专家论证的专项施工方案报批。

(4)专项技术方案审批表(JS-AQ-04-12):本表为承包人(具备法人资格单位)的技术负责人审批需专家论证的专项方案时的内部审批表。

5.4.5 各专项施工方案的备案文件

各专项施工方案的备案文件包括临时用电、特种设备安拆方案、拆除方案、爆破方案、冬季施工方案等的备案文件。

5.4.5.1 收集范围及排序

收集范围及排序见表5.4.5.1。

各专项施工方案的备案文件收集范围及排序　　　　表5.4.5.1

序号	文件名称	表号	备注
1	施工专项方案管理登记台账	JS-AQ-04-13	
2	施工方案报审表	JS-AQ-04-14	
3	施工组织设计方案		

5.4.5.2 表格填写说明

(1)施工专项方案管理登记台账(JS-AQ-04-13):本表用于统计并登记审批完成的施工专项方案。

(2)施工方案报审表(JS-AQ-04-14):本表由施工单位填写。

5.5 隐患排查治理文件

隐患排查治理文件包含一般事故隐患文件及重大事故隐患文件。

5.5.1 收集范围及排序

收集范围及排序见表5.5.1。

隐患排查治理文件收集范围及排序　　　　表5.5.1

序号	文件名称	表号	备注
1	安全检查及隐患排查计划		
2	一般事故隐患		
2.1	生产安全事故隐患治理台账	JS-AQ-05-01	
2.2	事故隐患排查登记表	JS-AQ-05-02	
2.3	工程事故隐患整改通知单	JS-AQ-05-03	

续上表

序号	文件名称	表号	备注
2.4	工程事故隐患整改回复单	JS-AQ-05-04	
3	重大事故隐患		
3.1	生产安全事故隐患治理台账	JS-AQ-05-01	
3.2	重大事故隐患登记表	JS-AQ-05-05	
3.3	重大事故隐患排查治理监督表	JS-AQ-05-06	
3.4	工程事故隐患整改通知单	JS-AQ-05-03	
3.5	重大事故隐患公示牌	JS-AQ-05-07	
3.6	重大事故隐患报备单	JS-AQ-05-08	
3.7	重大事故隐患挂牌督办销号申请报告	JS-AQ-05-09	
3.8	挂牌督办整改报告		
3.9	重大事故隐患治理验收申请	JS-AQ-05-10	
3.10	重大事故隐患治理验收报告	JS-AQ-05-11	

5.5.2　表格填写说明

(1)生产安全事故隐患治理台账(JS-AQ-05-01):本表用来登记已发现的生产安全事故隐患。

①检查类别:项目部检查、施工企业定期或专项安全检查、监理或业主安全检查、安监机构及交通运输主管部门组织督查,依据检查类别按序整理。

②隐患类别:安全管理、个体防护、临边防护、施工用电、危化品使用、施工机具、特种设备及专用设备、脚手架及支架工程、基坑支护及模板工程、起重吊装、高处作业、水上作业、交通安全、消防安全、施工文明标准化、其他。

③隐患等级分为重大和一般两个等级。

④本表由专职安全员进行登记。

(2)事故隐患排查登记表(JS-AQ-05-02):本表为登记施工单位开展隐患日常排查、定期排查和专项排查工作时使用。

①日常排查:施工单位应结合日常工作组织开展,排查范围应覆盖日常施工作业环节,日常排查每周应不少于1次。

②隐患专项排查应根据:a.政府及有关管理部门、项目公司安全工作专项情况部署;b.根据季节性、规律性安全生产条件变化,开展针对性的隐患排查;c.根据新工艺、新材料、新技术、新设备投入使用对安全生产条件形成的变化,开展针对性的隐患排查;d.根据生产安全事故情况,开展针对性的隐患排查。

③定期组织开展涵盖全部施工作业环节的隐患排查,定期排查每月不少于1次。

④安全检查过程中,对现场不能立即整改到位的事故隐患,应以本表下发事故隐患整改通知书,要求立即整改,限期回复。

(3)工程事故隐患整改通知单(JS-AQ-05-03):

①所有事故隐患应要求立即整改,限期回复。

②整改反馈意见粘附在存根后面。

③本表下发到相关监理单位办公室、施工单位合同段,或推送到中标的监理单位和施工单位公司(重大事故隐患)。

(4)工程事故隐患整改回复单(JS-AQ-05-04):

①用于回复JS-AQ-05-03。

②建设单位可以自行规定哪些隐患整改回复需要安全专业监理(安全监理人员)签字,哪些既需要安全专业监理(安全监理人员)签字又需要总监理工程师签字。

(5)重大事故隐患登记表(JS-AQ-05-05):本表由施工单位合同段填写,对重大事故隐患的信息应按分析评估结论如实登记,并制定专项治理方案附表后,报监理单位审查。

(6)重大事故隐患公示牌(JS-AQ-05-07):填写内容应经监理单位审查,在施工现场以标牌形式公示(标牌大小为50cm×70cm)。

(7)重大事故隐患报备单(JS-AQ-05-08):

①施工单位各合同段应当制定重大隐患治理专项方案,立即进行整改,由合同段项目主要负责人签字确认后及时向监理单位、建设单位报备。

②重大隐患报备方式填写首次报备、定期报备和不定期报备3种方式。

(8)重大事故隐患挂牌督办销号申请报告(JS-AQ-05-09):在重大隐患治理工作结束后,建设单位应成立隐患整改验收组,对重大隐患治理情况进行验收,出具整改验收结论,并由组长签字确认;整改到位并消除安全生产隐患后,本表由施工单位填写上报,监理单位、建设单位核验,核验意见签完后由建设单位及时向主管监督机构提出销号申请报告,申请报告应附隐患整改报告、整改验收报告等内容。

(9)重大事故隐患治理验收申请(JS-AQ-05-10):施工单位合同段在重大事故隐患治理完成后填写本表,将治理情况报监理单位,监理单位应在现场验收后签写审查意见;本表应报备建设单位。

(10)重大事故隐患治理验收报告(JS-AQ-05-11):本表自施工单位合同段开始填写,施工单位填写完重大隐患治理整改情况后,报监理单位、建设单位验收,本表意见签完后由建设单位提交主管监督机构。

5.6 应急救援管理文件

应急救援管理文件:本单位形成的生产安全事故综合应急预案、应急演练及施工单位应急救援管理文件。

5.6.1 生产安全事故综合应急预案

5.6.1.1 收集范围及排序

收集范围及排序见表5.6.1.1。

生产安全事故综合应急预案文件收集范围及排序　　表5.6.1.1

序号	文件名称	表号	备注
1	应急预案登记台账	JS-AQ-07-01	
2	生产安全事故综合应急预案		
3	业主管部门及上级主管部门备案记录		

5.6.1.2　表格填写说明

应急预案登记台账(JS-AQ-07-01):本表用于登记建设单位的综合应急预案。

5.6.2　应急演练文件

应急演练文件包括本单位主办、承办以及协办的实战演练和桌面演练文件。

5.6.2.1　收集范围及排序

收集范围及排序见表5.6.2.1。

应急演练文件收集范围及排序　　表5.6.2.1

序号	文件名称	表号	备注
1	应急预案演练计划		
1.1	年度应急预案演练计划表	JS-AQ-07-02	
2	应急演练		
2.1	应急演练记录登记台账	JS-AQ-07-03	
2.2	应急预案演练情况记录	JS-AQ-07-04	
2.3	应急预案演练工作方案		
2.4	应急预案演练脚本		
2.5	应急预案演练评估报告		
2.6	应急预案演练总结报告		
2.7	应急预案演练过程中的图片、视频、音频资料		

5.6.2.2　表格填写说明

(1)年度应急预案演练计划表(JS-AQ-07-02):演练签到表、演练方案、演练脚本、现场演练图片应作为附件附后。

(2)应急演练记录登记台账(JS-AQ-07-03):本表用于登记施工单位合同段报备审批完成的应急预案及现场处置方案。

(3)应急预案演练情况记录(JS-AQ-07-04):本表用于施工单位合同段应急预案演练登记,应急预案演练的工作方案、脚本、评估报告、总结报告等资料应依次附表后。

5.6.3　施工单位应急救援管理文件

5.6.3.1　收集范围及排序

收集范围及排序见表5.6.3.1。

施工单位应急救援管理文件收集范围及排序　　表5.6.3.1

序号	文件名称	表号	备注
1	应急预案		
1.1	施工单位应急预案审批登记台账	JS-AQ-07-05	
1.2	施工单位应急预案及现场处置方案		

5.6.3.2　表格填写说明

施工单位应急预案审批登记台账(JS-AQ-07-05):本表用于登记施工单位产生的应急预案。

5.7　安全生产事故管理文件

5.7.1　收集范围及排序

收集范围及排序见表5.7.1。

安全生产事故管理文件收集范围及排序　　表5.7.1

序号	文件名称	表号	备注
1	安全事故文件		
1.1	工程安全事故情况记录表	JS-AQ-08-01	
1.2	交通运输行业建设工程生产安全事故快报表	JS-AQ-08-02	
1.3	安全事故处理结果记录表	JS-AQ-08-03	
1.4	安全事故调查文件		
1.5	安全事故处理结果相关文件		
2	安全事故月报		
2.1	安全事故月报表	JS-AQ-08-04	

5.7.2　表格填写说明

(1)工程安全事故情况记录表(JS-AQ-08-01):本表由事故单位填写,事故发生的时间、地点、经过、伤亡情况、处理情况应如实填写,事故原因填写初步分析原因,赶赴现场人员为救援、医疗、技术支持、警戒、善后等类人员。

(2)交通运输行业建设工程生产安全事故快报表(JS-AQ-08-02):本表为动态快报表,表中内容由事故发生单位填报,建设单位核实;给事故发生地县级以上人民政府安全生产监督管理部门和负有安全生产监督管理职责的有关部门更新填报时间必须在1h内。

(3)安全事故处理结果记录表(JS-AQ-08-03):本表用于登记上报的安全事故处理结果,事故经过及处理结果的材料应附后。

(4)安全事故月报表(JS-AQ-08-04):本表用于每月汇总安全生产事故信息。

5.8 “平安工地”管理文件

5.8.1 收集范围及排序

收集范围及排序见表5.8.1。

“平安工地”管理文件收集范围及排序 表5.8.1

序号	文件名称	表号	备注
1	交工验收后的“平安建设工程”认定准备资料		
1.1	公路水运建设项目“平安建设工程”认定申报表及相关附件		
2	“平安工地”建设考核评价资料		
2.1	“平安工地”考核汇总表	JS-AQ-09-01	
2.2	大中型公路水运工程项目开工前安全生产条件核查表	JS-AQ-09-02	平安工地表1.1.1
2.3	大中型公路水运工程施工合同段开工前安全生产条件核查表	JS-AQ-09-03	平安工地表1.1.2
2.4	大中型公路水运工程危险性较大的分部分项工程施工前安全生产条件核查表	JS-AQ-09-04	平安工地表1.1.3
2.5	大中型公路水运工程平安工地建设施工单位基础管理考核评价表	JS-AQ-09-05	平安工地表1.2
2.6	大中型公路水运工程平安工地建设施工单位施工现场(通用部分)考核评价表	JS-AQ-09-06	平安工地表1.3.1
2.7	大中型公路水运工程平安工地建设施工单位施工现场(公路部分)考核评价表	JS-AQ-09-07	平安工地表1.3.2
2.8	大中型公路水运工程平安工地建设监理单位考核评价表	JS-AQ-09-08	平安工地表1.4
2.9	大中型公路水运工程平安工地建设建设单位考核评价表	JS-AQ-09-09	平安工地表1.5
2.10	大中型公路水运工程平安工地建设加分项考核评价表	JS-AQ-09-10	平安工地表1.6

注:“平安工地表1.1.1”是指《公路水运工程平安工地建设管理办法》后附表表号,依此类推,后同。

5.8.2 表格填写说明

(1)“平安工地”考核汇总表(JS-AQ-09-01):建设单位应依照平安工地管理办法,每半年对项目所有监理单位、施工单位合同段组织一次平安工地建设考核评价,并在本表汇总考核结果。

(2)大中型公路水运工程项目开工前安全生产条件核查表(JS-AQ-09-02)(平安工地表1.1.1):本表由建设单位负责核查,核查完成后向直接监管的交通运输主管部门报送,并按照要求附相关资料。

(3)大中型公路水运工程施工合同段开工前安全生产条件核查表(JS-AQ-09-03)(平安工地表1.1.2):本表由监理单位负责核查,核查完成后报建设单位确认,并按要求附相关资料。

(4)大中型公路水运工程危险性较大的分部分项工程施工前安全生产条件核查表(JS-AQ-09-04)(平安工地表1.1.3):

①本表由施工单位自查,自查结果报监理单位。监理单位负责核查,核查结果报建设单位确认。在前序的危险性较大的分部分项工程中的某项安全生产条件核查结论为“符合”的情况下,后序的危险性较大的分部分项工程中相同项别的安全生产条件无实质变化的,可不重复报验。

②危险性较大的分部分项工程范围可按照《公路工程施工安全技术规范》(JTG F90—2015)、《水运工程施工安全防护技术规范》(JTS 205—1—2008)进行划分。

③同时参照住房和城乡建设部《危险性较大的分部分项工程安全管理规定》等文件,结合工程实际予以明确。

(5)大中型公路水运工程平安工地建设施工单位基础管理考核评价表(JS-AQ-09-05)(平安工地表1.2):本表用于施工单位每季度自我评价、监理单位季度复核、建设单位每半年考核评价以及交通运输主管部门监督抽查等,谁组织考核评价、谁负责盖章签认。本表第1类安全管理目标策划、第2类安全生产管理制度等,在项目开工后第一次考核评价中已考核,后续如无变化,再考核时可沿用第一次考核评价结果,但需注明。

(6)大中型公路水运工程平安工地建设施工单位施工现场(通用部分)考核评价表(JS-AQ-09-06)(平安工地表1.3.1):本表用于施工单位每季度自我评价、监理单位季度复核、建设单位每半年考核评价以及交通运输主管部门监督抽查等,谁组织实施、谁负责盖章签认。

(7)大中型公路水运工程平安工地建设施工单位施工现场(公路部分)考核评价表(JS-AQ-09-07)(平安工地表1.3.2):本表用于施工单位每季度自我评价、监理单位季度复核、建设单位每半年考核评价以及交通运输主管部门监督抽查等,谁组织实施、谁负责盖章签认。

(8)大中型公路水运工程平安工地建设监理单位考核评价表(JS-AQ-09-08)(平安工地表1.4):本表用于监理单位每季度自我评价、建设单位每半年考核评价以及交通运输主管部门监督抽查等,谁组织实施、谁负责盖章签认。

(9)大中型公路水运工程平安工地建设建设单位考核评价表(JS-AQ-09-09)(平安工地表1.5):本表用于建设单位每半年考核评价以及交通运输主管部门监督抽查等,谁组织实施、谁负责盖章签认。

(10)大中型公路水运工程平安工地建设加分项考核评价表(JS-AQ-09-10)(平安工地表1.6):本表用于建设单位对施工单位的考核评价,加分项分数累加在施工单位考核评价分数上。

5.9 安全专项活动文件

安全专项活动文件包括安全生产月、平安交通、“安康”杯等各类安全专项活动文件。

5.9.1 收集范围及排序

收集范围及排序见表5.9.1。

安全专项活动文件收集范围及排序 表5.9.1

序号	文件名称	表号	备注
1	安全专项活动登记表	JS-AQ-10-01	
2	安全生产工作方案或行动计划		
3	安全专项活动开展情况汇报材料		
4	安全专项活动总结		
5	监理单位落实工作方案或行动计划的文件		
6	施工单位落实安全生产专项工作的文件		

5.9.2 表格填写说明

安全专项活动登记表(JS-AQ-10-01):本表用于登记各类安全专项活动,各类专项活动分类型登记,按活动时间先后顺序进行排序。

5.10 安全生产费用管理文件

5.10.1 收集范围及排序

收集范围及排序见表5.10.1。

安全生产费用管理文件收集范围及排序 表5.10.1

序号	文件名称	表号	备注
1	安全生产费用计划审批文件		
1.1	总体及月度安全生产费用使用计划文件		
1.1.1	安全生产费用使用计划审批登记台账	JS-AQ-06-01	
1.1.2	安全生产费用(总体/月度)使用计划汇总表	JS-AQ-06-02	管理细则B0表
1.1.3	完善、改造和维护安全防护设施设备支出表	JS-AQ-06-03	管理细则B1表
1.1.4	配备、维护、保养应急救援器材、设备支出和应急演练支出表	JS-AQ-06-04	管理细则B2表
1.1.5	重大危险源和事故隐患评估、监控和整改支出表	JS-AQ-06-05	管理细则B3表
1.1.6	安全生产检查、评价、咨询和标准化建设支出表	JS-AQ-06-06	管理细则B4表
1.1.7	配备和更新现场作业人员安全防护用品支出表	JS-AQ-06-07	管理细则B5表
1.1.8	安全生产宣传、教育、培训支出表	JS-AQ-06-08	管理细则B6表
1.1.9	安全生产适用的新技术、新工艺、新标准、新装备的推广和应用支出表	JS-AQ-06-09	管理细则B7表
1.1.10	安全设施及特种设备检测检验支出表	JS-AQ-06-10	管理细则B8表
1.1.11	其他与安全生产直接相关的支出表	JS-AQ-06-11	管理细则B9表
2	安全费用审批文件		
2.1	安全生产费用审批登记台账	JS-AQ-06-12	
2.2	各标段安全费用计量登记台账	JS-AQ-06-13	
2.3	安全计量支付月报文件		

续上表

序号	文件名称	表号	备注
2.3.1	安全计量支付月报表		
2.3.2	安全生产费用支付申请审批表(第×期)	JS-AQ-06-14	
2.3.3	安全生产费用支付表(第×期)	JS-AQ-06-15	管理细则D1表
2.3.4	安全生产费用计量表(第×期)	JS-AQ-06-16	管理细则D2表
2.3.5	分项工程安全生产投入明细(第×期)	JS-AQ-06-17	管理细则D3表
2.3.6	安全生产费用使用管理台账	JS-AQ-06-18	管理细则C表

5.10.2 表格填写说明

(1)安全生产费用使用计划审批登记台账(JS-AQ-06-01):

①本台账用来登记各单位形成的总体/月度费用使用计划文件。

②“类型”填写总体计划/月度计划,由专职安全员负责登记。

③施工单位年度安全生产费用使用计划应上报监理单位办公室审批,建设单位备案。

(2)安全生产费用(总体/月度)使用计划汇总表(JS-AQ-06-02):

①高速公路开工前,施工单位编制安全生产费用总体使用计划,监理单位提出审查意见并督促施工单位根据评审意见修改完善总体使用计划,总监理工程师审批后报建设单位安全环保监督部备案。

②开工后,施工单位定期按照JS-AQ-06-01 ~ JS-AQ-06-11格式编制次月安全生产费用月度使用计划,经监理单位定期审查确认后报建设单位安全环保监督部备案。

③安全生产费用审批登记台账(JS-AQ-06-12):各施工单位安全生产费用计量、支付情况应在本表及时统计汇总。建设单位通过本表掌握施工单位安全生产费用的使用情况,根据建设项目“三同时”要求督促施工单位安全生产费用使用到位。

(3)各标段安全费用计量登记台账(JS-AQ-06-13):本表由施工单位填写。

(4)安全计量支付月报表(JS-AQ-06-14 ~ JS-AQ-06-17)填写说明如下:

①施工单位每月进行一次安全生产费用计量,于当月15日前填报安全生产费用支付表(D1)、安全生产费用计量表(D2),按照施工现场实际投入编制分项工程安全生产费用投入明细(D3),并附购置发票、图片、安装费用结算单(如有)等资料,报监理单位审核。

②监理单位收到施工单位安全生产费用计量支付表后,应在5日之内完成审核并予以签认,当月20日报送建设单位。建设单位审定金额后汇入工程计量。

5.11 相关报表及汇报材料

5.11.1 各类安全报表

各类安全报表包括地方政府、行业主管部门等上级单位要求上报的各类安全报表及各参建单位上报的各类安全报表。

5.11.2 汇报材料

汇报材料包括参与地方政府、行业主管部门等上级单位组织的各项活动所形成的汇报材料及各参建单位形成的汇报材料。

6 监理单位安全管理资料

6.1 安全保证体系文件

监理单位安全保证体系文件包括安全生产管理机构文件、安全监理计划及实施细则文件、安全管理制度文件、安全生产责任书、安全管理往来文件。

6.1.1 安全生产管理机构文件

6.1.1.1 收集范围及排序

收集范围及排序见表6.1.1.1。

安全生产管理机构文件收集范围及排序 **表6.1.1.1**

序号	文件名称	表号	备注
1	监理单位安全生产管理机构文件		
1.1	安全生产管理机构文件登记台账	JL-AQ-01-01	
1.2	关于成立总监办安全领导小组的通知		
1.3	安全管理领导小组人员任命文件		
1.4	安全领导小组岗位职责		
1.5	安全生产管理组织体系		
1.6	应急保障(消防、防汛等)组织机构文件		
2	所管辖施工单位安全生产管理机构文件		内容遵循本书7.1.1相关要求

6.1.1.2 表格填写说明

安全生产管理机构文件登记台账(JL-AQ-01-01):本表用于监理单位安全生产管理机构文件登记,登记的文件应按序附表后。

6.1.2 安全监理计划及实施细则文件

6.1.2.1 收集范围及排序

收集范围及排序见表6.1.2.1。

安全监理计划及实施细则文件收集范围及排序 **表6.1.2.1**

序号	文件名称	表号	备注
1	监理部制定的安全监理计划		
2	监理部制定的安全监理实施细则		

6.1.2.2 表格填写说明

(1)安全监理计划文件内容应针对性强,并报建设单位备案。

(2)安全监理实施细则应根据专业工程特点制定。

6.1.3 安全管理制度文件

6.1.3.1 收集范围及排序

收集范围及排序见表6.1.3.1。

安全管理制度文件收集范围及排序 **表6.1.3.1**

序号	文件名称	表号	备注
1	安全管理规章制度登记台账	JL-AQ-01-02	
2	全员安全生产责任制及考核制度		
3	安全生产会议制度		
4	安全教育培训制度		
5	施工组织设计与专项方案审查		
6	安全生产费用审查		
7	船机设备、人员进(退)场审核		
8	特种作业人员、三类人员复核检查		
9	特种设备复核检查		
10	安全生产检查制度		
11	危险性较大工程检查制度		
12	事故隐患排查治理		
13	平安工地建设现场监督管理		
14	生产安全事故报告		
15	应急管理		
16	监理值班带班制度		

6.1.3.2 表格填写说明

安全管理规章制度登记台账(JL-AQ-01-02):本表用于监理单位发文定稿的各项安全生

产管理制度登记。

6.1.4 安全生产责任书

6.1.4.1 收集范围及排序

收集范围及排序见表6.1.4.1。

安全生产责任书文件收集范围及排序 **表6.1.4.1**

序号	文件名称	表号	备注
1	安全生产责任书登记表	JL-AQ-01-03	
1.1	建设单位与监理部安全生产目标责任书及合同		
1.2	企业与监理部安全生产责任书及合同		
1.3	监理部安全领导班子履职尽责承诺书		
1.4	监理部全员安全责任制		
1.4.1	监理部全员安全责任清单		
1.4.2	监理部全员安全责任考核表		
1.4.3	监理部全员安全责任奖惩文件		
1.5	网格化管理		
1.5.1	网格划分表	JL-AQ-01-04	
1.5.2	施工现场安全生产“网格化”管理承诺书		

6.1.4.2 表格填写说明

(1)安全生产责任书登记表(JL-AQ-01-03):单位与单位签订的安全生产责任书登记到本表;个人签订的安全生产责任书归档到“一人一档”资料,不登记到本表。

(2)网格划分表(JL-AQ-01-04):网格划分以每个施工点为基本单元,按照“区域邻近、工序衔接、动态管理”的原则,划分出覆盖所有施工工作面的安全生产管理网格。划分网格时,应充分考虑网格管理员的合理调配,对一些危险性较大、工序复杂、管理要求高、难度大的工程,可适当增加网格数量。

(3)监理部全员安全责任考核文件:需覆盖全员且考核内容齐全、考核周期连续,考核结果应兑现奖惩,并将奖惩记录文件一并归档。

6.1.5 安全管理往来文件

6.1.5.1 收集范围及排序

收集范围及排序见表6.1.5.1。

安全管理往来文件收集范围及排序 **表6.1.5.1**

序号	文件名称	表号	备注
1	安全管理文件登记台账	JL-AQ-01-05	
2	各类安全管理往来文件		

6.1.5.2 表格填写说明

安全管理文件登记台账(JL-AQ-01-05):本表用于登记本单位接收其他单位或部门的安全相关文件以及项目下发的安全相关文件,登记的文件应按序附表后。

6.2 安全生产教育培训文件

安全生产教育培训文件包括安全教育培训文件、监理内部各工种风险告知书、安全技术交底文件。

6.2.1 安全教育培训文件

6.2.1.1 收集范围及排序

收集范围及排序见表6.2.1.1。

安全教育培训文件收集范围及排序　　表6.2.1.1

序号	文件名称	表号	备注
1	安全教育培训计划		
1.1	年度安全教育培训计划		
2	安全教育培训活动		
2.1	安全教育培训活动登记台账	JL-AQ-02-01	
2.2	安全教育培训登记表	JL-AQ-02-02	
2.3	安全生产知识学习课件		
2.4	安全教育培训通知文件		
2.5	安全教育培训活动记录表	JL-AQ-02-03	
2.6	安全会议(教育培训活动)签到表	JL-AQ-02-04	
2.7	影像资料卡片	JL-AQ-02-05	
3	安全教育培训考核		
3.1	安全教育培训考核登记台账	JL-AQ-02-06	
3.2	安全教育培训考核结果统计表	JL-AQ-02-07	
3.3	安全教育培训活动试卷(答题结果)		
4	上岗培训		
4.1	监理单位上岗考核人员登记表	JL-AQ-02-08	
4.2	监理人员上岗考核培训合格证明文件		

6.2.1.2 表格填写说明

(1)安全教育培训活动登记台账(JL-AQ-02-01):本表主要用于每次安全教育培训活动的登记,各项安全教育培训活动依次附于表后。

(2)安全教育培训登记表(JL-AQ-02-02):本表在监理单位办公室组织安全教育培训活动后整理活动记录时使用,参加人员签名可用“安全会议(教育培训活动)签到单”作为附件,另外安全细则交底、安全技术交底、监理单位办公室内部各种风险告知书属于安全教育培训活动的一种类型，可在本表“活动类别”注明；安全教育培训具体内容及影像资料应作为附件附表后。

(3)安全教育培训活动记录表(JL-AQ-02-03)：教育培训内容表内简要介绍主要内容，详细记录教育培训的内容和活动情况，附培训内容文字材料。

(4)安全会议(教育培训活动)签到表(JL-AQ-02-04)：签到表上各栏目应填全，签到人信息应由参会人本人填写。

(5)影像资料卡片(JL-AQ-02-05)：要求附上每次活动彩色照片。

(6)安全教育培训考核登记台账(JL-AQ-02-06)：本表用于汇总登记每次安全教育培训考核。

(7)安全教育培训考核结果统计表(JL-AQ-02-07)：本表用于汇总每次安全教育培训考核的结果，如一张表格填写不下可续表。

(8)监理单位上岗考核人员登记表(JL-AQ-02-08)：本表用于汇总登记上岗人员考核情况。

6.2.2 监理内部各工种风险告知书文件

6.2.2.1 收集范围及排序

收集范围及排序见表6.2.2.1。

监理内部各工种风险告知书文件收集范围及排序 **表6.2.2.1**

序号	文件名称	表号	备注
1	监理内部各专业岗位风险告知书		
2	监理人员专业岗位安全责任书		

6.2.3 安全技术交底文件

6.2.3.1 收集范围及排序

收集范围及排序见表6.2.3.1。

安全技术交底文件收集范围及排序 **表6.2.3.1**

序号	文件名称	表号	备注
1	安全技术交底登记表	JL-AQ-02-09	
2	安全技术交底记录表	JL-AQ-02-10	
3	安全会议(教育培训活动)签到表	JL-AQ-02-04	
4	影像资料卡片	JL-AQ-02-05	

6.2.3.2 表格填写说明

(1)安全技术交底登记表(JL-AQ-02-09)：用于监理单位登记各类安全技术交底文件。

(2)安全技术交底记录表(JL-AQ-02-10)：可用参加人员签名签到单作附件。

6.3 安全会议管理文件

安全会议管理文件包含专题会议文件、月度会议文件等。

6.3.1 收集范围及排序

收集范围及排序见表6.3.1。

安全会议管理文件收集范围及排序 **表6.3.1**

序号	文件名称	表号	备注
1	安全会议登记表	JL-AQ-03-01	
2	安全会议通知文件		
3	安全会议纪要		
4	安全会议记录	JL-AQ-03-02	
5	安全会议(教育培训活动)签到表	JL-AQ-02-04	
6	影像资料卡片	JL-AQ-02-05	

6.3.2 表格填写说明

(1)监理部应定期召开月度安全会议、专题会议,并做好记录。

(2)第一次监理例会时应对安全细则进行交底。

(3)安全会议登记表(JL-AQ-03-01):按月整理,备注栏注明主办单位。

(4)安全会议记录(JL-AQ-03-02):本表在施工单位合同段组织召开安全相关会议后整理会议纪要时使用,记不下时可另附页,后面应附"安全会议(教育培训活动)签到单";安全会议具体内容及影像资料应作为附件附表后。

6.4 安全风险管控文件

安全风险管控文件包括专项风险评估文件、重大风险五项清单文件、施工组织设计及专项施工方案的报备文件、各专项施工方案的备案文件等。

6.4.1 专项风险评估文件

6.4.1.1 收集范围及排序

收集范围及排序见表6.4.1.1。

专项风险评估文件收集范围及排序 **表6.4.1.1**

序号	文件名称	表号	备注
1	安全风险评估报告登记表	JL-AQ-04-01	
2	专项风险评估报告		各类型
2.1	危险性较大工程审批表	JL-AQ-04-02	
2.2	危险性较大工程清单	JL-AQ-04-03	

6.4.1.2 表格填写说明

(1)安全风险评估报告登记表(JL-AQ-04-01):应根据施工单位合同段专项风险评估报告正式稿的危险源台账填写,报监理单位审核、建设单位备案;按时间顺序排列。

(2)危险性较大工程审批表(JL-AQ-04-02):施工单位申报危险性较大的工程清单用本表。

(3)危险性较大工程清单(JL-AQ-04-03):应根据施工单位合同段专项风险评估报告正式稿的危险源台账填写,报监理单位审核、建设单位备案。

(4)专项风险评估,包括风险源普查、辨识、分析以及重大风险源的估测。评估报告应报总监办、建设单位备案。

6.4.2 重大风险五项清单文件

6.4.2.1 收集范围及排序

收集范围及排序见表6.4.2.1。

重大风险五项清单文件收集范围及排序 **表6.4.2.1**

序号	文件名称	表号	备注
1	危险性较大工程审批表	JL-AQ-04-02	
2	重大风险基础信息登记清单	JL-AQ-04-04	
3	危险性较大工程审批表	JL-AQ-04-02	
4	重大风险责任分工清单	JL-AQ-04-05	
5	危险性较大工程审批表	JL-AQ-04-02	
6	重大风险防控措施清单	JL-AQ-04-06	
7	危险性较大工程审批表	JL-AQ-04-02	
8	重大风险监测监控清单	JL-AQ-04-07	
9	危险性较大工程审批表	JL-AQ-04-02	
10	重大风险应急处置清单	JL-AQ-04-08	

6.4.2.2 表格填写说明

重大风险基础信息登记清单(JL-AQ-04-04)、重大风险责任分工清单(JL-AQ-04-05)、重大风险防控措施清单(JL-AQ-04-06)、重大风险监测监控清单(JL-AQ-04-07)、重大风险应急处置清单(JL-AQ-04-08):各单位要对照《山西省交通运输安全生产重大风险清单》,组织深入摸排本地区本单位安全生产风险,科学研判、综合评价,精准摸清重大风险的全要素信息,建立重大风险专项档案,准确记录重大风险地理位置、危险特性、影响范围以及可能发生的事故及后果等基础数据信息,做到重大风险底数清。

6.4.3 施工组织设计及专项施工方案的备案文件

6.4.3.1 收集范围及排序

收集范围及排序见表6.4.3.1。

施工组织设计及专项施工方案的备案文件收集范围及排序　　表6.4.3.1

序号	文件名称	表号	备注
1	危险性较大分部分项工程专项施工方案登记台账	JL-AQ-04-09	
2	专项施工方案报批单(不需专家论证)	JL-AQ-04-10	
3	专项施工方案报批单(需专家论证)	JL-AQ-04-11	
4	专项技术方案审批表	JL-AQ-04-12	
5	专项施工组织设计方案		

6.4.3.2　表格填写说明

(1)危险性较大分部分项工程专项施工方案登记台账(JL-AQ-04-09):本表应根据施工单位合同段专项风险评估报告正式稿的风险评估结论填写。另根据实际情况,建设单位认为风险较大及以上施工风险的分部分项工程(在专项风险评估报告中未体现)也应列入表中;可结合现场情况按照《公路工程施工安全技术规范》(JTG F90—2015)附录A所列内容编制。

(2)专项施工方案报批单(JL-AQ-04-10):本表用于不需专家论证的专项施工方案的报审。

(3)专项施工方案报批单(JL-AQ-04-11):本表用于超过一定规模,危险性较大,需专家论证的专项施工方案报批。

(4)专项技术方案审批表(JL-AQ-04-12):本表为承包人(具备法人资格单位)的技术负责人审批需专家论证的专项方案时的内部审批表。

6.4.4　各专项施工方案的备案文件

各专项施工方案包括临时用电方案、特种设备安拆方案、拆除方案、爆破方案、冬季施工方案等。

6.4.4.1　收集范围及排序

收集范围及排序见表6.4.4.1。

各专项施工方案的备案文件收集范围及排序　　表6.4.4.1

序号	文件名称	表号	备注
1	施工专项方案管理登记台账	JL-AQ-04-13	
2	施工方案报审表	JL-AQ-04-14	
3	施工组织设计方案		

6.4.4.2　表格填写说明

(1)施工专项方案管理登记台账(JL-AQ-04-13):本表用来统计并登记审批完成的施工专项方案。

(2)施工方案报审表(JL-AQ-04-14):本表由施工单位填写。

6.5　隐患排查治理文件

隐患排查治理文件包括安全检查文件、日常安全记录文件、月度安全检查及评价文件。

6.5.1　安全检查文件

安全检查文件包含一般事故隐患文件及重大事故隐患文件。

6.5.1.1　收集范围及排序

收集范围及排序见表6.5.1.1。

安全检查文件收集范围及排序　　**表6.5.1.1**

序号	文件名称	表号	备注
1	安全检查及隐患排查计划		
2	一般事故隐患		
2.1	生产安全事故隐患治理台账	JL-AQ-05-01	
2.2	事故隐患排查登记表	JL-AQ-05-02	
2.3	事故隐患检查通知/通报/督查登记/通知单	JL-AQ-05-03	
2.4	事故隐患整改回复单	JL-AQ-05-04	
3	重大事故隐患		
3.1	生产安全事故隐患治理台账	JL-AQ-05-01	
3.2	重大事故隐患治理登记台账	JL-AQ-05-05	
3.3	重大事故隐患排查治理监督表	JL-AQ-05-06	缺表
3.4	事故隐患检查通知/通报/督查登记/通知单	JL-AQ-05-03	
3.5	重大事故隐患公示牌	JL-AQ-05-07	
3.6	重大事故隐患报备单	JL-AQ-05-08	
3.7	重大事故隐患挂牌督办销号申请报告	JL-AQ-05-09	
3.8	挂牌督办整改报告		
3.9	重大事故隐患治理验收申请	JL-AQ-05-10	
3.10	重大事故隐患治理验收报告	JL-AQ-05-11	

6.5.1.2　表格填写说明

(1)生产安全事故隐患治理台账(JL-AQ-05-01):本表用来登记已发生的生产安全事故隐患。

①检查类别:项目部检查、施工企业定期或专项安全检查、监理或业主安全检查、安监机构及交通运输主管部门组织督查,依据检查类别按序整理。

②隐患类别:安全管理、个体防护、临边防护、施工用电、危化品使用、施工机具、特种设备及专用设备、脚手架及支架工程、基坑支护及模板工程、起重吊装、高处作业、水上作业、交通安全、消防安全、施工文明标准化、其他。

③隐患等级分为重大和一般两个等级。

④本表由专职安全员进行登记。

(2)事故隐患排查登记表(JL-AQ-05-02):本表为登记施工单位开展隐患日常排查、定期排查和专项排查工作时使用。

①日常排查:施工单位应结合日常工作组织开展,排查范围应覆盖日常施工作业环节,日常排查每周应不少于1次。

②隐患专项排查应根据:a.政府及有关管理部门、项目公司安全工作专项情况部署;b.根据季节性、规律性安全生产条件变化,开展针对性的隐患排查;c.根据新工艺、新材料、新技术、新设备投入使用对安全生产条件形成的变化,开展针对性的隐患排查;d.根据生产安全事故情况,开展针对性的隐患排查。

③隐患定期排查组织开展涵盖全部施工作业环节的隐患排查。

④安全检查过程中,对现场不能立即整改到位的事故隐患,应以本表下发事故隐患整改通知书,要求立即整改,限期回复。

(3)事故隐患检查通知/通报/督查登记/通知单(JL-AQ-05-03)填写说明如下:

①所有事故隐患应要求立即整改,限期回复。

②整改反馈意见粘附在存根后面。

③本表下发到相关监理单位办公室、施工单位合同段,或推送到中标的监理单位和施工单位公司(重大事故隐患)。

(4)事故隐患整改回复单(JL-AQ-05-04)填写说明如下:

①用于回复JL-AQ-05-03表。

②建设单位可以自行规定哪些隐患整改回复需要安全专业监理(安全监理人员)签字,哪些既需要安全专业监理(安全监理人员)签字又需要总监理工程师签字。

(5)重大事故隐患治理登记台账(JL-AQ-05-05):本表由施工单位合同段填写,对重大事故隐患的信息应按分析评估结论如实登记,并制定专项治理方案附表后,报监理单位审查。

(6)重大事故隐患公示牌(JL-AQ-05-07):填写内容应经监理单位审查,在施工现场以标牌形式公示。

(7)重大事故隐患报备单(JL-AQ-05-08)填写说明如下:

①施工单位各合同段应当制定重大隐患治理专项方案,立即进行整改,由合同段项目主要负责人签字确认后,及时向监理单位、建设单位报备。

②重大隐患报备方式填写首次报备、定期报备和不定期报备三种方式。

(8)重大事故隐患挂牌督办销号申请报告(JL-AQ-05-09):在重大隐患治理工作结束后,建设单位应成立隐患整改验收组对重大隐患治理情况进行验收,出具整改验收结论,并由组长签字确认;整改到位并消除安全生产隐患后,本表由施工单位填写上报,监理单位、建设单位核验,核验意见签完后由建设单位及时向主管监督机构提出销号申请报告,申请报告应附隐患整改报告、整改验收报告等内容。

(9)重大事故隐患治理验收申请(JL-AQ-05-10):施工单位合同段在重大事故隐患治理完成后填写本表,将治理情况报监理单位,监理单位应现场验收后签写审查意见;本表应报备建设单位。

(10)重大事故隐患治理验收报告(JL-AQ-05-11):本表自施工单位合同段开始填写,施工单位填写完重大隐患治理整改情况后,报监理单位、建设单位验收,本表意见签完后由建设单位提交主管监督机构。

6.5.2 日常安全记录文件

日常安全记录文件包括安全监理日志、安全监理巡视记录、危险性较大工程专项检查记录文件。

6.5.2.1 收集范围及排序

收集范围及排序见表6.5.2.1。

日常安全记录文件收集范围及排序 表6.5.2.1

序号	文件名称	表号	备注
1	安全监理日志	JL-AQ-05-12	
2	安全监理巡视记录	JL-AQ-05-13	
3	危险性较大工程专项检查记录文件		

6.5.2.2 表格填写说明

(1)安全监理日志(JL-AQ-05-12)填写说明如下:

①本表由专职安全员每日巡查完后填写。

②"隐患整改情况"栏如下发了事故处理意见书则填写编号及情况简述,无则划"/"。

(2)安全监理巡视记录(JL-AQ-05-13):本表由安全监理人员负责填写,每次巡视后填写,原则上应每天巡视工地不少于一次,月底交总监理工程师审核签字。

(3)危险性较大工程专项检查记录文件,按照《公路工程施工安全技术规范》(JTG F90—2015)附录A所列内容进行填写。对危险性较大的分部分项工程施工前安全生产条件进行审核,并及时上报审核结果。

6.5.3 月度安全检查及评价文件

应使用平安工地检查表格进行月度安全检查,其收集范围及填写说明需遵循本书5.9的相关规定。

6.6 应急救援管理文件

应急管理文件包括监理单位的应急预案、施工单位应急预案及应急演练的审批记录。

6.6.1 监理单位的应急预案

6.6.1.1 收集范围及排序

收集范围及排序见表6.6.1.1。

监理单位的应急预案文件收集范围及排序　　表6.6.1.1

序号	文件名称	表号	备注
1	应急预案登记台账	JL-AQ-09-01	
2	专项应急预案、现场处置方案		

6.6.1.2　表格填写说明

(1)应急预案登记台账(JL-AQ-09-01):本表用于应急预案登记,应急预案审批表和应急预案最终稿应附后。

(2)按照《公路水运工程项目生产安全事故应急预案编制要求》(JT/T 1405—2022)中附录A——公路水运工程典型风险事件清单范围编制应急预案。

(3)应急预案按照《生产经营单位生产安全事故应急预案编制导则》(GB/T 29639—2020)中附录C的编制格式和要求编制。

(4)现场处置方案按照《生产经营单位生产安全事故应急预案编制导则》(GB/T 29639—2020)中第8章"现场处置方案内容"编制。

(5)应急预案应急管理要素应齐全、具有可操作性。

6.6.2　施工单位应急预案及应急演练的审批记录

6.6.2.1　收集范围及排序

收集范围及排序见表6.6.2.1。

施工单位应急预案及应急演练的审批记录文件收集范围及排序　　表6.6.2.1

序号	文件名称	表号	备注
1	应急预案		
1.1	施工单位应急预案审批登记表	JL-AQ-09-02	
1.2	施工单位应急预案及现场处置方案		
2	应急演练		
2.1	施工单位应急演练审批登记表	JL-AQ-09-03	
2.2	施工单位应急演练文件		

6.6.2.2　表格填写说明

(1)施工单位应急预案审批登记表(JL-AQ-09-02):本表用于登记施工单位产生的综合应急预案。

(2)施工单位应急演练审批登记表(JL-AQ-09-03):本表用于登记施工单位合同段报备审批完成的应急预案及现场处置方案。

6.7 安全生产事故管理文件

6.7.1 收集范围及排序

收集范围及排序见表6.7.1。

安全生产事故管理文件收集范围及排序　　表6.7.1

序号	文件名称	表号	备注
1	安全事故报表记录表	JL-AQ-07-01	
2	交通运输行业建设工程生产安全事故快报表	JL-AQ-07-02	
3	工程安全事故情况记录表	JL-AQ-07-03	
4	安全事故调查文件		
5	安全事故处理结果相关文件		

6.7.2 表格填写说明

(1)安全事故报表记录表(JL-AQ-07-01):本表用于登记安全生产事故快报表;上报或收到单位应该使用全称,上报或收到时间应精确到分。

(2)交通运输行业建设工程生产安全事故快报表(JL-AQ-07-02):本表为动态快报表,表中内容由事故发生单位填报,建设单位核实;更新填报给事故发生地县级以上人民政府安全生产监督管理部门和负有安全生产监督管理职责的有关部门的时间必须在1h内。

(3)工程安全事故情况记录表(JL-AQ-07-03):本表用于登记上报的安全事故处理结果,事故经过及处理结果的材料应附后。

6.8 “平安工地”管理文件

“平安工地”管理文件包括监理部交工验收后的“平安建设工程”认定准备资料及“平安工地”建设考核评价资料。

6.8.1 收集范围及排序

收集范围及排序见表6.8.1。

“平安工地”管理文件收集范围及排序　　表6.8.1

序号	文件名称	表号	备注
1	交工验收后的“平安建设工程”认定准备资料		
1.1	监理企业资质证书		
1.2	总监理工程师执业资格证书		
2	“平安工地”建设考核评价资料		
2.1	大中型公路水运工程施工合同段开工前安全生产条件核查表	JL-AQ-08-01	平安工地表1.1.2
2.2	大中型公路水运工程危险性较大的分部分项工程施工前安全生产条件核查表	JL-AQ-08-02	平安工地表1.1.3

续上表

序号	文件名称	表号	备注
2.3	大中型公路水运工程平安工地建设施工单位基础管理考核评价表	JL-AQ-08-03	平安工地表1.2
2.4	大中型公路水运工程平安工地建设施工单位施工现场（通用部分）考核评价表	JL-AQ-08-04	平安工地表1.3.1
2.5	大中型公路水运工程平安工地建设施工单位施工现场（公路部分）考核评价表	JL-AQ-08-05	平安工地表1.3.2
2.6	大中型公路水运工程平安工地建设监理单位考核评价表	JL-AQ-08-06	平安工地表1.4

6.8.2 表格填写说明

（1）“平安建设工程”申报，监理单位需补充的验证性资料形式为电子文档。

（2）大中型公路水运工程施工合同段开工前安全生产条件核查表（JL-AQ-08-01，平安工地表1.1.2）：本表由监理单位负责核查，核查完成后报建设单位确认，并按要求附相关资料。

（3）大中型公路水运工程危险性较大的分部分项工程施工前安全生产条件核查表（JL-AQ-08-02，平安工地表1.1.3）填写说明如下：

①本表由施工单位自查，自查结果报监理单位。监理单位负责核查，核查结果报建设单位确认。在前序的危险性较大的分部分项工程中的某项安全生产条件核查结论为“符合”的情况下，后序的危险性较大的分部分项工程中相同项别的安全生产条件无实质变化的，可不重复报验。

②危险性较大的分部分项工程范围可按照《公路工程施工安全技术规范》（JTG F90—2015）、《水运工程施工安全防护技术规范》（JTS 205—1—2008）进行划分。

③参照住房和城乡建设部《危险性较大的分部分项工程安全管理规定》等文件，结合工程实际予以明确。

（4）大中型公路水运工程平安工地建设施工单位基础管理考核评价表（JL-AQ-08-03，平安工地表1.2）：本表用于施工单位每季度自我评价、监理单位季度复核，建设单位每半年考核评价，以及交通运输主管部门监督抽查等，谁组织考核评价、谁负责盖章签认。本表第1类安全管理目标策划、第2类安全生产管理制度等，在项目开工后第一次考核评价中已考核，后续如无变化，再考核时可沿用第一次考核评价结果，但需注明。

（5）大中型公路水运工程平安工地建设施工单位施工现场（通用部分）考核评价表）（JL-AQ-08-04，平安工地表1.3.1）：本表用于施工单位每季度自我评价，监理单位季度复核，建设单位每半年考核评价，以及交通运输主管部门监督抽查等，谁组织实施、谁负责盖章签认。

（6）大中型公路水运工程平安工地建设施工单位施工现场（公路部分）考核评价表（JL-AQ-08-05，平安工地表1.3.2）：本表用于施工单位每季度自我评价，监理单位季度复核，建设单位每半年考核评价，以及交通运输主管部门监督抽查等，谁组织实施、谁负责盖章签认。

（7）大中型公路水运工程平安工地建设监理单位考核评价表（JL-AQ-08-06，平安工地表1.4）：本表用于监理单位每季度自我评价，建设单位每半年考核评价，以及交通运输主管部门监督抽查等，谁组织实施、谁负责盖章签认。

6.9 安全专项活动文件

安全专项活动文件包括安全生产月、平安交通、安康杯等各类安全专项活动文件。

6.9.1 收集范围及排序

收集范围及排序见表6.9.1。

安全专项活动文件收集范围及排序 表6.9.1

序号	文件名称	表号	备注
1	安全专项活动登记表	JL-AQ-10-01	
2	安全生产工作方案或行动计划		
3	安全专项活动开展情况汇报材料		
4	安全专项活动总结		
5	监理单位落实工作方案或行动计划的文件		
6	施工单位落实安全生产专项工作的文件		

6.9.2 表格填写说明

安全专项活动登记表(JL-AQ-10-01)：本表用于登记各类安全专项活动，各类专项活动分类型登记，按活动时间先后顺序进行排序。

6.10 安全生产核查文件

安全生产核查文件包括人员情况核查文件、机械设备情况核查文件、安全生产费用审批文件。

6.10.1 人员情况核查文件

6.10.1.1 收集范围及排序

收集范围及排序见表6.10.1.1。

人员情况核查文件收集范围及排序 表6.10.1.1

序号	文件名称	表号	备注
1	“三类人员”核查		
1.1	施工单位“三类人员”核查记录表	JL-AQ-06-01	
2	特种作业人员		
2.1	特种(设备)作业人员核查记录表	JL-AQ-06-02	
3	施工作业人员		
3.1	施工作业人员三级安全教育情况核查记录表	JL-AQ-06-03	

注：“三类人员”指企业主要负责人、企业项目负责人以及企业专职安全生产管理人员。

6.10.1.2 表格填写说明

(1)施工单位“三类人员”核查记录表(JL-AQ-06-01):本表在监理单位审批合同标段开工报告前核查施工单位“三类人员”时使用，如有人员变更，随时更新，表格底下应有核查人签名和日期。

(2)特种(设备)作业人员核查记录表(JL-AQ-06-02):本表用于核查施工单位合同段特种作业人员、特种设备操作人员个人信息；每月应核查1次；登记的证件必须与其岗位对应并有效，同时被行业主管部门认可。

(3)施工作业人员三级安全教育情况核查记录表(JL-AQ-06-03):本表在监理单位核查每一个新进场的分包单位(或施工队、施工班组)施工人员三级安全教育情况时填写，应对照人员名册及安全教育记录等逐个进行核查。

6.10.2 机械设备情况核查文件

机械设备情况核查范围包括大型设备、特种设备、大临设施、安全设施。

6.10.2.1 收集范围及排序

收集范围及排序见表6.10.2.1。

机械设备情况核查文件收集范围及排序 **表6.10.2.1**

序号	文件名称	表号	备注
1	大型设备、特种设备		
1.1	大型/特种设备进场验收监理核查记录表	JL-AQ-06-04	台账
2	大临设施、安全设施		
2.1	大临设施/安全设施验收监理核查记录表	JL-AQ-06-05	

6.10.2.2 表格填写说明

(1)大型/特种设备进场验收监理核查记录表(JL-AQ-06-04)填写说明如下：

①大型/特种设备：起重机械、压力容器、挂篮、整体提升脚手架、滑模爬模等。

②本表在监理审核施工单位的大型/特种设备进场报审时使用，大型/特种设备应逐台审核登记。

(2)大临设施/安全设施验收监理核查记录表(JL-AQ-06-05)填写说明如下：

①大临设施/安全设施：高大支架、脚手架、安全通道、安全吊挂平台、高空检修平台、高空张拉操作平台等安全设施、安全防护用具以及临建驻地等大临设施。

②本表在监理审核施工单位进行的大临设施/安全设施使用前报审时使用，大临设施/安全设施应逐套审核登记。

③“设施出厂资料”栏填写“完整”或“缺失”,“安装单位资质”栏按法规要求需要具备的填“有”或“无”,不需具备的填“/”;“设备外观质量”栏填写“差”“较差”“好”“良好”;“安全情况”栏填写“合格”或“不合格”。

6.10.3 安全生产费用审批文件

6.10.3.1 收集范围及排序

收集范围及排序见表6.10.3.1。

安全生产费用审批文件收集范围及排序 表6.10.3.1

序号	文件名称	表号	备注
1	安全生产费用审批登记台账	JL-AQ-06-06	
2	管辖施工单位中期计量支付文件		详见本书4.6内容

6.10.3.2 表格填写说明

安全生产费用审批登记台账(JL-AQ-06-06):本表用于登记安全生产各类支出。

6.11 相关报表及汇报材料

6.11.1 相关安全报表

各类安全报表包括地方政府、行业主管部门、建设单位等上级单位要求上报的各类安全报表及各施工单位上报的各类安全报表。

6.11.2 汇报材料

汇报材料包括参与地方政府、行业主管部门、建设单位等上级单位组织的各项活动所形成的汇报材料。

7 施工单位安全管理资料

7.1 安全保证体系文件

施工单位安全保证体系文件包括安全生产管理机构文件、安全管理目标和计划文件、安全管理制度文件、安全生产责任书文件、安全管理往来文件。

7.1.1 安全生产管理机构文件

7.1.1.1 收集范围及排序

收集范围及排序见表7.1.1.1。

安全生产管理机构文件收集范围及排序 **表7.1.1.1**

序号	文件名称	表号	备注
1	安全生产管理机构文件登记台账	SG-AQ-01-01	
1.1	关于成立安全领导小组的通知		
1.2	安全管理领导小组人员任命文件		
1.3	安全生产管理组织体系		
1.4	安全领导小组岗位职责		
1.5	企业相关的证书(安全生产许可证)		
1.6	专业分包单位相关证书		
1.7	应急保障(消防、防汛等)组织机构文件		
2	网格化管理机构文件		
2.1	网格化管理领导小组成立文件		
2.2	网格化管理责任牌现场公示照片		

7.1.1.2 表格填写说明

安全生产管理机构文件登记台账(SG-AQ-01-01):本表用于施工单位安全生产管理机

构文件登记。登记的文件应按序附表后。

7.1.2 安全管理目标和计划文件

7.1.2.1 收集范围及排序

收集范围及排序见表7.1.2.1。

安全管理目标和计划文件收集范围及排序 表7.1.2.1

序号	文件名称	表号	备注
1	安全管理目标和计划文件管理登记台账	SG-AQ-01-02	
1.1	项目部制定的安全管理方针		
1.2	项目部制定的安全管理目标		
1.3	项目部安全管理目标考核文件		
1.3.1	奖惩记录文件		

7.1.2.2 表格填写说明

安全管理目标和计划文件管理登记台账(SG-AQ-01-02):本表用于施工单位安全概念里目标和计划文件登记。

7.1.3 安全管理制度文件

7.1.3.1 收集范围及排序

收集范围及排序见表7.1.3.1。

安全管理制度文件收集范围及排序 表7.1.3.1

序号	文件名称	表号	备注
1	安全管理规章制度登记台账	SG-AQ-01-03	
1.1	专业(劳务)分包单位安全管理制度		
1.2	特种作业人员管理制度		
1.3	安全生产会议制度		
1.4	安全教育培训制度		
1.5	项目主要负责人带班生产制度		
1.6	施工组织设计与专项施工方案编制制度		
1.7	安全技术交底制度		
1.8	安全生产检查制度		
1.9	安全风险分级管控制度		
1.10	事故隐患排查治理制度		
1.11	危险作业环节领导带班制度		
1.12	危险性较大的分部分项工程安全管理制度		
1.13	平安工地建设制度		
1.14	安全生产目标考核制度和奖惩办法		

续上表

序号	文件名称	表号	备注
1.15	临时设施与设备安全管理制度		
1.16	临时用电管理制度		
1.17	劳动防护用品管理制度		
1.18	民用爆炸物品管理制度		
1.19	消防安全管理制度		
1.20	安全生产奖惩制度		
1.21	安全生产费用管理制度		
1.22	职业健康安全管理制度		
1.23	生产安全事故报告制度		
1.24	应急管理制度		
1.25	网格化管理实施细则		
2	安全操作规程登记台账	SG-AQ-01-04	
2.1	作业人员安全操作规程		
2.2	机械设备安全操作规程		

7.1.3.2 表格填写说明

(1)安全管理规章制度登记台账(SG-AQ-01-03):本表用于施工单位发文定稿的各项安全生产管理制度登记。

(2)安全操作规程登记台账(SG-AQ-01-04):本表用于施工单位发文定稿的操作规程登记。

(3)安全生产目标考核与奖惩办法:内容需全面、具体。

7.1.4 安全生产责任书文件

7.1.4.1 收集范围及排序

收集范围及排序见表7.1.4.1。

安全生产责任书文件收集范围及排序 **表7.1.4.1**

序号	文件名称	表号	备注
1	安全生产责任书登记表	SG-AQ-01-05	
1.1	建设单位与项目部安全生产目标责任书及合同		
1.2	企业与项目部安全生产责任书及合同		
1.3	项目部与专业分包单位安全生产责任书及合同		
1.4	项目部与班组(协作单位)安全生产责任书及协议		
1.5	项目部交叉施工单位之间签订的安全生产责任书及协议		
1.6	项目部安全领导班子履职尽责承诺书		

续上表

序号	文件名称	表号	备注
1.7	项目部全员安全责任制		
1.7.1	项目部全员安全责任清单		
1.7.2	项目部全员安全责任考核表		
1.7.3	项目部全员安全责任奖惩文件		
2	网格化责任文件		
2.1	网格划分表	SG-AQ-01-06	网格化制度
2.2	施工现场安全生产“网格化”管理承诺书		

7.1.4.2　表格填写说明

(1)安全生产责任书登记表(SG-AQ-01-05):单位与单位签订的安全生产责任书登记到本表;个人签订的安全生产责任书归档到“一人一档”资料,不登记到本表。

(2)网格划分表(SG-AQ-01-06):网格划分以每个施工点为基本单元,按照“区域邻近、工序衔接、动态管理”的原则,划分出覆盖所有施工工作面的安全生产管理网格。划分网格时,应充分考虑网格管理员的合理调配,对一些危险性较大、工序复杂、管理要求高、难度大的工程,可适当增加网格数量。

(3)项目部全员安全责任考核文件:需覆盖全员且考核内容齐全、考核周期连续,考核结果应兑现奖惩,并将奖惩记录文件一并归档。

7.1.5　安全管理往来文件

7.1.5.1　收集范围及排序

收集范围及排序见表7.1.5.1。

安全管理往来文件收集范围及排序　　**表7.1.5.1**

序号	文件名称	表号	备注
1	安全管理文件登记台账	SG-AQ-01-07	
1.1	接收的安全管理相关文件		
1.2	发出的安全管理相关文件		

7.1.5.2　表格填写说明

安全管理文件登记台账(SG-AQ-01-07):本表用于施工单位安全生产管理机构文件的登记,登记的文件应按序附表后。

7.2　安全生产教育培训文件

安全生产教育培训文件包括安全教育培训文件和安全技术交底文件。

7.2.1 安全教育培训文件

7.2.1.1 收集范围及排序

收集范围及排序见表7.2.1.1。

安全教育培训文件收集范围及排序 **表7.2.1.1**

序号	文件名称	表号	备注
1	年度安全教育培训计划		
2	安全教育培训登记表	SG-AQ-03-01	
2.1	安全生产知识学习课件		
2.2	安全教育培训通知文件		
2.3	安全教育培训活动记录表	SG-AQ-03-02	
2.4	安全会议(教育培训活动)签到表	SG-AQ-03-03	
2.5	影像资料卡片	SG-AQ-02-12	
3	安全教育培训考核		
3.1	安全教育培训考核登记台账	SG-AQ-03-04	
3.2	安全教育培训考核结果统计表	SG-AQ-03-05	
3.3	安全教育培训活动试卷(答题结果)		

7.2.1.2 表格填写说明

(1)安全教育培训登记表(SG-AQ-03-01):本表在施工单位组织安全教育培训活动后整理活动记录时使用,参加人员签名可用“安全会议(教育培训活动)签到单”作附件,另外安全细则交底、安全技术交底、监理单位办公室内部各种风险告知书、属于安全教育培训活动的一种类型,可在本表“活动类别”中注明;安全教育培训具体内容及影像资料应作为附件附于表后。

(2)安全教育培训活动记录表(SG-AQ-03-02):教育培训内容表内简要介绍主要内容,详细记录教育培训的内容和活动情况,附培训内容文字材料。

(3)安全会议(教育培训活动)签到表(SG-AQ-03-03):签到表上各栏目应填全,签到人信息应由参会人本人签字。

(4)影像资料卡片(SG-AQ-02-12):要求附上每次活动彩色照片。

(5)安全教育培训考核登记台账(SG-AQ-03-04):本表用于汇总登记每次安全教育培训考核。

(6)安全教育培训考核结果统计表(SG-AQ-03-05):本表用于汇总每次安全教育培训考核的结果。如一张表格填写不下可续表。

7.2.2 安全技术交底文件

7.2.2.1 收集范围及排序

收集范围及排序见表7.2.2.1。

安全技术交底文件收集范围及排序　　表 7.2.2.1

序号	文件名称	表号	备注
1	一级安全技术交底		
1.1	安全技术交底登记表	SG-AQ-03-06	
1.2	一级安全技术交底记录表	SG-AQ-03-07	
1.3	安全会议(教育培训活动)签到表	SG-AQ-03-03	
1.4	影像资料卡片	SG-AQ-02-12	
2	二级安全技术交底		
2.1	安全技术交底登记表	SG-AQ-03-06	
2.2	二级安全技术交底记录表	SG-AQ-03-08	
2.3	安全会议(教育培训活动)签到表	SG-AQ-03-03	
2.4	影像资料卡片	SG-AQ-02-12	
3	三级安全技术交底		
3.1	安全技术交底登记表	SG-AQ-03-06	
3.2	三级安全技术交底记录表	SG-AQ-03-09	
3.3	安全会议(教育培训活动)签到表	SG-AQ-03-03	
3.4	影像资料卡片	SG-AQ-02-12	

7.2.2.2　表格填写说明

(1)安全技术交底登记表(SG-AQ-03-06):本表用于施工单位登记各类安全技术交底文件,按交底类型分别分表按形成时间登记。

(2)三级安全技术交底记录表(SG-AQ-03-09):如为现场交底,则可不使用SG-AQ-03-03安全会议(教育培训活动)签到表。

(3)安全会议(教育培训活动)签到表(SG-AQ-03-03):签到表上各栏目应填全,签到人信息应由参会人本人签字。

(4)影像资料卡片(SG-AQ-02-12):要求附上每次活动彩色照片。

7.3　安全会议管理文件

安全会议文件包含专题会议文件、周例会文件、月度会议文件、年度会议文件等。

7.3.1　收集范围及排序

收集范围及排序见表7.3.1。

安全会议管理文件收集范围及排序　　表 7.3.1

序号	文件名称	表号	备注
1	安全会议登记表	SG-AQ-04-01	
1.1	安全会议通知文件		

续上表

序号	文件名称	表号	备注
1.2	安全会议纪要		
1.3	安全会议记录表	SG-AQ-04-02	
1.4	安全会议(教育培训活动)签到表	SG-AQ-03-03	
1.5	影像资料卡片	SG-AQ-02-12	

7.3.2 表格填写说明

(1)项目部需定期召开月度安全会议、专题会议、周例会,并做好记录。

(2)安全会议登记表(SG-AQ-04-01):按月整理,备注可注明主办单位。

(3)安全会议记录表(SG-AQ-04-02):本表在施工单位合同段组织召开安全相关会议时后整理会议纪要时使用,记不下时可另附页,后面应附"安全会议(教育培训活动)签到单";安全会议具体内容及影像资料应作为附件附表后。

(4)安全会议(教育培训活动)签到表(SG-AQ-03-03):签到表上各栏目应填全,签到人信息应由参会人本人签字。

(5)影像资料卡片(SG-AQ-02-12):要求附上每次活动彩色照片。

7.4 安全风险管控文件

安全风险管控文件包括专项风险评估文件、重大风险五个清单文件、危险性较大分部分项工程管控文件及施工方案、其他专项方案。

7.4.1 专项风险评估文件

7.4.1.1 收集范围及排序

收集范围及排序见表7.4.1.1。

专项风险评估文件收集范围及排序 **表7.4.1.1**

序号	文件名称	表号	备注
1	安全风险评估报告登记台账	SG-AQ-05-01	
2	总体风险评估报告		
3	专项风险评估报告		
3.1	危险性较大工程清单	SG-AQ-05-02	130号文附件4

7.4.1.2 表格填写说明

(1)安全风险评估报告登记台账(SG-AQ-05-01):用于登记专项风险评估报告正式稿。按时间顺序排列。

(2)危险性较大工程清单(SG-AQ-05-02):应根据施工单位合同段专项风险评估报告正式稿的危险源台账填写,报监理单位审核、建设单位备案。

(3)专项风险评估,包括风险源普查、辨识、分析以及重大风险源的估测。评估报告应报总监办、建设单位备案。

7.4.2 重大风险五个清单文件

7.4.2.1 收集范围及排序

收集范围及排序见表7.4.2.1。

重大风险五个清单文件收集范围及排序 **表7.4.2.1**

序号	文件名称	表号	备注
1	重大风险基础信息登记清单	SG-AQ-05-03	
2	重大风险责任分工清单	SG-AQ-05-04	
3	重大风险防控措施清单	SG-AQ-05-05	
4	重大风险监测监控清单	SG-AQ-05-06	
5	重大风险应急处置清单	SG-AQ-05-07	

7.4.2.2 表格填写说明

对照《山西省交通运输安全生产重大风险清单》摸排本单位安全生产风险,科学研判、综合评价,精准摸清重大风险的全要素信息,建立重大风险专项档案,准确记录重大风险地理位置、危险特性、影响范围以及可能发生的事故及后果等基础数据信息,做到重大风险底数清。

7.4.3 危险性较大分部分项工程管控文件及施工方案

7.4.3.1 收集范围及排序

收集范围及排序见表7.4.3.1。

危险性较大分部分项工程管控文件及施工方案文件收集范围及排序 **表7.4.3.1**

序号	文件名称	表号	备注
1	危险性较大分部分项工程专项施工方案登记台账	SG-AQ-05-08	
2	专项施工方案报批单(不需专家论证)	SG-AQ-05-09	
3	专项施工方案报批单(需专家论证)	SG-AQ-05-10	
4	专项技术方案审批表	SG-AQ-05-11	
5	专项施工组织设计方案		

7.4.3.2 表格填写说明

(1)危险性较大分部分项工程专项施工方案登记台账(SG-AQ-05-08):本表应根据施工单位合同段专项风险评估报告正式稿的风险评估结论填写。另根据实际情况,建设单位认为风险较大及以上施工风险的分部分项工程(在专项风险评估报告中未体现)也应列入表中;可结合现场情况按照《公路工程施工安全技术规范》(JTG F90—2015)附录A所列内容编制。

(2)专项施工方案报批单(不需专家论证)(SG-AQ-05-09):本表用于不需专家论证的专项施工方案的报审。

(3)专项施工方案报批单(需专家论证)(SG-AQ-05-10):本表用于超过一定规模,危险性较大,需专家论证的专项施工方案报批。

(4)专项技术方案审批表(SG-AQ-05-11):本表为承包人(具备法人资格单位)的技术负责人审批需专家论证的专项方案时的内部审批表。

7.4.4 其他专项方案

其他专项方案包括临时用电、特种设备安拆方案,拆除方案,爆破方案,冬季施工方案等。

7.4.4.1 收集范围及排序

收集范围及排序见表7.4.4.1。

其他专项方案文件收集范围及排序 表7.4.4.1

序号	文件名称	表号	备注
1	施工方案报审表	SG-AQ-05-12	
2	施工组织设计方案		

7.4.4.2 表格填写说明

(1)施工方案报审表(SG-AQ-05-12):本表由施工单位填写。

(2)临时用电方案中应编制用电设备清单、负荷计算、用电工程图纸且标注用电平面布置图。

7.5 隐患排查治理文件

隐患排查治理文件包括安全检查文件、日常安全记录文件。

7.5.1 安全检查文件

安全检查文件包含一般事故隐患文件及重大事故隐患文件。

7.5.1.1 收集范围及排序

收集范围及排序见表7.5.1.1。

安全检查文件收集范围及排序 表7.5.1.1

序号	文件名称	表号	备注
1	一般事故隐患		
1.1	生产安全事故隐患治理台账	SG-AQ-06-01	
1.2	事故隐患排查登记表	SG-AQ-06-02	
1.3	工程事故隐患整改通知单	SG-AQ-06-03	
1.4	工程事故隐患整改回复单	SG-AQ-06-04	

续上表

序号	文件名称	表号	备注
2	重大事故隐患		
3.1	生产安全事故隐患治理台账	SG-AQ-06-01	
3.2	重大事故隐患登记表	SG-AQ-06-05	
3.3	重大事故隐患排查治理监督表	SG-AQ-06-06	
3.4	工程事故隐患整改通知单	SG-AQ-06-03	
3.5	重大事故隐患公示牌	SG-AQ-06-07	
3.6	重大事故隐患报备单	SG-AQ-06-08	
3.7	重大事故隐患挂牌督办销号申请报告	SG-AQ-06-09	
3.8	挂牌督办整改报告		
3.9	重大事故隐患治理验收申请	SG-AQ-06-10	
3.10	重大事故隐患治理验收报告	SG-AQ-06-11	

7.5.1.2 表格填写说明

(1)生产安全事故隐患登记台账(SG-AQ-06-01):本表用来登记已发生的生产安全事故隐患。

①检查类别:项目部检查、施工企业定期或专项安全检查、监理或业主安全检查、安监机构及交通运输主管部门组织督查,依据检查类别按序整理。

②隐患类别:安全管理、个体防护、临边防护、施工用电、危化品使用、施工机具、特种设备及专用设备、脚手架及支架工程、基坑支护及模板工程、起重吊装、高处作业、水上作业、交通安全、消防安全、施工文明标准化、其他。

③隐患等级分为重大和一般两个等级。

④本表由专职安全员进行登记。

(2)事故隐患排查登记表(SG-AQ-06-02):本表为登记施工单位开展隐患日常排查、定期排查和专项排查工作时使用。

①日常排查:施工单位应结合日常工作组织开展,排查范围应覆盖日常施工作业环节,日常排查每周应不少于1次。

②隐患专项排查的根据:a.政府及有关管理部门、项目公司安全工作专项情况部署;b.根据季节性、规律性安全生产条件变化,开展针对性的隐患排查;c.根据新工艺、新材料、新技术、新设备投入使用对安全生产条件形成的变化,开展针对性的隐患排查;d.根据生产安全事故情况,开展针对性的隐患排查。

③隐患定期排查组织开展涵盖全部施工作业环节的隐患排查,定期排查每月不少于1次。

④安全检查过程中,对现场不能立即整改到位的事故隐患,应以本表下发事故隐患整

改通知书,要求立即整改,限期回复。

(3)工程事故隐患整改通知单(SG-AQ-06-03)填写说明如下:

①所有事故隐患应要求立即整改,限期回复。

②整改反馈意见粘附在存根后面。

③本表下发到相关监理单位办公室、施工单位合同段,或推送到中标的监理单位和施工单位公司(重大事故隐患)。

(4)工程事故隐患整改回复单(SG-AQ-06-04)填写说明如下:

①用于回复SG-AQ-06-03表。

②建设单位可以自行规定哪些隐患整改回复需要安全专业监理(安全监理人员)签字,哪些既需要安全专业监理(安全监理人员)签字又需要总监理工程师签字。

(5)重大事故隐患登记表(SG-AQ-06-05):本表由施工单位合同段填写,对重大事故隐患的信息应按分析评估结论如实登记,并制定专项治理方案附表后,报监理单位审查。

(6)重大事故隐患公示牌(SG-AQ-06-07):填写内容需经监理单位审查,应在施工现场以标牌形式公示。

(7)重大事故隐患报备单(SG-AQ-06-08)填写说明如下:

①施工单位各合同段应当制定重大隐患治理专项方案,立即进行整改,由合同段项目主要负责人签字确认后及时向监理单位、建设单位报备。

②重大隐患报备方式填写首次报备、定期报备和不定期报备三种方式。

(8)重大事故隐患挂牌督办销号申请报告(SG-AQ-06-09):在重大隐患治理工作结束后,建设单位应成立隐患整改验收组对重大隐患治理情况进行验收,出具整改验收结论,并由组长签字确认;整改到位并消除安全生产隐患后,本表由施工单位填写上报,监理单位、建设单位核验,核验意见签完后由建设单位及时向主管监督机构提出销号申请报告,申请报告应附隐患整改报告、整改验收报告等内容。

(9)重大事故隐患治理验收申请(SG-AQ-06-10):施工单位合同段在重大事故隐患治理完成后填写本表,将治理情况报监理单位,监理单位应现场验收后签写审查意见;本表应报备建设单位。

(10)重大事故隐患治理验收报告(SG-AQ-06-11):本表自施工单位合同段开始填写,施工单位填写完重大隐患治理整改情况后,报监理单位、建设单位验收,本表意见签完后由建设单位提交主管监督机构。

7.5.2　日常安全记录文件

日常安全记录文件包括领导带班生产工作记录文件、安全日志、电工巡检维修记录文件。

7.5.2.1　收集范围及排序

收集范围及排序见表7.5.2.1。

日常安全记录文件收集范围及排序　　表7.5.2.1

序号	文件名称	表号	备注
1	领导带班生产工作记录表	SG-AQ-06-12	
2	安全日志	SG-AQ-06-13	
3	电工巡检维修记录表	SG-AQ-06-14	
4	危险性较大工程专项检查记录文件		

7.5.2.2　表格填写说明

(1)领导带班生产工作记录表(SG-AQ-06-12)填写说明如下：

①本表适用于施工单位领导带班巡查。

②施工单位带班领导每日轮流带班，巡查工程现场，隧道、桥梁施工现场跟班作业。

③施工单位填写带班生产工作记录，内容应包括当日的施工生产工作、安全防范重点部位和措施、巡查记录、整改落实情况、特殊情况、交接班记录等。

(2)安全日志(SG-AQ-06-13)填写说明如下：

①专职安全员每日巡查完后填写安全日志，每人每月记录一本。

②“隐患整改情况”栏如下发了事故处理意见书则填写编号及情况简述，无则划“/”。

(3)电工巡检维修记录(SG-AQ-06-14)：由电工每日填写，每本填完后送交安全部门存档。

7.6　应急救援管理文件

应急救援管理文件包括生产安全事故应急预案及现场处置方案文件、应急演练文件、应急值班文件、应急队伍文件、应急资源文件。

7.6.1　生产安全事故应急预案及现场处置方案文件

7.6.1.1　收集范围及排序

收集范围及排序见表7.6.1.1。

生产安全事故应急预案及现场处置方案文件收集范围及排序　　表7.6.1.1

序号	文件名称	表号	备注
1	应急预案登记台账	SG-AQ-09-01	
2	专项应急预案、现场处置方案		
2.1	施工方案报审表	SG-AQ-05-12	
2.2	专项应急预案/现场处置方案		

7.6.1.2　表格填写说明

(1)应急预案登记台账(SG-AQ-09-01)：本表用于应急预案登记，应急预案审批表和应急预案最终稿应附后。

(2)施工方案报审表(SG-AQ-05-12):本表由施工单位填写。

(3)按照《公路水运工程项目生产安全事故应急预案编制要求》(JT/T 1405—2022)中附录A——公路水运工程典型风险事件清单范围编制应急预案。

(4)应急预案按照《生产经营单位生产安全事故应急预案编制导则》(GB/T 29639—2020)中附录C的编制格式和要求编制。

(5)现场处置方案按照《生产经营单位生产安全事故应急预案编制导则》(GB/T 29639—2020)中第8章"现场处置方案内容"编制。

(6)应急预案应急管理要素应齐全、具有可操作性。

7.6.2 应急演练文件

应急演练按照演练内容分为综合演练和单项演练,按照演练形式分为实战演练和桌面演练,按目的与作用分为检验性演练、示范性演练和研究性演练,不同类型的演练可相互组合。

7.6.2.1 收集范围及排序

收集范围及排序见表7.6.2.1。

应急演练文件收集范围及排序 **表7.6.2.1**

序号	文件名称	表号	备注
1	应急预案演练计划		
1.1	项目公司、各项目部____年应急演练计划	SG-AQ-09-02	
2	应急预案演练		
2.1	应急预案演练登记表	SG-AQ-09-03	
2.2	应急预案演练工作方案		
2.3	应急预案演练脚本		
2.4	应急预案演练评估报告		
2.5	应急预案演练总结报告		
2.6	应急预案演练过程中的图片、视频、音频资料		

7.6.2.2 表格填写说明

(1)项目公司、各项目部_____年应急演练计划(SG-AQ-09-02):每年度根据上级单位要求上报,可作为上报文件的附件使用。应将每年度应急演练计划通知文件及上报文件成套归档。

(2)应急预案演练登记表(SG-AQ-09-03):本表用于施工单位合同段应急预案演练登记,应急预案演练的工作方案、脚本、评估报告、总结报告等资料应依次附表后。

(3)应急预案演练工作方案、脚本、评估报告、总结报告等编制内容可参考《生产安全事故应急演练基本规范》(AQ/T 9008—2019)。

(4)应急演练活动结束后,演练组织单位应将应急演练工作方案、应急演练书面评估报告、应急演练总结报告文字资料，以及记录演练实施过程的相关图片、视频、音频资料归档保存。

7.6.3 应急值班文件

7.6.3.1 收集范围及排序

收集范围及排序见表7.6.3.1。

应急值班文件收集范围及排序 表7.6.3.1

序号	文件名称	表号	备注
1	月份值班表	SG-AQ-09-04	
2	带班值班替班表(值班负责人、人员、带班领导)	SG-AQ-09-05	
3	值班记录表	SG-AQ-09-06	
4	突发事件信息报告表	SG-AQ-09-07	
5	交通运输行业建设工程生产安全事故快报表	SG-AQ-09-08	

7.6.3.2 表格填写说明

(1)带班值班替班表(值班负责人、人员、带班领导)(SG-AQ-09-05)：值班员遇特殊情况无法值班时，必须在带班值班日之前落实替班人员，并填写本表；履行相应的调班程序后将带班值班替班表报至安全环保监督部指定人员存档备查。

(2)值班记录表(SG-AQ-09-06)：要书写工整，言简意赅，表达清晰，未处理或正在处理的应急突发事件有关事项，均应记录。

(3)突发事件信息报告(SG-AQ-09-07)：本表涉及突发事件信息报告的内容，分为首报、续报、终报。首报要快，续报要准，终报要实。

①首报要素：发生的时间和地点、涉险人数、遇难人数、受伤人数、被困人数、失联人数、事件性质、影响范围、发展趋势、已采取的措施、信息来源、报告单位、报告人等，对于情况不够清楚、要素不齐全的信息要及时核实补充内容，并将后续情况及时上报。

②续报要素：事态及处置的最新进展、事件衍生的最新情况、请求当地政府和建设单位协助解决的事项、领导批示指示的贯彻落实情况等。

③终报要素：事件处置结果、社会维稳、善后处置、恢复重建、对整个事件的调查评估等。

(4)交通运输行业建设工程生产安全事故快报表(SG-AQ-09-08)：发生突发事件时应填写突发事件信息报告，同时填写交通运输行业建设工程生产安全事故快报表，并按规定时间要求上报。

7.6.4 应急队伍文件

7.6.4.1 收集范围及排序

收集范围及排序见表7.6.4.1。

应急队伍文件收集范围及排序　　　　**表 7.6.4.1**

序号	文件名称	表号	备注
1	兼职救援队伍		
1.1	兼职救援队伍成立文件		
1.2	兼职救援人员培训教育资料		
1.2.1	安全教育培训登记表	SG-AQ-03-01	
1.2.2	安全生产知识学习课件		
1.2.3	安全教育培训通知文件		
1.2.4	安全教育培训活动记录表	SG-AQ-03-02	
1.2.5	安全会议(教育培训活动)签到表	SG-AQ-03-03	
1.2.6	影像资料卡片	SG-AQ-02-12	
1.3	兼职救援人员安全教育培训考核资料		
1.3.1	安全教育培训考核登记台账	SG-AQ-03-04	
1.3.2	安全教育培训考核统计表	SG-AQ-03-05	
1.3.3	安全教育培训活动试卷(答题结果)		
2	属地应急救援机构		
2.1	属地应急救援服务协议		

7.6.4.2　表格填写说明

(1)施工单位应建立兼职应急救援队伍,兼职救援人员应经过相应应急救援能力培训,宜与工程所在地应急救援机构签订应急救援服务协议。

(2)安全教育培训登记表(SG-AQ-03-01):本表在施工单位组织安全教育培训活动后整理活动记录时使用,参加人员签名可用“安全会议(教育培训活动)签到单”作为附件,另外安全细则交底、安全技术交底、监理单位办公室内部各种风险告知书、属于安全教育培训活动的一种类型,可在本表“活动类别”注明;安全教育培训具体内容及影像资料应作为附件附表后。

(3)安全教育培训活动记录表(SG-AQ-03-02):教育培训内容表内简要介绍主要内容,详细记录教育培训的内容和活动情况,附培训内容文字材料。

(4)安全会议(教育培训活动)签到表(SG-AQ-03-03):签到表上各栏目应填全,签到人信息应由参会人本人签字。

7.6.5　应急资源文件

应急资源文件包括应急救援设备、物资及器材相关文件。

7.6.5.1　收集范围及排序

收集范围及排序见表7.6.5.1。

应急资源文件收集范围及排序 表7.6.5.1

序号	文件名称	表号	备注
1	应急救援设备		
1.1	应急救援设备管理台账	SG-AQ-09-09	
1.2	应急救援设备影像资料		
1.3	施工设备定期检查、维修、保养记录表	SG-AQ-07-04	
2	应急救援物资及器材		
2.1	应急救援物资及器材管理台账	SG-AQ-09-10	
2.2	应急救援物资及器材影像资料		

7.6.5.2 表格填写说明

(1)应急救援设备管理台账(SG-AQ-09-09):本台账应包括施工单位及其分包单位的救援设备,同时应进行经常性维护、保养和更新。台账物品应包括应急预案所列应急物品,并与实际相符。

(2)应急救援物资及器材管理台账(SG-AQ-09-10)填写说明如下:

①本台账应包括施工单位及其分包单位的救援器材、物资。

②台账物品应包括应急预案所列应急物品,并与实际相符。

③救援物资及器械应根据使用有效期及时进行更换,并登记。

7.7 安全生产事故管理文件

7.7.1 收集范围及排序

收集范围及排序见表7.7.1。

安全生产事故管理文件收集范围及排序 表7.7.1

序号	文件名称	表号	备注
1	工程安全事故情况记录表	SG-AQ-10-01	
2	交通运输行业建设工程生产安全事故快报表	SG-AQ-09-08	
3	安全事故处理结果记录表	SG-AQ-10-02	
4	安全事故调查文件		
5	安全事故处理结果相关文件		

7.7.2 表格填写说明

(1)工程安全事故情况记录表(SG-AQ-10-01):本表由事故单位填写,事故发生的时间、地点、经过、伤亡情况、处理情况应如实填写,事故原因填写初步分析原因,赶赴现场人员为救援、医疗、技术支持、警戒、善后等类人员。

(2)安全事故处理结果记录表(SG-AQ-10-02):本表用于登记上报的安全事故处理结果,事故经过及处理结果的材料应附后。

7.8　“平安工地”管理文件

“平安工地”管理文件包括安全生产条件审核、平安工地建设考核评价和交工验收后的“平安建设工程”认定。

7.8.1　收集范围及排序

收集范围及排序见表7.8.1。

“平安工地”管理文件收集范围及排序　　表7.8.1

序号	文件名称	表号	备注
1	“平安工地”建设方案		
2	交工验收后的“平安建设工程”认定准备资料		
2.1	包括施工企业法人营业执照、资质证书、安全生产许可证、项目经理执业资格证书、专职安全生产管理人员安全生产考核合格证书(均为扫描件)		
2.2	特种设备和特种作业人员台账清单(各类证照可不附)		
2.3	照片资料		
2.3.1	项目施工全景图或局部施工全景图3~5张		
2.3.2	反映施工安全措施图片15~20张(应附重大风险部位和隐蔽工程施工图片、现场安全防护措施图片)		
2.3.3	项目建成后全景图或局部全景图3~5张		
3	“平安工地”建设考核评价资料		
3.1	大中型公路水运工程危险性较大的分部分项工程施工前安全生产条件核查表	SG-AQ-11-01	施工单位自评
3.2	大中型公路水运工程施工合同段开工前安全生产条件核查表	SG-AQ-11-02	施工单位自评
3.3	大中型公路水运工程平安工地建设施工单位施工现场(通用部分)考核评价表	SG-AQ-11-03	施工单位自评
3.4	大中型公路水运工程平安工地建设施工单位施工现场(公路部分)考核评价表	SG-AQ-11-04	施工单位自评

7.8.2　表格填写说明

(1)平安工地建设方案应明确建设目标、工作要求。

(2)单张图片精度不低于3M,分辨率不低于300dpi,且照片应为原始图片,图片名称应能反映图片内容。

7.9　人员动态管理文件

人员动态管理文件包括“三类人员”动态管理文件、特种作业人员动态管理文件、施工人员动态管理文件、进场人员劳保用品发放登记文件,均应按照“一人一档”建立档案。

7.9.1 “三类人员”动态管理文件

7.9.1.1 收集范围及排序

收集范围及排序见表7.9.1.1。

“三类人员”动态管理文件收集范围及排序 表7.9.1.1

序号	文件名称	表号	备注
1	施工现场“三类人员”管理名册	SG-AQ-02-01	
1.1	企业法人身份证、安全证书等证件复印件		
1.2	项目经理、项目副经理、技术负责人、安全负责人身份证、安全证书等证件复印件		
1.3	专职安全员相关证件复印件		

7.9.1.2 表格填写说明

施工现场“三类人员”管理名册(SG-AQ-02-01)包括三类人员的身份证、安全证书等复印件依次附后装订成册;备注栏应注明项目副经理(分管生产或分管安全)、专职安全员(按项目部内部实际分工划分)分工等。本表由专职安全员进行登记,人员发生变化随时更新,并向监理单位报审、建设单位报备。

7.9.2 特种作业人员动态管理文件

7.9.2.1 收集范围及排序

收集范围及排序见表7.9.2.1。

特种作业人员动态管理文件收集范围及排序 表7.9.2.1

序号	文件名称	表号	备注
1	特种(设备)作业人员名册	SG-AQ-02-02	
2	施工作业人员证件信息表	SG-AQ-02-03	

7.9.2.2 表格填写说明

(1)特种(设备)作业人员名册(SG-AQ-02-02)填写说明如下:

①特种作业人员是指从事国家规定特种作业的人员,包括电工、焊接与热切割工、登高架设作业工、爆破作业人员等应急管理部门认定从事其他特种作业的人员。

②特种设备作业人员是指锅炉、压力容器、压力管道、电梯、起重机械、客运索道、大型游乐设施、场(厂)内专用机动车辆的作业人员及其相关管理人员。

③应将特种(设备)作业人员的身份证、资格证书等复印件依次装订成册。

④本表由专职安全员进行登记、并对相关证书进行查验,登记证书应获行业主管部门认可,人员发生变化应随时更新。

(2)施工作业人员证件信息表(SG-AQ-02-03)填写说明如下:

①表格中身份证、操作证按照要求放置到框内。

②要求彩色打印。

7.9.3 施工人员动态管理文件

7.9.3.1 收集范围及排序

收集范围及排序见表7.9.3.1。

施工人员动态管理文件收集范围及排序 表7.9.3.1

序号	文件名称	表号	备注
1	施工人员名册	SG-AQ-02-04	
1.1	进场人员信息登记表	SG-AQ-02-05	
1.2	施工作业人员证件信息表	SG-AQ-02-03	
1.3	安全生产承诺书、个人身体健康承诺书、岗位危险源告知书、事故应急处置措施告知书、环境保护责任书、文明施工责任书、消防责任书		
1.4	三级安全教育表	SG-AQ-02-06	
1.5	施工作业人员三级安全教育培训考核合格证书	SG-AQ-02-07	
1.6	工人退场确认表	SG-AQ-02-08	

7.9.3.2 表格填写说明

(1)施工人员名册(SG-AQ-02-04)填写说明如下:

①本表用于登记施工单位合同段所有从业人员。

②“考核成绩”指三级安全教育考核结果。

③施工人员名册按施工班组进行分开登记。

④施工人员按照“一人一档”建档。

⑤人员发生变化应随时更新。

(2)进场人员信息登记表(SG-AQ-02-05)填写说明如下:

①进场人员根据个人实际情况填写本信息表。

②进场工人需提供两张一寸白底照片。

③进场人员在指定时间内务必到施工单位劳资专管员进行个人信息登记。

④进场人员将个人身份证正反复印件附在本表一起上交。

(3)施工人员证件信息表(SG-AQ-02-03)填写说明如下:

①表格中身份证、操作证按照要求放置到框内。

②要求彩色打印。

(4)三级安全教育表(SG-AQ-02-06)填写说明如下:

①公司级讲课人为公司安全管理人员或公司授权的项目安全责任人,项目级讲课人应为项目部安全管理人员,班组级讲课人为施工班组安全负责人或班组长。

②公司、项目部、班组三级教育时间依次不少于15h、15h、20h。

(5)施工作业人员三级安全教育培训考核合格证书(SG-AQ-02-07)填写说明如下:

①施工作业人员进入新的施工现场后必须通过项目部组织的安全教育培训,考核合格后核发本证。

②本证件应加盖发证的施工单位公章后生效。

(6)工人退场确认表(SG-AQ-02-08):以上文件,除施工人员名册外,其余全部文件必须由作业人员签字确认后,归档到安全部门的"一人一档"资料。

7.9.4 进场人员劳保用品发放登记文件

7.9.4.1 收集范围及排序

收集范围及排序见表7.9.4.1。

进场人员劳保用品发放登记文件收集范围及排序　　表7.9.4.1

序号	文件名称	表号	备注
1	安全防护用品入库登记台账	SG-AQ-02-09	
1.1	安全设施报验单	SG-AQ-02-10	
1.2	××安全生产费用使用管理台账	SG-AQ-02-11	
1.3	影像资料卡片	SG-AQ-02-12	
2	××安全生产费用使用管理台账	SG-AQ-02-11	
2.1	根据情况选择是否使用SG-AQ-02-10、SG-AQ-02-11、SG-AQ-02-12表		

7.9.4.2 表格填写说明

(1)安全防护用品入库登记台账(SG-AQ-02-09):指在施工过程中用来保护从业人员安全和健康的安全帽、劳动防护服、安全带、安全网、劳保鞋、护目镜、电焊手套、安全绳、救生衣等防护用品。

(2)安全设施报验单(SG-AQ-02-10):用于安全设施的报审。

(3)××安全生产费用使用管理台账(SG-AQ-02-11):记录各类费用的使用登记台账。

(4)影像资料卡片(SG-AQ-02-12):要求附上每次活动彩色照片。

7.10 机械设备管理文件

机械设备管理文件包括大型设备管理文件、大临及安全设施管理文件、特种设备管理文件、小型机具管理文件。应建立"一机一档"。

7.10.1 大型设备管理文件

大型设备包括起重机械、整体提升式脚手架、施工作业台架、台车、滑模爬模、架桥机、挂篮等。

7.10.1.1 收集范围及排序

收集范围及排序见表7.10.1.1。

大型设备管理文件收集范围及排序 **表7.10.1.1**

序号	文件名称	表号	备注
1	大型/特种设备进场验收登记台账	SG-AQ-07-01	
2	大型/特种设备进场验收记录表	SG-AQ-07-02	
3	设备合格证明文件、操作说明书		
4	大型/特种设备现场检查记录表	SG-AQ-07-03	
5	施工设备定期检查、维修、保养记录表	SG-AQ-07-04	

7.10.1.2 表格填写说明

(1)大型/特种设备进场验收登记台账(SG-AQ-07-01):本表由机械、设备管理人对进场设备进行查验后登记,设备安装、验收、登记等环节完成后随时补充;设备出厂合格证明、验收检测资料等应依次装订成册附表后,停用或已拆除设备在备注栏注明;清单设备应与"一机一档"对应。

(2)大型/特种设备进场验收记录表(SG-AQ-07-02)填写说明如下:

①大型设备:指非特种设备的大型设备,如起重机械、整体提升式脚手架、滑模爬模、架桥机、挂篮、移动模架等。

②验收人员应包括使用单位机械管理员和专职安全员,安装单位安拆检修人员,出租单位设备专业负责人和设备操作人员。

③设备验收后,需相关单位参与人员签字,并加盖单位公章,未经验收合格不得投入使用。

(3)大型/特种设备现场检查记录表(SG-AQ-07-03)填写说明如下:

①投入使用前检查。

②大型设备:指非特种设备的大型设备,如起重机械、整体提升式脚手架、滑模爬模、挂篮、移动模架等。

(4)施工设备定期检查、维修、保养记录表(SG-AQ-07-04)填写说明如下:

①每台设备单独填记,类别包括安装、检测(验收)、定期检查、维修及保养等。

②本表专职安全员在每次设备检查、检修、保养后进行登记。

(5)施工作业台架、台车需要专项设计和验收文件。

7.10.2 大临及安全设施管理文件

大临及安全设施包括安全防护用具以及临建驻地等大临设施,高大支架、脚手架、安全通道、安全吊挂平台、高空检修平台、高空张拉操作平台等安全设施。

7.10.2.1 收集范围及排序

收集范围及排序见表7.10.2.1。

大临及安全设施管理文件收集范围及排序　　表 7.10.2.1

序号	文件名称	表号	备注
1	大型/特种设备进场验收登记台账	SG-AQ-07-01	
2	大临设施/安全设施验收记录表	SG-AQ-07-05	
3	作业平台、安全防护设施相关设计图纸		
4	作业平台、安全防护现场验收照片		
5	设备合格证明文件、操作说明书		
6	施工设备定期检查、维修、保养记录表	SG-AQ-07-04	

7.10.2.2　表格填写说明

(1)自行设计、组装或者改装的施工挂(吊)篮、移动模架等设施应组织专项验收,专项验收资料作为大临设施/安全设施验收记录表附件存档。

(2)大型/特种设备进场验收登记台账(SG-AQ-07-01):本表由机械、设备管理人对进场设备进行查验后登记,设备安装、验收、登记等环节完成后随时补充;设备出厂合格证明、验收检测资料等应依次装订成册附表后,停用或已拆除设备在备注栏注明;清单设备应与“一机一档”对应。

(3)施工设备定期检查、维修、保养记录表(SG-AQ-07-04)填写说明如下:

①每台设备单独填记,类别包括安装、检测(验收)、定期检查、维修及保养等。

②本表专职安全员在每次设备检查、检修、保养后进行登记。

(4)大临设施/安全设施验收记录表(SG-AQ-07-05)填写说明如下:

①本表适用于高大支架、脚手架、安全通道、安全吊挂平台、高空检修平台、高空张拉操作平台等安全设施、安全防护用具以及临建驻地等大临设施的使用前安全检查验收。

②本表中“验收项目”和“验收内容及标准”应根据施工方案,结合设施实际情况针对性制定。

③验收项目、内容及标准较多时,可单独制作检查验收记录内容附后,要有验收人签字确认,并附验收照片。

7.10.3　特种设备管理文件

特种设备包括其所用的材料、附属的安全附件、安全保护装置和与安全保护装置相关的设施。特种设备主要包括压力容器、压力管道、施工电梯、起重机械、专用车辆(叉车)、锅炉等。

7.10.3.1　收集范围及排序

收集范围及排序见表 7.10.3.1。

特种设备管理文件收集范围及排序　　表 7.10.3.1

序号	文件名称	表号	备注
1	大型/特种设备进场验收登记台账	SG-AQ-07-01	
2	大型/特种设备进场验收记录表	SG-AQ-07-02	

续上表

序号	文件名称	表号	备注
2.1	设备制造单位资质、特种设备安装、改造、维修检验报告、特种设备使用登记证		
2.2	产品质量合格证、设备制造许可证、设备监督检验证、设备的整机型试验合格证、设备安全保护装置试验合格证、设备的使用说明书		
2.3	安拆单位营业执照、安装资质、人员资质、设备安装的过程检验记录、设备安装完毕后的自检报告、设备安装及拆除方案、事故应急预案、安全防护措施		
2.4	施工单位特种作业人员证书、培训教育、技术交底、特种设备操作规程、风险源告知书、安全生产协议书、承诺书、日常维修保养记录、定期检验记录、事故应急预案及应急处置方案、应急演练记录		
3	大型/特种设备现场检查记录表	SG-AQ-07-03	
4	施工设备定期检查、维修、保养记录表	SG-AQ-07-04	

7.10.3.2　表格填写说明

(1)大型/特种设备进场验收登记台账(SG-AQ-07-01):本表由机械、设备管理人对进场设备进行查验后登记,设备安装、验收、登记等环节完成后随时补充;设备出厂合格证明、验收检测资料等应依次装订成册附表后,停用或已拆除设备在备注栏注明;清单设备应与“一机一档”对应。

(2)大型/特种设备进场验收记录表(SG-AQ-07-02)填写说明如下:

①大型设备:指非特种设备的大型设备,如起重机械、整体提升式脚手架、滑模爬模、架桥机、挂篮、移动模架等。

②验收人员应包括使用单位机械管理员和专职安全员,安装单位安拆检修人员,出租单位设备专业负责人和设备操作人员。

③设备验收后,需相关单位参与人员签字,并加盖单位公章,未经验收合格不得投入使用。

(3)大型/特种设备现场检查记录表(SG-AQ-07-03)填写说明如下:

①投入使用前检查。

②大型设备:指非特种设备的大型设备,如起重机械、整体提升式脚手架、滑模爬模、挂篮、移动模架等。

(4)施工设备定期检查、维修、保养记录表(SG-AQ-07-04)填写说明如下:

①每台设备单独填记,类别包括安装、检测(验收)、定期检查、维修及保养等。

②本表由专职安全员在每次设备检查、检修、保养后进行登记。

7.10.4　小型机具管理文件

小型机具包括搅拌机、钢筋加工机械、打夯机、卷扬机、电焊机、切割机等。

7.10.4.1　收集范围及排序

收集范围及排序见表7.10.4.1。

小型机具管理文件收集范围及排序　　表7.10.4.1

序号	文件名称	表号	备注
1	小型设备进场登记台账	SG-AQ-07-06	
2	小型设备现场检查记录		
3	设备合格证明文件、操作说明书		
4	施工设备定期检查、维修、保养记录表	SG-AQ-07-04	

7.10.4.2　表格填写说明

小型设备进场登记台账(SG-AQ-07-06):本表由机械、设备管理人对进场设备进行查验后登记;设备出厂合格证明应依次装订成册附表后,停用或已拆除设备在备注栏注明;清单设备应与“一机一档”对应。

7.11　安全生产费用管理文件

安全生产费用管理文件包括安全生产费用使用计划文件、安全生产费用使用登记文件、安全生产费用计量文件等。

7.11.1　安全生产费用使用计划文件

7.11.1.1　收集范围及排序

收集范围及排序见表7.11.1.1。

安全生产费用使用计划文件收集范围及排序　　表7.11.1.1

序号	文件名称	表号	备注
1.1	总体及月度安全生产费用使用计划文件		
1.1.1	安全生产费用使用计划审批登记台账	JS-AQ-06-01	
1.1.2	安全生产费用(总体/月度)使用计划汇总表	JS-AQ-06-02	
1.1.3	完善、改造和维护安全防护设施设备支出表	JS-AQ-06-03	
1.1.4	配备、维护、保养应急救援器材、设备支出和应急演练支出表	JS-AQ-06-04	
1.1.5	重大危险源和事故隐患评估、监控和整改支出表	JS-AQ-06-05	
1.1.6	安全生产检查、评价、咨询和标准化建设支出表	JS-AQ-06-06	
1.1.7	配备和更新现场作业人员安全防护用品支出表	JS-AQ-06-07	
1.1.8	安全生产宣传、教育、培训支出表	JS-AQ-06-08	

续上表

序号	文件名称	表号	备注
1.1.9	安全生产适用的新技术、新工艺、新标准、新装备的推广和应用支出表	JS-AQ-06-09	
1.1.10	安全设施及特种设备检测检验支出表	JS-AQ-06-10	
1.1.11	其他与安全生产直接相关的支出表	JS-AQ-06-11	

7.11.1.2　表格填写说明

(1)安全生产费用使用计划审批登记台账(JS-AQ-06-01)填写说明如下:

①本台账用来登记各单位形成的总体/月度费用使用计划文件。

②类型填写总体计划/月度计划,由专职安全员负责登记。

③施工单位年度安全生产费用使用计划应上报监理单位办公室审批,建设单位备案。

(2)安全生产费用(总体/月度)使用计划汇总表(JS-AQ-06-02)填写说明如下:

①高速公路开工前,施工单位编制安全生产费用总体使用计划,监理单位提出审查意见并督促施工单位根据评审意见修改完善总体使用计划,总监理工程师审批后报建设单位安全环保监督部备案。

②开工后,施工单位定期按照JS-AQ-06-01~JS-AQ-06-11的格式编制次月安全生产费用月度使用计划,经监理单位定期审查确认后报建设单位安全环保监督部备案。

7.11.2　安全生产费用使用登记文件

7.11.2.1　收集范围及排序

收集范围及排序见表7.11.2.1。

安全生产费用使用登记文件收集范围及排序　　**表7.11.2.1**

序号	文件名称	表号	备注
1	安全生产费用使用管理台账	JS-AQ-06-18	
2	购买、入库、出库等环节票据凭证等证明资料		
3	使用过程中的电子影像资料		

7.11.2.2　表格填写说明

(1)安全生产费用使用管理台账(JS-AQ-06-18):本表由施工单位填写,记录安全生产费用的使用情况,保证安全生产费用足额投入到位。

(2)购买、入库、出库等环节票据凭证及电子影像资料应与安全生产费用使用管理登记台账台账条目一一对应,相互印证。

7.11.3　安全生产费用计量文件

7.11.3.1　收集范围及排序

收集范围及排序见表7.11.3.1。

安全生产费用计量文件收集范围及排序 表 7.11.3.1

序号	文件名称	表号	备注
1	安全生产费用审批登记台账	JS-AQ-06-12	
2	各标段安全费用计量登记台账	JS-AQ-06-13	
3	安全生产费用支付申请审批表	JS-AQ-06-14	
4	安全生产费用支付表	JS-AQ-06-15	
5	安全生产费用计量表	JS-AQ-06-16	
6	分项工程安全生产投入明细	JS-AQ-06-17	
7	证明文件		
7.1	“完善、改造和维护安全防护设施设备支出”证明文件		
7.1.1	安全生产费用使用管理台账及财务证明文件		
7.1.2	安全设施报验单	SG-AQ-02-10	
7.1.3	安全生产费用使用管理台账	SG-AQ-02-11	
7.1.4	入库/出库凭证		
7.1.5	影像资料卡片	SG-AQ-02-12	
7.2	“配备、维护、保养应急救援器材、设备支出和应急演练支出”证明文件		
7.2.1	安全生产费用使用管理登记台账	JS-AQ-06-18	
7.2.2	安全设施报验单	SG-AQ-02-10	
7.2.3	安全设施清单	SG-AQ-08-1	
7.2.4	入库/出库凭证		
7.2.5	影像资料卡片	SG-AQ-02-12	
7.2.6	应急演练方案、脚本、总结、评价及影像资料		
7.3	“重大危险源和事故隐患评估、监控和整改支出” 证明文件		
7.3.1	安全生产费用使用管理登记台账	JS-AQ-06-18	
7.3.2	服务合同、验收单、结算单、发票		
7.3.3	成果报告		
7.4	“安全生产检查、评价、咨询和标准化建设支出” 证明文件		
7.4.1	安全生产费用使用管理台账	JS-AQ-06-18	
7.4.2	服务合同、验收单、结算单、发票		
7.4.3	成果报告		
7.5	“配备和更新现场作业人员安全防护用品支出” 证明文件		
7.5.1	安全生产费用使用管理台账	JS-AQ-06-18	
7.5.2	安全设施报验单	SG-AQ-02-10	
7.5.3	安全设施清单	SG-AQ-08-01	
7.5.4	入库/出库凭证		
7.5.5	影像资料卡片	SG-AQ-02-12	
7.6	“安全生产宣传、教育、培训支出” 证明文件		
7.6.1	“安全生产宣传支出”证明文件		
7.6.1.1	安全生产费用使用管理台账	JS-AQ-06-18	
7.6.1.2	安全设施报验单	SG-AQ-02-10	

续上表

序号	文件名称	表号	备注
7.6.1.3	安全设施清单	SG-AQ-08-01	
7.6.1.4	入库/出库凭证		
7.6.1.5	影像资料卡片	SG-AQ-02-12	
7.6.2	“教育、培训支出”证明文件		
7.6.2.1	安全生产费用使用管理台账	JS-AQ-06-18	
7.6.2.2	服务合同、验收单、结算单、发票		
7.6.2.3	课件、试卷、评价表、签到表、影像资料		
7.7	“安全生产使用的新技术、新标准、新工艺、新装备的推广应用支出”证明文件		
7.7.1	安全生产费用使用管理台账	JS-AQ-06-18	
7.7.2	安全设施报验单	SG-AQ-02-10	
7.7.3	安全设施清单	SG-AQ-08-01	
7.7.4	入库/出库凭证		
7.7.5	施工单位与科研、咨询、开发单位签订的推广应用合同		
7.7.6	影像资料卡片	SG-AQ-02-12	
7.8	“安全设施及特种设备检测检验支出”证明文件		
7.8.1	安全生产费用使用管理台账	JS-AQ-06-18	
7.8.2	结算单、发票		
7.8.3	维修改造告知书、检验报告、特种设备使用登记证		
7.9	“其他与安全生产直接相关的支出”证明文件		
7.9.1	按监理、业主要求提供相关证明文件		

7.11.3.2 表格填写说明

(1)安全生产费用审批登记台账(JS-AQ-06-12):各施工单位安全生产费用计量、支付情况的统计汇总。建设单位通过本表掌握施工单位安全生产费用的使用情况,根据建设项目“三同时”要求督促施工单位安全生产费用使用到位。

(2)各标段安全费用计量登记台账(JS-AQ-06-13):本表由施工单位填写,记录本单位安全生产费用计量、支付情况。

(3)安全计量支付月报表(JS-AQ-06-14 ~ JS-AQ-06-17)填写说明如下:

①施工单位原则上每月进行一次安全生产费用计量,于当月建设单位规定提交日期前填报安全生产费用支付表(JS-AQ-06-15)、安全生产费用计量表(JS-AQ-06-16),按照施工现场实际投入编制分项工程安全生产费用投入明细(JS-AQ-06-17),并附购置发票、图片、安装费用结算单(如有)等资料,报监理单位审核。

②监理单位收到施工单位安全生产费用计量支付表后,应在规定工作日内完成审核并予以签认,并在规定日期前报送建设单位,建设单位审定金额后汇入工程计量。

(4)安全生产费用使用台账(JS-AQ-06-18):本表由施工单位填写,记录安全生产费用的使用情况,保证安全生产费用足额投入到位。

7.12 其他

其他安全文件包括安全施工月报、各类安全报表、安全专项活动资料、汇报资料、保险资料(建筑工程一切险及第三责任险、团体意外伤害险、安全责任险等项目购买的保险资料)。

7.12.1 安全施工月报

7.12.1.1 收集范围及排序

收集范围及排序见表7.12.1.1。

安全施工月报文件收集范围及排序 **表7.12.1.1**

序号	文件名称	表号	备注
1	安全施工月报		
2	安全月报表	SG-AQ-12-01	

7.12.1.2 表格填写说明

(1)安全月报表(SG-AQ-12-01):本表是每月对安全生产情况的汇报。

(2)项目部的安全管理部门对每月施工安全、进度情况进行分析汇总,由安全管理人员负责编制,并上报。

(3)安全月报内容包括基本情况、工程概况、安全生产情况、本月安全生产管理情况、本月安全隐患排查整改情况、施工现场执行安全法律及国家、地方有关强制性条文情况、本月廉政制度执行情况、安全生产专项资金计划、本月工作小结、下月工作计划。

7.12.2 各类安全报表

各类安全报表包括地方政府、建设单位、监理单位、企业母体等单位要求上报的各类安全报表。

7.12.3 安全专项活动资料

安全专项活动资料包括安全生产月、百日行动、平安交通、安康杯、冬春防火、交通安全日等各类安全专项活动文件。

7.12.3.1 收集范围及排序

收集范围及排序见表7.12.3.1。

安全专项活动资料收集范围及排序 **表7.12.3.1**

序号	文件名称	表号	备注
1	安全专项活动登记台账	SG-AQ-12-02	
2	安全生产工作方案或行动计划		
3	安全专项活动开展情况汇报材料		
4	安全专项活动总结		

7.12.3.2 表格填写说明

安全专项活动登记台账(SG-AQ-12-02):本表用来登记各类安全专项活动,按时间顺序进行登记,活动内容附后。

7.12.4 汇报材料

汇报材料包括参与地方政府、建设单位、监理单位、企业母体等单位组织的各项活动,所准备的汇报材料。

7.12.5 保险资料

保险资料包括建筑工程一切险及第三责任险、团体意外伤害险、安全责任险等项目购买的保险资料。

附录A(资料性)　建设单位安全表格

A.1　建设单位安全表格目录

序号	文件名称	表号
1	安全生产管理机构文件登记台账	JS-AQ-01-01
2	安全管理规章制度登记台账	JS-AQ-01-02
3	安全生产责任书登记台账	JS-AQ-01-03
4	安全管理文件登记台账	JS-AQ-01-04
5	安全教育培训活动登记台账	JS-AQ-02-01
6	安全教育培训登记表	JS-AQ-02-02
7	安全教育培训活动记录表	JS-AQ-02-03
8	安全会议(教育培训活动)签到表	JS-AQ-02-04
9	影像资料卡片	JS-AQ-02-05
10	安全教育培训考核登记台账	JS-AQ-02-06
11	安全教育培训考核结果统计表	JS-AQ-02-07
12	安全会议登记表	JS-AQ-03-01
13	安全会议记录表	JS-AQ-03-02
14	安全风险评估报告登记表	JS-AQ-04-01
15	危险性较大工程审批表	JS-AQ-04-02
16	危险性较大工程清单	JS-AQ-04-03
17	重大风险基础信息登记清单	JS-AQ-04-04
18	重大风险责任分工清单	JS-AQ-04-05
19	重大风险防控措施清单	JS-AQ-04-06
20	重大风险监测监控清单	JS-AQ-04-07
21	重大风险应急处置清单	JS-AQ-04-08
22	危险性较大分部分项工程专项施工方案登记台账	JS-AQ-04-09
23	专项施工方案报批单(不需专家认证)	JS-AQ-04-10
24	专项施工方案报批单(需专家认证)	JS-AQ-04-11
25	专项技术方案审批表	JS-AQ-04-12
26	施工专项方案管理登记台账	JS-AQ-04-13
27	施工方案报审表	JS-AQ-04-14
28	生产安全事故隐患治理台账	JS-AQ-05-01
29	事故隐患排查登记表	JS-AQ-05-02

续上表

序号	文件名称	表号
30	工程事故隐患整改通知单	JS-AQ-05-03
31	工程事故隐患整改回复单	JS-AQ-05-04
32	重大事故隐患登记表	JS-AQ-05-05
33	重大事故隐患排查治理监督表	JS-AQ-05-06
34	重大事故隐患公示牌	JS-AQ-05-07
35	重大事故隐患报备单	JS-AQ-05-08
36	重大事故隐患挂牌督办销号申请报告	JS-AQ-05-09
37	重大事故隐患治理验收申请	JS-AQ-05-10
38	重大事故隐患治理验收报告	JS-AQ-05-11
39	安全生产费用使用计划审批登记台账	JS-AQ-06-01
40	安全生产费用(总体/月度)使用计划汇总表	JS-AQ-06-02
41	完善、改造和维护安全防护设施设备支出表	JS-AQ-06-03
42	配备、维护、保养应急救援器材、设备支出和应急演练支出表	JS-AQ-06-04
43	重大危险源和事故隐患评估、监控和整改支出表	JS-AQ-06-05
44	安全生产检查、评价、咨询和标准化建设支出表	JS-AQ-06-06
45	配备和更新现场作业人员安全防护用品支出表	JS-AQ-06-07
46	安全生产宣传、教育、培训支出表	JS-AQ-06-08
47	安全生产适用的新技术、新工艺、新标准、新装备的推广和应用支出表	JS-AQ-06-09
48	安全设施及特种设备检测检验支出表	JS-AQ-06-10
49	其他与安全生产直接相关的支出表	JS-AQ-06-11
50	安全生产费用审批登记台账	JS-AQ-06-12
51	各标段安全费用计量登记台账	JS-AQ-06-13
52	安全生产费用支付申请审批表(第×期)	JS-AQ-06-14
53	安全生产费用支付表(第×期)	JS-AQ-06-15
54	安全生产费用计量表(第×期)	JS-AQ-06-16
55	分项工程安全生产投入明细(第×期)	JS-AQ-06-17
56	安全生产费用使用管理台账	JS-AQ-06-18
57	应急预案登记台账	JS-AQ-07-01
58	年度应急预案演练计划表	JS-AQ-07-02
59	应急演练记录登记台账	JS-AQ-07-03
60	应急预案演练情况记录	JS-AQ-07-04
61	施工单位应急预案审批登记台账	JS-AQ-07-05
62	工程安全事故情况记录表	JS-AQ-08-01
63	交通运输行业建设工程生产安全事故快报表	JS-AQ-08-02
64	安全事故处理结果记录表	JS-AQ-08-03
65	安全事故月报表	JS-AQ-08-04

续上表

序号	文件名称	表号
66	“平安工地”考核汇总表	JS-AQ-09-01
67	表1.1.1　大中型公路水运工程项目开工前安全生产条件核查表	JS-AQ-09-02
68	表1.1.2　大中型公路水运工程施工合同段开工前安全生产条件核查表	JS-AQ-09-03
69	表1.1.3　大中型公路水运工程危险性较大的分部分项工程施工前安全生产条件核查表	JS-AQ-09-04
70	表1.2　大中型公路水运工程平安工地建设施工单位基础管理考核评价表	JS-AQ-09-05
71	表1.3.1　大中型公路水运工程平安工地建设施工单位施工现场(通用部分)考核评价表	JS-AQ-09-06
72	表1.3.2　大中型公路水运工程平安工地建设施工单位施工现场(公路部分)考核评价表	JS-AQ-09-07
73	表1.4　大中型公路水运工程平安工地建设监理单位考核评价表	JS-AQ-09-08
74	表1.5　大中型公路水运工程平安工地建设建设单位考核评价表	JS-AQ-09-09
75	表1.6　大中型公路水运工程平安工地建设加分项考核评价表	JS-AQ-09-10
76	安全专项活动登记表	JS-AQ-10-01

A.2 建设单位安全表格样表

JS-AQ-01-01

安全生产管理机构文件登记台账

第　　页/共　　页

单位名称：

序号	单位	文件标题	文件日期	收发文号
				来：
				发：
				来：
				发：
				来：
				发：
				来：
				发：
				来：
				发：
				来：
				发：
				来：
				发：
				来：
				发：
				来：
				发：
				来：
				发：
				来：
				发：
				来：
				发：

说明：本表用于建设单位安全生产管理机构文件的登记，登记的文件应按序附表后。

JS-AQ-01-02

安全管理规章制度登记台账

第　　页/共　　页

单位名称：

序号	规章制度名称	责任部门	责任人	备注

说明：本表用于发文定稿的各安全生产管理制度的登记，各项安全管理制度应按序附表后。

JS-AQ-01-03

安全生产责任书登记台账

第　　页/共　　页

单位名称：

序号	安全生产责任书名称	甲方名称	乙方名称	编号	签订日期

说明：本表主要登记单位与单位、单位与个人签订的安全生产责任书，责任书一式两份，台账内存放原件一份。

JS-AQ-01-04

安全管理文件登记台账

第　　页/共　　页

单位名称：

序号	单位	文件标题	文件日期	收发文号
				来：
				发：
				来：
				发：
				来：
				发：
				来：
				发：
				来：
				发：
				来：
				发：
				来：
				发：
				来：
				发：
				来：
				发：
				来：
				发：
				来：
				发：
				来：
				发：

说明：本表用于建设单位安全生产管理机构文件的登记，登记的文件应按序附表后。

JS-AQ-02-01

安全教育培训活动登记台账

第　　页/共　　页

单位名称：

序号	活动名称	活动日期	备注

说明：本表主要用于每次安全教育培训活动的登记，各项安全教育培训活动依次附于表后。

JS-AQ-02-02

安全教育培训登记表

第　　页/共　　页

单位名称：　　　　　　　　　　　　　　　　　　　日期：　　　年　　月　　日

活动名称			
参加对象			
地点		主讲人	
参加人数		记录人	
教育培训内容概述：			

说明：教育培训内容表内简要介绍教育培训主要内容，详细记录教育培训的内容和活动情况，附培训内容文字材料（如有）。

JS-AQ-02-03

安全教育培训活动记录表

第　　页/共　　页

单位名称：

活动名称		活动时间	日期：　　年　月　日
活动类别		参加对象	
活动地点		参加人数	
主讲人		记录人	
活动内容摘要：			
注：活动类别分为新职工上岗、变换工种、操作规程和技能、经常性、季节性等			

说明：教育培训内容表内简要介绍教育培训主要内容，详细记录教育培训的内容和活动情况，附培训内容文字材料。

JS-AQ-02-04

安全会议(教育培训活动)签到表

第　　页/共　　页

单位名称：

会议名称			会议时间	日期：　　年　月　日	
会议地点			组织部门		
序号	姓名	所属部门(班组)	职务 (工种)	联系电话	备注

签到负责人签名：

说明：签到表上各栏目应填全，姓名处应由参会人本人签字。

JS-AQ-02-05

影像资料卡片

第　　页/共　　页

单位名称：

拍摄事由		背景内容	
相机型号		存储方式	
（相片及编号、主题）			
拍摄人		日期	

JS-AQ-02-06

安全教育培训考核登记台账

第　　页/共　　页

单位名称：

序号	考核名称	考核日期	考核地点	组织部门	备注

说明：本表用于汇总登记每次安全教育培训考核。

JS-AQ-02-07

安全教育培训考核结果统计表

第　　页/共　　页

单位名称：

考核名称					考核时间	日期：　年　月　日		
考核地点					组织部门			
考核人数					考核总分			
序号	姓名	考核得分	序号	姓名	考核得分	序号	姓名	考核得分

说明：本表用于汇总每次安全教育培训考核的结果，如一张表格填写不下可续表。

JS-AQ-03-01

安全会议登记表

第　　页/共　　页

单位名称：

序号	会议名称	责任部门	责任人	备注

说明：本表用于公司安全会议的登记，每次安全会议记录文件应按序附于表后。

JS-AQ-03-02

安全会议记录表

第　　页/共　　页

单位名称：

会议名称		会议时间	日期：　　年　月　日		
会议地点		组织部门			
出席对象		主持人		参加人数	
缺席人员					
会议内容摘要：					

主持人(签字)：　　　　　　　　　　　　记录人(签字)：

说明：本表在施工单位合同段组织召开安全相关会议时后整理会议纪要时使用，记不下时可另附页，后面应附“安全会议(教育培训活动)签到单”；安全会议具体内容及影像资料应作为附件附于表后。

JS-AQ-04-01

安全风险评估报告登记表

第　　页/共　　页

建设单位：

序号	资料名称	施工标段	监理标段	审批是否到位	报备时间	复核人

说明：1.安全风险资料包括风险评估报告，较大及以上施工安全风险分部分项工程清单、审批记录及专项施工方案等。

2.本表后附施工单位、监理单位报备的安全风险资料。

JS-AQ-04-02

危险性较大工程审批表

施工单位：

监理单位：

<table>
<tr><td colspan="2">致(总监理工程师)：
事由：
附件：

项目经理：
日期： 年 月 日</td></tr>
<tr><td rowspan="2">监理单位意见</td><td>副总监理工程师(签字盖章)： 日期： 年 月 日</td></tr>
<tr><td>总监理工程师(签字盖章)： 日期： 年 月 日</td></tr>
</table>

说明：施工单位申报危险性较大的工程清单用本表。

JS-AQ-04-03

危险性较大工程清单

第　　页/共　　页

施工单位：

监理单位：

序号	危险性较大的工程名称	具体桩号及部位	监理审查意见	是否需专家论证
1				
2				
3				
4				
5				
6				
7				
8				
9				
10				
11				
12				
13				
14				
15				
16				
17				
18				
19				

安全监理工程师：　　　　　　　　　　　　施工单位技术负责人：

说明：应根据施工单位合同段专项风险评估报告正式稿的危险源台账填写，报监理单位审核、建设单位备案。

JS-AQ-04-04

重大风险基础信息登记清单

填报单位(公章):

所在基层单位名称	类别	名称	部位	危险特性	影响范围	可能发生的事故及后果	是否落实监测管控	是否制定责任分工清单	是否制定防控措施清单	是否制定监测监控清单	是否制定应急处置清单	是否发生风险事件，并开展应急处置

联系人：　　　　联系电话：

JS-AQ-04-05

重大风险责任分工清单

填报单位(公章)：

所在基层单位名称	类别	名称	所在基层单位责任		集团所属二级企业责任		
			责任人	具体职责	责任部门	责任人	具体职责

联系人：　　　　联系电话：

JS-AQ-04-06

重大风险防控措施清单

填报单位(公章)：

所在基层单位名称	类别	名称	所在基层单位防控措施			集团所属二级企业防控措施			
			责任人	具体措施	措施落实情况	责任部门	责任人	具体措施	措施落实情况

联系人： 联系电话：

JS-AQ-04-07

重大风险监测监控清单

填报单位(公章)：

所在基层单位名称	类别	名称	所在基层单位监测监控措施				集团所属二级企业监测监控措施				
			责任人	具体措施	措施落实情况	相关设施运行是否正常	责任部门	责任人	具体措施	措施落实情况	相关设施运行是否正常

联系人：　　　　联系电话：

JS-AQ-04-08

重大风险应急处置清单

填报单位(公章)：

所在基层单位名称	类别	名称	所在基层单位应急处置措施				集团所属二级企业监测监控措施				
			责任人	具体措施	是否发生风险事件，并开展应急处置	应急处置情况	责任部门	责任人	具体措施	是否发生风险事件，并开展应急处置	应急处置情况

联系人：　　　　　　　　　　联系电话：

JS-AQ-04-09

危险性较大分部分项工程专项施工方案登记台账

第　　页/共　　页

建设单位：

序号	危险性较大分部分项专项施工方案名称	工程主要参数（规模/数量）	是否专家论证	计划施工日期

填表人：

说明：本表应根据施工单位合同段专项风险评估报告正式稿的风险评估结论填写。另根据实际情况，建设单位认为风险较大及以上的分部分项工程（在专项风险评估报告中未体现）也应列入表中；可结合现场情况按照《公路工程施工安全技术规范》（JTG F90—2015）附录A所列内容编制。

JS-AQ-04-10

专项施工方案报批单(不需专家认证)

施工单位：　　　　　　　　　　　　　　　　合同段号：

监理单位：　　　　　　　　　　　　　　　　分部合同段号：

　　　　　　　　　　　　　　　　　　　　　编　　号：

致(总监理工程师)_______： 由我项目部承担施工的____________________工程的专项施工方案业已编制完毕,请予以审批。 附件:________专项施工方案 内容包括:1.工程概况 2.编制依据 3.施工计划 4.施工工艺技术 5.施工安全保证措施 6.劳动力计划 7.计算书及相关图纸 分部项目经理(签章)：　　　　日期：　　年　月　日 承包人(签章)：　　　　日期：　　年　月　日
审查意见： 安全专业监理工程师(签字)：　　　　日期：　　年　月　日
审查意见： 驻地监理工程师(签字)：　　　　日期：　　年　月　日
审核意见： 副总监理工程师(签章)：　　　　日期：　　年　月　日
审批意见： 总监理工程师(签章)：　　　　日期：　　年　月　日

说明:1.本表及其附件一式三份,承包人、总监办和总监办分部各存一份。

2.本表用于不需专家认证的专项施工方案的报审。

JS-AQ-04-11

专项施工方案报批单(需专家认证)

施工单位：　　　　　　　　　　　　　　　　　　　　　　合同段号：
监理单位：　　　　　　　　　　　　　　　　　　　　　　分部合同段号：
　　　　　　　　　　　　　　　　　　　　　　　　　　　编　　号：

致(建设单位)______： 由我项目部承担施工的______________工程的专项施工方案业已编制完毕,并按专家论证意见进行了修订,请予以审批。 附件:________专项施工方案及专家认证报告 内容包括:1.工程概况 2.编制依据 3.施工计划 4.施工工艺技术 5.施工安全保证措施 6.劳动力计划 7.计算书及相关图纸 分部项目经理(签章)：　　　　日期：　　年　月　日 承包人(签章)：　　　　日期：　　年　月　日
审查意见： 安全专业监理工程师(签字)：　　　　日期：　　年　月　日
审查意见： 驻地监理工程师(签字)：　　　　日期：　　年　月　日
审核意见： 副总监理工程师(签章)：　　　　日期：　　年　月　日
审核意见： 总监理工程师(签章)：　　　　日期：　　年　月　日
审批意见： 建设单位技术负责人(签章)：　　　　日期：　　年　月　日

说明:1.本表及其附件一式四份,承包人、总监办、总监办分部和建设单位各存一份。
2.本表用于超过一定规模危险性较大,需专家认证的专项施工方案报批。

JS-AQ-04-12

专项技术方案审批表

施工单位：　　　　　　　　　　　　　　　　　　　合同段号：

监理单位：　　　　　　　　　　　　　　　　　　　分部合同段号：

　　　　　　　　　　　　　　　　　　　　　　　　编　　号：

<table>
<tr><td colspan="2">方案名称</td><td colspan="4"></td><td>等级
分类</td><td></td></tr>
<tr><td colspan="2">工程名称</td><td colspan="6"></td></tr>
<tr><td rowspan="3">编制单位</td><td>项目名称</td><td>公章</td><td rowspan="3">审批单位</td><td>单位名称</td><td colspan="3">公章</td></tr>
<tr><td>编制</td><td>日期：　　年　月　日</td><td>审批</td><td colspan="3">日期：　　年　月　日</td></tr>
<tr><td>项目总工</td><td>日期：　　年　月　日</td><td>总工程师</td><td colspan="3">日期：　　年　月　日</td></tr>
<tr><td colspan="8">审批意见：</td></tr>
</table>

说明：本表用于承包人(具备法人资格单位)的技术负责人审批。

JS-AQ-04-13

施工专项方案管理登记台账

第　　页/共　　页

建设单位：

序号	施工专项方案名称	计划施工日期	备注

填表人：

说明：本表用来统计并登记审批完成的施工专项方案。

JS-AQ-04-14

施工方案报审表

施工单位：　　　　　　　　　　　　合同段号：

监理单位：　　　　　　　　　　　　分部合同段号：

　　　　　　　　　　　　　　　　　编　　号：

致(驻地监理工程师)__________： 由我部承担施工的__________________________工程的施工方案已编制完毕，并经我单位技术负责人批准，请予以审批。 附件：__________方案 分部项目经理(签章)：　　　　日期：　　年　月　日 承包人(签章)：　　　　日期：　　年　月　日
审查意见： 专业监理工程师(签字)：　　　　日期：　　年　月　日
审批意见： 驻地监理工程师(签章)：　　　　日期：　　年　月　日

说明：本表及其附件一式两份，承包人、总监办分部各存一份。

JS-AQ-05-01

生产安全事故隐患治理台账

建设单位：

序号	隐患名称	类型/部位	等级	发现时间	整改责任人/时限(天)	验收责任人/验收时间	备注

填写人：

说明：本表用来登记已发现的生产安全事故隐患。

JS-AQ-05-02

事故隐患排查登记表

第　　页 / 共　　页

建设单位：

事故排查类型：

序号	检查时间	检查地点	隐患情况	检查人	整改情况	整改负责人	备注

记录人：　　　　　　　　　　监理工程师：

说明：本表为登记施工单位开展隐患日常排查、定期排查和专项排查工作时使用，依据检查类别按序登记整理。

JS-AQ-05-03

工程事故隐患整改通知单

项目名称：　　　　　　　　　　　　　　　　　　　　　　　　　　　第　　号

建设单位：　　　　　　　　　　　　　　　　　　　　____年___月___日　星期____

<table>
<tr><td>受检查单位</td><td colspan="3"></td></tr>
<tr><td colspan="4">检查意见：

检查单位盖章

日期：　　　年　月　日</td></tr>
<tr><td>限期回复时间</td><td></td><td>受检单位负责人签字</td><td></td></tr>
<tr><td>检查人员签字</td><td colspan="3"></td></tr>
<tr><td colspan="4">备注：</td></tr>
</table>

说明：1. 所有事故隐患应要求立即整改，限期回复。

2. 整改反馈意见粘附在存根后面。

3. 本表一式两/四份，下发到相关监理单位办公室、施工单位合同段，或推送到中标的监理单位和施工单位（重大事故隐患）。

JS-AQ-05-04

工程事故隐患整改回复单

项目名称：

施工单位：　　　　　　　　　　　　　　　　　　合同段号：

监理单位：　　　　　　　　　　　　　　　　　　分部合同段号：

　　　　　　　　　　　　　　　　　　　　　　　编　　号：

我部接到编号为________的事故隐患整改通知单后，现已按要求完成了整改，具体整改情况如下： 1. 2. 请予复查。 项目经理签名： 日期：　　年　月　日(章)
监理复查意见： 安全专业监理： 总监理工程师签名： 日期：　　年　月　日(章)
建设单位复查意见： 复查人： 日期：　　年　月　日(章)

说明：1.本表用于回复JS-AQ-05-03。

2.本表一式三份，建设单位、监理单位、施工单位各存一份。

3.建设单位可以自规定哪些隐患整改回复需要安全专业监理(安全监理人员)签字，哪些既需要安全专业监理(安全监理人员)签字又需要总监理工程师签字。

JS-AQ-05-05

重大事故隐患登记表

第　　页／共　　页

单位名称：

<table>
<tr><td>隐患名称</td><td colspan="2"></td><td>登记时间</td><td>日期：　　年　月　日</td></tr>
<tr><td>隐患部位</td><td colspan="2"></td><td>隐患类型
及等级</td><td></td></tr>
<tr><td>治理时限</td><td colspan="2"></td><td>所需资金</td><td>元</td></tr>
<tr><td>施工单位</td><td>负责人姓名
及联系电话</td><td></td><td>责任人姓名
及联系电话</td><td></td></tr>
<tr><td>监理单位</td><td>负责人姓名
及联系电话</td><td></td><td>责任人姓名
及联系电话</td><td></td></tr>
<tr><td>建设单位</td><td>负责人姓名
及联系电话</td><td></td><td>责任人姓名
及联系电话</td><td></td></tr>
<tr><td colspan="5">隐患的现状及其产生原因：</td></tr>
<tr><td colspan="5">隐患的危害程度和整改难易程度分析：</td></tr>
<tr><td colspan="5">隐患的治理初步方案：</td></tr>
<tr><td colspan="5">施工单位意见：

项目经理签字：　　　　日期：　　年　月　日</td></tr>
<tr><td colspan="5">监理单位审查意见：

总监理工程师签字：　　　　日期：　　年　月　日</td></tr>
</table>

填报人：　　　　　　　　　　　　　　填报日期(章)：　　年　月　日

说明：本表由施工单位合同段填写，对重大事故隐患的信息应按分析评估结论如实登记，并制订专项治理方案附表后，报监理单位办公室审查。

JS-AQ-05-06

重大事故隐患排查治理监督表

合同段：

序号	工程名称	存在的重大隐患	整改要求及措施	整改时限	整改监督人	整改情况	备注

JS-AQ-05-07

重大事故隐患公示牌

第　　页 / 共　　页

单位名称：

<table>
<tr><td>项目标段</td><td colspan="5"></td></tr>
<tr><td>重大事故
隐患名称</td><td colspan="5"></td></tr>
<tr><td rowspan="2">重大事故
隐患地点</td><td rowspan="2"></td><td colspan="2">开始时间</td><td colspan="2"></td></tr>
<tr><td colspan="2">结束时间</td><td colspan="2"></td></tr>
<tr><td>重大事故
隐患概况</td><td colspan="5"></td></tr>
<tr><td>重大事故
隐患主要
控制措施</td><td colspan="5"></td></tr>
<tr><td>建设单位</td><td></td><td>责任人</td><td></td><td>联系电话</td><td></td></tr>
<tr><td>施工单位</td><td></td><td>责任人</td><td></td><td>联系电话</td><td></td></tr>
<tr><td>设计单位</td><td></td><td>责任人</td><td></td><td>联系电话</td><td></td></tr>
<tr><td>监理单位</td><td></td><td>责任人</td><td></td><td>联系电话</td><td></td></tr>
</table>

JS-AQ-05-08

重大事故隐患报备单

第　　页/共　　页

单位名称：

<table>
<tr><td>项目名称</td><td></td><td>联系电话</td><td></td></tr>
<tr><td>合同标段</td><td></td><td>施工单位</td><td></td></tr>
<tr><td>项目经理</td><td></td><td>项目总工</td><td></td></tr>
<tr><td>报备方式</td><td colspan="3"></td></tr>
<tr><td colspan="4">重大隐患信息报备内容：</td></tr>
<tr><td>施工单位
意见</td><td colspan="3">项目负责人：　　　　日期：　　年　月　日</td></tr>
<tr><td>监理单位
意见</td><td colspan="3">监理负责人：　　　　日期：　　年　月　日</td></tr>
<tr><td>建设单位
意见</td><td colspan="3">建设单位负责人：　　　　日期：　　年　月　日</td></tr>
</table>

说明：1. 施工单位合同段应当制定重大隐患治理专项方案，立即进行整改，由合同段项目主要负责人签字确认后及时向监理单位、建设单位报备。

2. 重大隐患报备方式填写首次报备、定期报备和不定期报备三种方式。

JS-AQ-05-09

重大事故隐患挂牌督办销号申请报告

第　　页/共　　页

单位名称：

项目名称		联系电话	
合同标段		单位名称	
项目负责人		技术负责人	
督办通知书编号		要求完成时间	
督办问题描述：			
整改措施：			
整改完成时间			
施工单位申请意见	项目负责人：　　年　月　日		
监理审核意见	监理负责人：　　年　月　日		
建设单位核验意见	建设单位负责人：　　年　月　日		

说明：在重大隐患治理工作结束后，建设单位应成立隐患整改验收组对重大隐患治理情况进行验收，出具整改验收结论，并由组长签字确认；整改到位并消除安全生产隐患后，本表由施工单位填写上报，监理单位、建设单位核验，核验意见签完后由建设单位及时向主管监督机构提出销号申请报告，申请报告应附隐患整改报告、整改验收报告等内容。

附件：1.挂牌督办整改报告；2.评估意见。

JS-AQ-05-10

重大事故隐患治理验收申请

第　　页/共　　页

单位名称：

<table>
<tr><td>隐患名称</td><td colspan="2"></td><td>隐患部位</td><td></td></tr>
<tr><td>隐患类型
及等级</td><td colspan="2"></td><td>督办单位</td><td></td></tr>
<tr><td>治理经费</td><td colspan="2">元</td><td>计划验收时间</td><td></td></tr>
<tr><td colspan="1">施工单位
治理情况
描述</td><td colspan="4">主要治理措施及效果：

安全负责人：　　　　项目经理：　　　　日期：　　年　月　日</td></tr>
<tr><td colspan="1">监理单位
审查意见</td><td colspan="4">

监理责任人：　　　　总监理工程师：　　　　日期：　　年　月　日</td></tr>
</table>

说明：施工单位合同段在重大事故隐患治理完成后填写本表，将治理情况报监理单位，监理单位应现场验收后签写审查意见；本表应报备建设单位。

JS-AQ-05-11

重大事故隐患治理验收报告

第　　页/共　　页

单位名称：

隐患名称		隐患部位	
隐患类型及等级		治理经费	元
验收单位		验收时间	日期：　　年　月　日
隐患治理整改情况			
验收意见	监理单位验收负责人签名：		日期：　　年　月　日
	建设单位验收负责人签名：		日期：　　年　月　日

说明：本表自施工单位合同段开始填写，施工单位填写完重大隐患治理整改情况后，报监理单位、建设单位验收，本表意见签完后由建设位提交主管监督机构。

JS-AQ-06-01

安全生产费用使用计划审批登记台账

第　　页/共　　页

单位名称：

序号	单位/合同段名称	类型	文件名称	备注

说明：本台账用来登记各单位形成的总体/月度费用使用计划文件，由专职安全员负责登记；类型填写总体计划/月度计划。

JS-AQ-06-02

安全生产费用(总体/月度)使用计划汇总表

施工单位：　　　　　　　　　　　　　　　　　　　　　　　日　　期：　　　年　月　日

工程建安费：　　　　　　　　(人民币)元　　　　　　　　　安全生产费：　　(人民币)元

序号	项目号	安全生产费用支付项目	金额(元)	占安全费总额的比例(%)
1	一	完善、改造和维护安全防护设施设备支出		
2	二	配备、维护、保养应急救援器材、设备支出和应急演练支出		
3	三	重大危险源和事故隐患评估、监控和整改支出		
4	四	安全生产检查、评价、咨询和标准化建设支出		
5	五	配备和更新现场作业人员安全防护用品支出		
6	六	安全生产宣传、教育、培训支出		
7	七	安全生产适用的新技术、新标准、新工艺、新装备的推广应用支出		
8	八	安全设施及特种设备检测检验支出		
9	九	其他与安全生产直接相关的支出		
10	建设单位指定的安全生产费报价			
11	安全生产费用总额(1～9项合计)			
分部安全负责人(签字)： 日期：　　年　月　日			分部项目经理(签字盖章)： 日期：　　年　月　日	
总承包项目经理审核意见： 签字：　　　　日期：　　年　月　日				
驻地监理工程师审核意见： 签字：　　　　日期：　　年　月　日				
总监办安全工程师审核意见： 签字：　　　　日期：　　年　月　日				
副总监审核意见： 签字：　　　　日期：　　年　月　日				
总监审核意见： 签字：　　　　日期：　　年　月　日				

JS-AQ-06-03

完善、改造和维护安全防护设施设备支出表

序号	细目类别	细目名称	规格	单价(元)	数量	金额(元)	备注
1	一、安全标志						
2							
		小计					
	二、警示灯具						
		小计					
	三、防护栏杆						
		小计					
	四、防护围栏、围挡						
		小计					
	五、安全通道						
		小计					
	六、安全防护网						
		小计					
	七、隧道逃生管道、救生管道						
		小计					
	八、有毒有害气体监测仪						
		小计					
	九、爆炸物品专用储存箱						
		小计					

续上表

序号	细目类别	细目名称	规格	单价（元）	数量	金额（元）	备注
	十、供配电及临时用电安全保护设施						
		小计					
	十一、其他临时的安全防护设施设备						
		小计					
金额合计(元)							

JS-AQ-06-04

配备、维护、保养应急救援器材、设备支出和应急演练支出表

序号	细目类别	细目名称	规格	单价(元)	数量	金额(元)	备注
	一、应急救援器材设备						
		小计					
	二、应急演练组织实施	本合同段计划应急救援演练的项目清单					
		小计					
金额合计(元)							

JS-AQ-06-05

重大危险源和事故隐患评估、监控和整改支出表

<table>
<tr><th>序号</th><th colspan="2">细目类别</th><th colspan="4">细目名称</th><th>金额</th><th>备注</th></tr>
<tr><td></td><td rowspan="10">一、重大危险源</td><td rowspan="4">评估</td><td colspan="5">本合同段计划评估的重大危险源清单</td><td rowspan="4"></td></tr>
<tr><td></td><td colspan="5"></td></tr>
<tr><td></td><td colspan="5"></td></tr>
<tr><td></td><td colspan="5"></td></tr>
<tr><td></td><td rowspan="6">监控</td><td colspan="5">本合同段重大危险源计划投入的监控设备、设施</td><td rowspan="6"></td></tr>
<tr><td></td><td>名称</td><td>规格</td><td>单价（元）</td><td>数量</td><td>金额（元）</td></tr>
<tr><td></td><td></td><td></td><td></td><td></td><td></td></tr>
<tr><td></td><td></td><td></td><td></td><td></td><td></td></tr>
<tr><td></td><td></td><td></td><td></td><td></td><td></td></tr>
<tr><td></td><td colspan="4">小计</td><td></td></tr>
<tr><td></td><td rowspan="6">二、事故隐患</td><td rowspan="5">评估</td><td colspan="5" rowspan="5">施工安全事故隐患评估</td><td rowspan="5"></td></tr>
<tr><td></td></tr>
<tr><td></td></tr>
<tr><td></td></tr>
<tr><td></td></tr>
<tr><td></td><td>整改</td><td colspan="6">隐患整改涉及的安全生产费用计入本细则其他相应的细目中</td></tr>
<tr><td colspan="7">金额合计(元)</td><td></td><td></td></tr>
</table>

JS-AQ-06-06

安全生产检查、评价、咨询和标准化建设支出表

序号	细目类别		细目名称	数量	单价（元）	金额（元）	备注
	一、安全生产检查办公、交通、检测设备设施						
	二、安全评价、咨询	专项方案评价	本合同段计划评价的项目清单				
		咨询	本合同段计划咨询的项目清单				
	三、安全生产标准化建设		施工安全标准化活动 平安文明工地建设活动				
金额合计(元)							

JS-AQ-06-07

配备和更新现场作业人员安全防护用品支出表

序号	细目类别	细目名称	规格	单价（元）	数量	金额（元）	备注
	配备、更新安全防护用品						
金额合计(元)							

JS-AQ-06-08

安全生产宣传、教育、培训支出表

序号	细目类别	细目名称	规格	单价（元）	数量	金额（元）	备注
	一、宣传物品						
		小计					
	二、教育、培训	本合同段计划开展的教育培训项目清单					
金额合计(元)							

JS-AQ-06-09

安全生产适用的新技术、新工艺、新标准、新装备的推广和应用支出表

序号	细目类别	细目名称	简要描述	金额(元)	备注
	新技术、新工艺、新标准、新装备的推广应用支出	采用新技术			
		采用新工艺			
		采用新标准			
		采用新装备			
金额合计(元)					

JS-AQ-06-10

安全设施及特种设备检测检验支出表

序号	细目类别	细目名称	规格	单价（元）	数量	金额（元）	备注
	一、安全设施检测检验支出						
		小计					
	二、特种设备检测检验支出						
		小计					
金额合计(元)							

JS-AQ-06-11

其他与安全生产直接相关的支出表

序号	细目类别	细目名称	金额(元)	备注
	一、专项活动费			
	二、其他费			
金额合计(元)				

JS-AQ-06-12

安全生产费用审批登记台账

第　　页／共　　页

单位名称：

序号	合同段	安全生产费用总额（元）	计取月份	金额(元)	支付时间	所占比例（%）	累计金额（元）	累计比例（%）	备注

记录人：

说明：各施工单位安全生产费用计量、支付情况应在本表及时统计汇总。建设单位通过本表掌握施工单位安全生产费用的使用情况，根据建设项目“三同时”要求督促施工单位安全生产费用使用到位。

JS-AQ-06-13

各标段安全费用计量登记台账

序号	项目	总金额（元）	第一期	第二期	……	合计	占比
一	完善、改造和维护安全防护设施设备支出						
二	配备、维护、保养应急救援器材、设备支出和应急演练支出						
三	重大危险源和事故隐患评估、监控和整改支出						
四	安全生产检查、评价、咨询和标准化建设支出						
五	配备和更新现场作业人员安全防护用品支出						
六	安全生产宣传、教育、培训支出						
七	安全生产适用的新技术、新标准、新工艺、新装备的推广应用支出						
八	安全设施及特种设备检测检验支出						
九	其他与安全生产直接相关的支出						
合计							

JS-AQ-06-14

安全生产费用支付申请审批表(第×期)

施工单位：　　　　　　　　　　　　　　　　　　　　　　分部名称：
监理单位：　　　　　　　　　　　　　　　　　　　　　　编　　号：

致： 我项目部本月根据合同规定和安全文明施工要求，共计投入安全生产费用(人民币 ××元)，占本支付项目合同清单总额元的 ××%；截至本月末累计共计量安全生产费(人民币 ××元)，占本支付项目合同清单总额元的 ××%。按照据实签证的规定，现将有关费用支出证明提交贵方，请予审查批复。 分部项目经理(签章)：　　　　日期：　　年　月　日
审查意见： 总承包项目经理(签章)：　　　　日期：　　年　月　日
审查意见： 副总监理工程师(签章)：　　　　日期：　　年　月　日
审查意见： 总监理工程师(签章)：　　　　日期：　　年　月　日
审查意见： 建设单位安全环保监督部部长：　　　　日期：　　年　月　日
审查意见： 建设单位分管领导：　　　　日期：　　年　月　日

JS-AQ-06-15

安全生产费用支付表(第×期)

项目名称：　　　　施工单位：　　　　日期：　　年　月　日

分部名称：　　　　监理单位：　　　　编号：

项目号	项目名称	总体计划	本期完成	累计完成	完成比例
		金额(元)	金额(元)	金额(元)	(%)
一	完善、改造和维护安全防护设施设备支出				
二	配备、维护、保养应急救援器材、设备支出和应急演练支出				
三	重大危险源和事故隐患评估、监控和整改支出				
四	安全生产检查、评价、咨询和标准化建设支出				
五	配备和更新现场作业人员安全防护用品支出				
六	安全生产宣传、教育、培训支出				
七	安全生产适用的新技术、新标准、新工艺、新装备的推广应用支出				
八	安全设施及特种设备检测检验支出				
九	其他与安全生产直接相关的支出				
本期支付金额合计(元)					

安全环保监督部部长：　　总监理工程师：　　副监理工程师：　　总承包项目经理：　　分部项目经理：

JS-AQ-06-16

安全生产费用计量表(第×期)

项目名称：　　　　施工单位：　　　　日期：　　年　月　日

分部名称：　　　　监理单位：　　　　编号：

序号	项目号	细目名称	单位	数量	单价(元)	金额(元)	安全监理工程师(审核)			完成比例(%)
							数量	单价(元)	金额(元)	
1	一									
2										
…		小计								
	二									
		小计								
	……	……								
	九									
		小计								
本页金额小计				小写：			小写：			
金额总计				小写： 大写：			小写： 大写：			

安全环保监督部：　　副总监理工程师：　　驻地监理工程师：　　分部项目经理：　　分部安全部长：

JS-AQ-06-17

分项工程安全生产投入明细(第×期)

施工单位：　　　　　　　　　　　　编制日期：　　年　月　日

桩号部位：　　　监理单位：　　　　　　　　　　　　第　　页 / 共　　页

分项工程	细目类别	细目名称	材料类型	规格尺寸	单位	数量	周转情况	备注
	合计							

驻地监理工程师：　　　　　　分部安全部长：　　　　　　分部专职安全员：

JS-AQ-06-18

安全生产费用使用管理台账

细目号	细目名称	规格	单位	数量	单价 (元)	总价 (元)	票据号

记录人:

JS-AQ-07-01

应急预案登记台账

第　　页/共　　页

单位名称：

序号	名称	备案单位	备案日期	修订日期	备注

记录人：

说明：本表用于登记建设单位的综合应急预案。

JS-AQ-07-02

年度应急预案演练计划表

第　　页/共　　页

单位名称：

演练名称		活动时间	日期：　　年　月　日
演练类别		参加对象	
演练地点		参加人数	
主持人		记录人	
演练内容摘要：			
评价：			
改进措施：			

说明：1.演练类别分为实战演练、桌面演练等。

2.演练签到表、演练方案、演练脚本、现场演练图片应作为附件附后。

JS-AQ-07-03

应急演练记录登记台账

第　　页/共　　页

单位名称：

序号	合同段	预案名称	预案类别	备案时间

说明：本表用于登记施工单位合同段报备审批完成的应急预案及现场处置方案。

JS-AQ-07-04

应急预案演练情况记录

第　　页/共　　页

施工单位：　　　　　　　　　　　　　　　　　　　　　　合同段号：

序号	演练时间	演练名称	演练类别	备 注

说明：本表用于施工单位合同段应急预案演练登记，应急预案演练的工作方案、脚本、评估报告、总结报告等资料应依次附表后。

JS-AQ-07-05

施工单位应急预案审批登记台账

第　　页/共　　页

单位名称：

序号	名称	备案单位	备案日期	修订日期	备注

记录人：

说明：本表用于登记施工单位产生的应急预案。

JS-AQ-08-01

工程安全事故情况记录表

施工单位：　　　　　　　　　　　　　　　　　　　编号：

合同段号：

事故单位		事故车(船)	
发生时间	____月__ 日__时__分	事故发生地点	
伤亡情况	死亡___人,失踪___人,重伤___人		
报告单位		报告人员姓名及联系电话	
事故经过及原因			
事故处理情况			
赶赴现场人员			

说明：本表由事故单位填写，事故发生的时间、地点、经过、伤亡情况、处理情况应如实填写，事故原因填写初步分析原因，赶赴现场人员为救援、医疗、技术支持、警戒、善后等类人员。

JS-AQ-08-02

交通运输行业建设工程生产安全事故快报表

表　　号：交安监11表
制定机关：交通运输部
批准机关：国家统计局
批准文号：国统制〔2014〕97号

填报单位(签章)：

<table>
<tr><td colspan="8">1　事故基本情况</td></tr>
<tr><td>1.1　事故发生日期与时间</td><td colspan="3"></td><td colspan="2">1.2　天气气候</td><td colspan="2"></td></tr>
<tr><td>1.3　工程名称</td><td colspan="3"></td><td colspan="2">1.4　所在地</td><td colspan="2"></td></tr>
<tr><td>1.5　工程分类</td><td colspan="3"></td><td colspan="2">1.6　工程等级</td><td colspan="2"></td></tr>
<tr><td>1.7　建设类型</td><td colspan="3"></td><td colspan="2">1.8　事故发生部位</td><td colspan="2"></td></tr>
<tr><td>1.9　事故发生作业环节</td><td colspan="3"></td><td colspan="2">1.10　事故类别</td><td colspan="2"></td></tr>
<tr><td>1.11　工程概况</td><td colspan="7"></td></tr>
<tr><td>1.12　事故简要经过和抢险救援情况</td><td colspan="7"></td></tr>
<tr><td>1.13　事故原因初步分析</td><td colspan="7"></td></tr>
<tr><td colspan="8">2　从业单位基本信息</td></tr>
<tr><td>2.1　建设单位</td><td colspan="2"></td><td colspan="2">2.2　设计单位</td><td colspan="3"></td></tr>
<tr><td>2.3　施工单位</td><td colspan="2"></td><td colspan="2">2.4　监理单位</td><td colspan="3"></td></tr>
<tr><td colspan="8">3　事故人员伤亡及经济损失情况</td></tr>
<tr><td></td><td>计量单位</td><td>合计</td><td>管理人员</td><td>技术人员</td><td>企业聘用工人</td><td>非本企业劳务人员</td><td>其他人员</td></tr>
<tr><td>甲</td><td>乙</td><td>1</td><td>2</td><td>3</td><td>4</td><td>5</td><td>6</td></tr>
<tr><td>死亡人数</td><td>人</td><td></td><td></td><td></td><td></td><td></td><td></td></tr>
<tr><td>其中：现场死亡人数</td><td>人</td><td></td><td></td><td></td><td></td><td></td><td></td></tr>
<tr><td>失踪人数</td><td>人</td><td></td><td></td><td></td><td></td><td></td><td></td></tr>
<tr><td>受伤人数</td><td>人</td><td></td><td></td><td></td><td></td><td></td><td></td></tr>
<tr><td>其中：重伤人数</td><td>人</td><td></td><td></td><td></td><td></td><td></td><td></td></tr>
<tr><td>预估直接经济损失(万元)</td><td colspan="7"></td></tr>
</table>

单位负责人：　　　　　　　　填表人：　　　　　　　　联系电话：

填报时间：　　　　年　月　日　时　分

JS-AQ-08-03

安全事故处理结果记录表

第　　页/共　　页

单位名称：

事故发生单位		事故发生时间	年 月 日 时 分
项目名称及合同段		事故发生地点部位	
事故类型		伤亡情况	
事故性质	□重大　　□一般	事故直接经济损失	万元
事故发生简要经过：			
事故责任鉴定：			
事故处理情况：			
有关责任人处理情况：			
整改措施及要求：			
处理单位		处理日期	年 月 日

说明：本表用于登记上报的安全事故处理结果，事故经过及处理结果的材料应附后。

JS-AQ-08-04

安全事故月报表

填报单位：　　　　　　　　　　　　　　　　　　　　　　　　日期：

领域	事故总量		一般事故		较大事故		大事故		特别重大事故	
	事故起数	死亡失踪人数	事故起数	死亡失踪人数	事故起数	死亡失踪人数	事故起数	死亡失踪人数	事故起数	死亡失踪人数
道路运输										
水上交通										
港口作业										
工程建设										
合计										
备注										

处室负责人：　　　　填报人：　　　　联系电话：　　　　填表时间：

JS-AQ-09-01

"平安工地"考核汇总表

建设单位:____________________　　　　____年__月__日　星期___

<table>
<tr><td colspan="2" rowspan="2">单位</td><td>时间</td><td rowspan="2">考核分值</td><td>时间</td><td rowspan="2">考核分值</td></tr>
<tr><td>上半年</td><td>下半年</td></tr>
<tr><td rowspan="8">施工单位</td><td>合同段</td><td></td><td></td><td></td><td></td></tr>
<tr><td>合同段</td><td></td><td></td><td></td><td></td></tr>
<tr><td>合同段</td><td></td><td></td><td></td><td></td></tr>
<tr><td>合同段</td><td></td><td></td><td></td><td></td></tr>
<tr><td>合同段</td><td></td><td></td><td></td><td></td></tr>
<tr><td>合同段</td><td></td><td></td><td></td><td></td></tr>
<tr><td>合同段</td><td></td><td></td><td></td><td></td></tr>
<tr><td>……</td><td></td><td></td><td></td><td></td></tr>
<tr><td rowspan="5">监理单位</td><td>合同段</td><td></td><td></td><td></td><td></td></tr>
<tr><td>合同段</td><td></td><td></td><td></td><td></td></tr>
<tr><td>合同段</td><td></td><td></td><td></td><td></td></tr>
<tr><td>合同段</td><td></td><td></td><td></td><td></td></tr>
<tr><td>……</td><td></td><td></td><td></td><td></td></tr>
</table>

考核人员:　　　　　　　　分管领导:　　　　　　　　主要负责人:

说明:建设单位应依照平安工地管理办法,每半年对项目所有监理、施工合同段组织一次平安工地建设考核评价,并在本表汇总考核结果。

JS-AQ-09-02

表1.1.1　大中型公路水运工程项目开工前安全生产条件核查表

序号	安全生产条件核查内容	需附资料	评判标准	核查结论 （符合、不符合）	存在问题说明 （可另附页）
1	项目基本建设程序完备，施工图设计依法审批，施工工期合理	附施工图审批文件复印件	符合：项目建设程序完备、依法审批、工期符合设计要求。 不符合：施工许可未办理、施工图设计未经审批		
2	建设单位按规定开展施工安全总体风险评估，编制总体风险评估报告	附总体风险评估报告	符合：按规定开展项目施工安全总体风险评估，编制评估报告，评估程序规范、评估深度符合实际。 不符合：未按规定开展项目施工安全总体风险评估，或评估结论不合理		
3	施工合同中应明确项目安全管理目标、安全生产职责、安全生产条件、安全生产费用、安全生产信用情况及专职安全生产管理人员配备的标准等要求	附施工合同中相关内容的复印件	符合：施工合同中的安全管理要素符合法律法规要求。 不符合：施工合同中的安全管理要素不符合法律法规要求，或缺失		
4	建设单位分别与施工、监理单位签订安全生产协议书，明确各方安全生产管理职责	附安全生产协议书复印件	符合：建设单位按要求与施工、监理分别签订安全生产协议，合同双方权力义务责任明确，项目安全管理目标明确。 不符合：建设单位未按要求与施工、监理分别签订安全生产协议		
5	建设单位设立安全生产管理机构。监理单位按要求配备专职安全监理工程师	附组织机构图、部门（岗位）设置文件及相关证书复印件，相关人员任命文件等	符合：建设单位按规定设置安全生产管理机构；监理单位按规定配备专职安全监理工程师；机构有成立文件，岗位责任明确，人员有任命文件，符合岗位任职条件。 不符合：建设单位未按规定设立安全生产管理机构；监理单位未按要求配备专职安全监理工程师		

续上表

序号	安全生产条件核查内容	需附资料	评判标准	核查结论（符合、不符合）	存在问题说明（可另附页）
6	建设单位组织编制项目综合应急预案	附项目综合应急预案	符合：按规定编制项目综合应急预案，各项应急管理要素齐全、应急程序合理、应急资源充足、应急指挥机制完备。 不符合：未按规定编制项目综合应急预案		
7	办公、生活区与作业区选址和设置应当符合安全性要求，并按规定组织了验收	附验收资料	符合：办公、生活区与作业区选址和设置符合安全性要求，并按规定组织了验收。 不符合：办公、生活区与作业区选址和设置不符合安全性要求，未按规定组织验收		

建设单位(盖章)：　　　　核查人(签名)：　　　　核查日期：　　　　年　月　日

说明：1.本表由建设单位负责核查，核查完成后向直接监管的交通运输主管部门报送，按要求附相关资料。

2.“表1.1.1”指《公路水运工程平安工地建设管理办法》后原附表表号，此处保留意在保障使用以及与原考核标准的衔接性，后同。

JS-AQ-09-03

表 1.1.2　大中型公路水运工程施工合同段开工前安全生产条件核查表

项目名称：　　　　　　　　　　　　　　　　施工合同段：

序号	安全生产条件核查内容	需附资料	评判标准	核查结论（符合、不符合）	存在问题说明（可另附页）
1	施工单位建立健全安全生产保障体系，设立安全生产管理机构，按要求配备专职安全生产管理人员；“三类人员”按规定持有有效资格证书	附安全保障体系文件、组织机构图、相关证书复印件、相关人员任命文件等	符合：施工单位建立健全安全生产保障体系，按规定设立安全生产管理机构，按要求配足专职安全生产管理人员，安全管理机构有成立文件，岗位责任明确，人员有任命文件，符合岗位任职条件。 不符合：施工单位未建立安全生产保障体系，未按规定设立安全生产管理机构，未按要求配足专职安全生产管理人员，施工单位安全生产管理人员未按规定持有有效资格证书		
2	按规定开展专项风险评估工作，编制专项风险评估报告，梳理风险清单。制定风险分级管控和隐患排查治理方案，重大风险应按规定进行报备	附专项风险评估报告、风险分级管控和隐患排查治理方案	符合：按规定开展合同段专项风险评估，编制评估报告，评估程序规范、评估深度符合实际，建立风险管控清单；制定风险分级管控和隐患排查治理方案，重大风险已按规定进行报备。 不符合：未组织开展合同段专项风险评估，未编制风险评估报告、未建立风险管控清单；未制定风险分级管控和隐患排查治理方案，重大风险未按规定进行报备		
3	实施性施工组织设计文件按规定报批	附实施性施工组织设计文件和报批意见	符合：实施性施工组织设计文件按规定报批。 不符合：实施性施工组织设计文件未按规定报批		

续上表

序号	安全生产条件核查内容	需附资料	评判标准	核查结论（符合、不符合）	存在问题说明（可另附页）
4	劳务分包、专业分包等单位有符合法律法规的资质条件，证照真实有效，与从业人员订立劳动合同。与劳务分包、专业分包等单位签订分包协议，明确双方安全管理责任义务	附劳务分包、专业分包等单位的资质文件	符合：劳务分包、专业分包等单位有符合法律法规的资质条件，证照真实有效，与从业人员全员订立劳动合同。签订分包协议，明确双方安全管理责任义务。 不符合：劳务分包、专业分包等单位的资质条件不符合法律法规要求，证照缺失或失效，未与从业人员全员订立劳动合同。未签订分包协议，或分包协议未明确双方安全管理责任义务		
5	按规定编制合同段施工专项应急预案和现场处置方案，建立应急救援组织机构（队伍）或者指定工程现场兼职的、具有一定专业能力的应急救援人员	附施工专项应急预案、现场处置方案和成立专（兼）职应急救援组织机构（队伍）文件	符合：按规定编制专项应急预案和现场处置方案，各项应急管理要素齐全、应急程序合理、应急资源充足、应急指挥机制完备；成立专（兼）职应急救援组织机构（队伍）。 不符合：未按规定编制专项应急预案和现场处置方案；未成立专（兼）职应急救援组织机构（队伍）		
6	施工单位应当依法参加工伤保险，为从业人员交纳保险费。施工单位依法投保安全生产责任险	附相关保单复印件	符合：企业相对固定的职工按用人单位参加工伤保险，短期雇用的农民工按项目参加工伤保险。施工单位依法投保安全生产责任险。 不符合：投保范围未覆盖全部从业人员，特别是新入场或转场的农民工没有工伤保险。未投保安全生产责任险		
7	办公、生活区与作业区选址和设置应当符合安全性要求，并按规定组织了验收	附验收资料	符合：办公、生活区与作业区选址和设置符合安全性要求，并按规定组织了验收。 不符合：办公、生活区与作业区选址和设置不符合安全性要求，未按规定组织验收		

监理单位（盖章）：　　　　核查人（签名）：　　　　核查日期：　　　　年　月　日

说明：本表由监理单位负责核查，核查完成后报建设单位确认，按要求附相关资料。

JS-AQ-09-04

表1.1.3　大中型公路水运工程危险性较大的分部分项工程施工前安全生产条件核查表

施工合同段：　　　　危险性较大的分部分项工程名称：

序号	安全生产条件核查内容	需附资料	评判标准	核查结论（符合、不符合）	存在问题说明（可另附页）
1	按规定编制专项施工方案，附具安全验算结果，经施工单位技术负责人、监理工程师签字后实施；超过一定规模的危险性较大分部分项工程，还应组织专家论证	附专项施工方案，施工单位技术负责人、监理工程师审查意见和专家论证、审查意见	符合：按规定编制专项施工方案、附具安全验算结果，按程序履行签字确认手续；超过一定规模的危险性较大工程专项施工方案组织专家论证。 不符合：未按规定编制专项施工方案，或超过一定规模的危险性较大工程未编制专项施工方案，或未组织专家论证		
2	涉及本分部分项工程施工的特种设备操作人员和特种作业人员应取得相应作业资格	附特种设备操作人员和特种作业人员资格证书复印件、身份证复印件	符合：特种设备操作人员和特种作业人员资格证书真实有效、符合作业要求，人数满足作业要求，人员已实际到岗就位。 不符合：特种设备操作人员和特种作业人员资格证书无效，不符合作业要求，人数不满足作业要求，人员未实际到岗就位		
3	施工单位按规定对本分部分项工程施工人员进行安全教育培训、技术交底和风险告知等	附教育培训档案、技术交底记录和风险告知书	符合：按规定对从业人员进行安全教育培训且考核合格，培训内容符合岗位从业要求，培训学时符合相关规定；分工种、工序组织安全技术交底；针对不同工种进行针对性的风险告知。 不符合：施工单位按规定对从业人员进行安全教育培训但仍存在未经教育培训考核上岗从业情形，或未组织安全生产教育培训、未组织安全技术交底，未进行风险告知或者风险告知没有针对性		

续上表

序号	安全生产条件核查内容	需附资料	评判标准	核查结论（符合、不符合）	存在问题说明（可另附页）
4	涉及本分部分项工程施工的特种设备应取得使用登记证书并建立了技术档案；自行设计、组装或者改装的施工挂(吊)篮、移动模架等设施应进行验收	附特种设备使用登记证复印件和技术档案，自行设计、组装或者改装的施工挂(吊)篮、移动模架等设施的设计及验收材料	符合：特种设备取得使用登记证书并建立详细的技术档案；自行设计、组装或者改装的施工挂(吊)篮、移动模架等设施通过了专项验收。 不符合：特种设备未取得使用登记证书；自行设计、组装或者改装的施工挂(吊)篮、移动模架等设施未按规定组织专项验收，或专项验收未通过，或验收手续不全，或无验收记录		
5	施工现场按要求设置必要的作业平台、安全防护设施	附作业平台、安全防护设施相关设计图纸和现场实物照片	符合：按要求设置作业平台、安全防护设施，且牢固可靠。 不符合：未按要求设置作业平台、安全防护设施，或设置简易、不牢固		
6	施工现场应当配备必要的应急救援器材、设备和物资	附应急物资、设备、器材等清单和实物照片	符合：配备必要的救援器材、设备和物资。 不符合：未配备必要的急救援器材、设备和物资		
7	施工单位应当为本分部分项工程施工人员购买意外伤害险	附相关保单复印件	符合：本分部分项工程的作业岗位有意外伤害险或安全生产责任险。 不符合：本分部分项工程的作业岗位没有意外伤害险或安全生产责任险		
8	按规定办理跨线施工、交通管制及水上水下作业等相关手续	附相关手续材料	符合：按规定办理相关手续。 不符合：未按规定办理各项手续		

施工(监理)单位(盖章)：　　　　核查人(签名)：　　　　核查日期：　　　　年　月　日

说明：1.本表由施工单位自查，自查结果报监理单位。监理单位负责核查，核查结果报建设单位确认。在前序的危险性较大的分部分项工程中的某项安全生产条件核查结论为“符合”的情况下，后序的危险性较大的分部分项工程中相同项别的安全生产条件无实质变化的，可不重复报验。

2.危险性较大的分部分项工程范围划分可按照《公路工程施工安全技术规范》(JTG F90—2015)、《水运工程施工安全防护技术规范》(JTS 205—1—2008)。

3.参照住房和城乡建设部《危险性较大的分部分项工程安全管理规定》等文件，结合工程实际予以明确。

JS-AQ-09-05

表1.2　大中型公路水运工程平安工地建设施工单位基础管理考核评价表（满分150分）

施工合同段：　　　　　　　　　　　　　　　　施工单位名称：

序号	类别	考核项目	考核内容及评价标准	责任部门	考核评价方法	扣分标准	扣分说明	得分
1	安全管理目标策划（8分）	1.1　方针目标（4分）	*制定项目安全生产方针、目标和不低于合同约定的安全控制指标	安全部门	查阅文件	*未制定项目安全生产方针、目标，扣4分。 制定的安全生产控制指标低于合同约定的安全控制指标，扣2分。制定的项目安全生产方针、目标不具体，未以文件形式正式发布，视情节扣1~2分		
		1.2　策划设计（2分）	制定平安工地建设方案，明确建设目标、工作要求	安全部门	查阅文件	未制定平安工地建设方案，扣2分。 平安工地建设方案可操作性不强，视情节扣1~2分		
		1.3　目标考核（2分）	制定安全生产目标考核与奖惩办法。 定期考核年度安全生产目标完成情况，并兑现奖惩	安全部门	查阅资料	未制定安全生产目标考核和奖惩办法，扣2分。 安全生产目标考核与奖惩办法内容不全面、不具体，扣1分。未定期考核安全生产目标完成情况，或考核不连续，扣0.5分。未对照考核结果兑现奖惩，扣0.5分		

续上表

序号	类别	考核项目	考核内容及评价标准	责任部门	考核评价方法	扣分标准	扣分说明	得分
2	安全生产管理制度（8分）	2.1　建立制度体系（6分）	*建立安全生产管理制度体系。应包含全员安全生产责任制及考核奖惩、网格化管理、安全会议、安全教育培训及技术交底、特种作业人员、安全费用管理、安全风险分级管控、安全隐患排查治理、危险作业环节领导带班、事故报告、应急管理、劳动防护用品管理、职业健康、分包管理、设备安全管理、消防安全管理、临时用电管理等制度。制度应符合国家、行业现行的法律法规和规章制度的要求，并落实到位	安全部门	查阅文件	*未建立健全安全生产管理制度体系的，每缺一项扣1分。 制度不符合国家、行业现行的法律法规和规章制度的要求，视情节扣0.5~1分。 制度落实执行不到位，视情节扣1~2分		
		2.2　安全会议（2分）	定期召开安全生产会议，总结上一阶段安全管理工作，部署落实下一阶段安全管理工作。 安全会议资料清晰完善、真实可查	安全部门	查阅资料	未定期召开安全生产会议，如月度安全会议、专题会议、周例会等，视情节扣0.5~1分。无安全会议资料或者资料真实性、完整性存疑，视情节扣0.5~1分		
3	安全管理机构和人员（14分）	3.1　安全组织机构（4分）	成立安全生产领导小组，设置专职安全管理机构	项目领导层	查阅文件	未成立安全生产领导小组，扣2分。 未设置专职安全管理机构，扣2分		
		3.2　安全管理人员（3分）	*主要负责人和安全生产管理人员经交通运输主管部门对其安全生产知识和管理能力考核合格，持证上岗。安全生产管理人员工作记录完善	安全部门	查阅资料	*未按要求足额配备专职安全生产管理人员，发现少一人扣1分。 *安全生产管理人员未持有效证书，或证书与对应岗位人员身份不相符，发现一例扣0.5分。安全生产管理人员无工作记录或记录不连续或记录流水账、无实质内容，发现一次扣0.5分		

续上表

序号	类别	考核项目	考核内容及评价标准	责任部门	考核评价方法	扣分标准	扣分说明	得分
3	安全管理机构和人员（14分）	3.3 特殊作业人员（3分）	*特殊作业人员（包括特种作业人员、特种设备作业人员、爆破相关人员等）持有效资格证书上岗	安全部门、合同部门	查阅资料、现场核查	*每发现一例特殊作业人员未持有效资格证书，扣1分。 持证人未到岗，发现一例扣0.5分		
		3.4 从业人员劳动保护（4分）	全员劳动用工登记，签订劳动合同。对特殊环境作业人员按规定进行体检。为作业人员配备合格的劳动防护用品	安全部门、合同部门	查阅资料、现场核查	未与从业人员签订劳动合同，发现一人次扣0.5分。未按规定对特殊环境作业人员进行体检，发现一人次扣0.5分。无劳动保护用品发放记录或记录不真实，视情节扣0.5~1分		
4	安全生产责任（10分）	4.1 全员责任制（3分）	*项目部应当建立全员安全生产责任制，并明确各岗位的责任人员、责任范围和考核标准等内容	安全部门	查阅文件	*未建立安全生产责任制，或未覆盖全员，扣2分。未明确各岗位的责任人员名单、责任范围和考核标准，视情节扣1~2分		
		4.2 责任签认(4分)	项目部、各部门、班组及作业人员层层签订责任书	项目各部门	查阅文件	未进行全员安全责任签认，每缺一人扣0.5分		
		4.3 责任考核（3分）	落实安全生产责任制并进行检查、考核	安全部门、项目各部门	查阅资料	未组织安全生产责任考核，扣3分。安全责任考核未覆盖全员、考核内容不全、考核周期不连续、考核结果未应用、无兑现奖惩，视情节扣1~2分		
5	安全风险管控（20分）	5.1 风险评估（6分）	*按规定开展施工安全风险辨识和风险评估。根据评估结论编制施工安全风险清单	安全部门	查阅资料	未按规定开展施工安全风险评估，扣2分。未按规定开展施工安全风险辨识，扣2分。未编制施工安全风险清单，扣2分		

续上表

序号	类别	考核项目	考核内容及评价标准	责任部门	考核评价方法	扣分标准	扣分说明	得分
5	安全风险管控（20分）	5.2　风险管控（14分）	*编制重大风险基础信息清单、责任分工清单、防控措施清单、监测监控清单和应急处置清单。 *按照风险分级管控要求，制定风险管控措施，对重大风险制定安全管控方案。 *各类风险按规定告知作业人员。 *对风险较高区域设置隔离区或警戒区，设置安全风险标识以及风险告知牌，严格进出管控。 *重大风险按规定向属地直接监管的安全监督管理部门进行报备。明确特殊时间、危险作业环节项目负责人带班制度。 建立重大风险动态监控机制，按规定进行监测、评估、预警，及时掌握风险的状态和变化趋势。 对重大风险进行监测、检查，建立风险动态监控台账	安全部门、工程技术部门	查阅资料	*每缺少一个清单扣1分。 *未制定重大风险安全管控方案，扣2分。安全管控方案中未明确责任人或预控措施针对性不强，视情节扣1~2分。 *重大风险、危险因素、防范措施以及应急避险措施，未按规定告知作业人员，发现一次扣0.5分。未按规定设置隔离区或警戒区，未设置安全风险标识以及风险告知牌，发现一次扣1分。风险较高区域未严格管控人员进出，发现一次扣0.5分。 *未按规定报备重大风险的，扣2分；报备时间延误。导致重大风险演变为重大事故隐患的，扣4分。未制定危险作业环节项目负责人带班制度，扣2分。未执行带班制度，或制度执行不严格、记录不连续，视情节扣1~2分。未建立重大风险动态监控机制，扣1分。未开展重大风险动态监测、预警和控制的，扣1分。未建立重大风险动态监测台账的，扣1分		

续上表

序号	类别	考核项目	考核内容及评价标准	责任部门	考核评价方法	扣分标准	扣分说明	得分
6	隐患排查治理（20分）	6.1 隐患排查（10分）	*定期开展安全检查，项目部每月至少开展一次安全综合检查，每周开展专项安全检查，安全管理人员每日安全巡查。开（复）工、季节交替、恶劣天气和节假日应组织安全检查。 *建立隐患清单或台账。隐患排查治理情况应当如实记录，并向从业人员通报。企业安全管理部门应定期对项目安全生产情况开展检查	安全部门、企业安全管理部门	查阅资料	*未定期开展安全检查，或安全检查不连续，或检查发现的问题未及时整改，或问题整改不闭合，视情节扣1~3分。 *未建立隐患清单或台账，或清单、台账不全面、不闭合，视情节扣1~3分。安全检查记录缺失、不连续、不闭合，视情节扣1~2分。未向从业人员通报隐患排查治理情况，扣1分。企业安全管理部门未定期对项目安全生产情况开展检查，扣1分		
		6.2 隐患治理（10分）	事故隐患应当限期整改，做好复查验证，确保闭合。 *重大事故隐患要挂牌整改，及时上报，项目负责人要带班检查	安全部门	查阅资料	事故隐患未及时整改闭合，或隐患反复出现，发现一处视情节扣0.5~1分。重大事故隐患未及时按规定报告，扣2分。 *重大事故隐患未挂牌整改或整改不到位，视情节扣1~3分。 *项目负责人未带班检查，或检查记录不全，视情节扣1~2分		

续上表

序号	类别	考核项目	考核内容及评价标准	责任部门	考核评价方法	扣分标准	扣分说明	得分
7	设备、设施管理（10分）	7.1　机械设备设施（5分）	建立机械设备分类管理台账。 自有或租赁的施工机械设备、设施、机具及配件，应当具有生产（制造）许可证、产品合格证或者法定检验检测合格证明。施工现场的机械设备、施工机具及配件必须由专人管理，定期进行检查、维修和保养，并按照国家有关规定及时报废。 *大型模板、承重支架及未列入国家特种设备目录的非标设备，应组织专项验收	机料部门、安全部门	查阅资料、现场核查	未建立机械设备分类管理台账，扣2分；台账不全、不连续，视情节扣0.5~1分。设备租赁合同未明确安全责任，或未提供生产（制造）许可证、产品合格证或者法定检验检测合格证明，发现一台扣0.5分。机械设备、施工机具及配件未配备专职管理人员，或无管理档案，或未按规定及时更新的，发现一处视情节扣0.5~1分。 *按规定应当组织专家论证或验收的大型模板、承重支架、非标设备等未组织的，发现一台扣1分		
		7.2　特种设备（5分）	*特种设备安装拆除应由具备资质条件的单位承担，拆装应当编制方案、制定安全施工措施。 特种设备投入使用前经检验合格，按规定办理使用登记。建立特种设备“一机一档”管理档案	机料部门、安全部门	查阅资料、现场核查	*特种设备安装、拆除无方案，或由不具备资质条件的单位承担，发现一台扣1分。特种设备未经检验合格投入使用，每发现一台扣1分。未申请办理使用登记手续的，每发现一台扣0.5分。特种设备“一机一档”管理档案不规范，发现一台扣0.5分		

续上表

序号	类别	考核项目	考核内容及评价标准	责任部门	考核评价方法	扣分标准	扣分说明	得分
8	安全技术管理（18分）	8.1 施工组织设计（5分）	施工组织设计应根据实际情况进行动态优化调整，制定有针对性的安全技术保障措施，并经施工企业技术负责人审核、签认，企业内部审批手续齐全	工程技术部门、企业相关部门、企业技术负责人	查阅资料	施工组织设计未进行动态优化调整，或安全技术保障措施不全、针对性不强、操作性不足，发现一项视情节扣1~3分。 施工企业内部审批手续不完善，或未根据企业审核意见及时更新施工组织设计，或企业审查意见不详细，发现一项视情节扣1~2分		
		8.2 专项施工方案（5分）	*对评估达到重大风险的工程和危险性较大分部分项工程，应编制专项施工方案，审核、审批程序履行到位。超过一定规模的危险性较大分部分项工程专项施工方案应组织专家论证，并附专家论证审查意见和意见采纳情况。因施工工艺、周边环境发生重大变化，需要调整专项施工方案的，应当按照原程序办理相关手续	工程技术部门、安全部门、企业相关部门	查阅资料、现场核查	*专项施工方案不齐全，或内容不完善，或针对性不强，发现一项视情节扣1~2分。 超过一定规模的危险性较大分部分项工程专项施工方案不按规定组织专家论证的，发现一项扣1分。未按规定程序擅自变更专项施工方案的，发现一项扣1分		
		8.3 安全技术交底（5分）	安全技术交底由项目部技术负责人负责组织实施，实行逐级交底，并由双方签字确认。安全技术交底应涵盖工程概况、施工方法、施工程序、安全技术措施等内容。建立安全技术交底台账	工程技术部门、安全部门	查阅资料、现场核查	未开展安全技术交底，发现一项扣1分。 安全技术交底人不是工程技术人员，发现一项扣0.5分。 安全技术交底资料不全，或未按岗位层级设置交底内容，或内容缺乏针对性，发现一项视情节扣0.5~1分。安全技术交底台账未建立或记录不真实，视情节扣0.5~1分		

续上表

序号	类别	考核项目	考核内容及评价标准	责任部门	考核评价方法	扣分标准	扣分说明	得分
8	安全技术管理（18分）	8.4 临时用电方案（3分）	按规定制定临时用电方案。 标注临时用电平面布置图，附施工现场用电负荷计算资料。 施工现场临时用电的巡视、维修、保养记录完整	工程技术部门、安全部门	查阅资料、现场核查	未按规定制定临时用电方案，扣1分，由非电气工程师编制方案或未按规定履行审批手续的，视情节扣0.5~1分。临时用电方案中的用电设备清单、负荷计算、用电工程图纸等不完整，发现一处视情节扣0.5~1分。 未标注用电平面布置图，扣0.5分。 无电工巡视维修保养记录或记录不连续，视情节扣0.5~1分		
9	安全教育培训（15分）	9.1 进场教育（5分）	制定年度安全教育培训计划并实施。对从业人员进行安全生产教育和培训，考核合格后方可上岗。建立班组实名登记台账。新职工上岗前必须进行三级安全教育，从业人员不少于24学时，主要负责人和安全管理人员不少于32学时。转岗、复岗人员应重新接受教育	安全部门	查阅资料、现场核查	未建立年度教育培训计划，扣2分。未按计划对相关人员进行教育培训，或未组织教育培训考核，或未建立班组实名登记台账的，或登记台账不齐全的，视情节扣1~2分。培训时间、内容，参加培训人员记录不清晰，发现一次扣1分。安全教育培训学时不足，发现一人扣0.5分。转岗、复岗人员未重新接受教育，发现一人扣0.5分。未开展经常性教育和警示教育，扣2分。未开展班前教育或者记录不真实，视情节扣1~2分。采用新工艺、新技术前或使用新设备、新材料前，未对从业人员进行专门的安全生产培训，扣2分		
		9.2 日常教育（5分）	结合季节特点、施工特点、安全形势等开展经常性教育和警示教育。开展班前教育，做好记录	安全部门				
		9.3 “四新”培训（5分）	采用新工艺、新技术前或使用新设备、新材料前，应对从业人员进行专门的安全生产培训	工程技术部门、安全部门				

续上表

序号	类别	考核项目	考核内容及评价标准	责任部门	考核评价方法	扣分标准	扣分说明	得分
10	应急管理（10分）	10.1 应急预案（4分）	安全风险、应急资源等发生重大变化时，应按规定及时修订专项应急预案及现场处置方案	安全部门	查阅文件、查阅资料	应急预案应急管理要素不全、操作性不强，视情节扣0.5~1分。未按规定及时修订专项应急预案及现场处置方案，发现一项扣1分		
		10.2 应急保障（4分）	建立应急管理组织，配备兼职的应急队伍。建立应急救援的器材、设备、物资清单，应急物资不得随意使用。建立消防设施和灭火器材等消防器材设备清单，定期检查维护	安全部门、项目各部门	查阅文件、查阅资料、现场核查	未按规定配置兼职的应急管理人员，扣0.5分。应急救援器材、设备、物资配备不足或台账不清晰，视情节扣0.5~1分。应急救援器材、设备、物资未实施单独管理，与日常物资混用，扣0.5分。应急救援器材、设备、物资清单与现场应急救援物资不对应，发现一项扣0.5分。未对应急物资进行定期检查，扣0.5分。未建立消防设备和灭火器材等清单，扣0.5分；无定期检查、维护、更新台账，视情节扣0.5~1分		
		10.3 应急演练（2分）	有针对性地开展应急培训。制定演练计划，按照规定频率开展应急演练，并及时总结评估	安全部门、项目各部门	查阅资料	未开展应急培训及预案演练，扣1分。应急演练后未总结评估，扣1分		

续上表

序号	类别	考核项目	考核内容及评价标准	责任部门	考核评价方法	扣分标准	扣分说明	得分
11	安全生产费用（8分）	11.1　安全生产费用计划(3分)	根据施工计划编制年度、月度安全生产费用使用计划	安全部门、财务部门	查阅资料	未制定安全生产费用使用计划，扣2分。年度、月度安全生产费用使用计划与施工计划不相符，扣0.5分。明确安全生产费用使用范围，视情节扣0.5~1分		
		11.2　安全生产费用使用(5分)	按规定使用安全生产费用，建立使用台账	安全部门、财务部门	查阅资料	未按规定使用的，发现一项扣1分。未建立安全生产费用使用台账，或台账所附证明不齐全、不真实，发现一项视情节扣0.5~1分		
12	专项活动（9分）	12.1　行业主管部门安全生产专项工作落实情况(4分)	*严格落实行业主管部门布置的安全生产专项工作。制定具体的落实方案或行动计划。 严格按方案或计划执行	安全部门	查阅文件、查阅资料	*未按要求制定安全生产专项工作方案或行动计划，发现一项扣1分。安全生产专项工作落实不到位，或应付了事、走过场，发现一项视情节扣1~2分		
		12.2　考核评价（5分）	*按照平安工地建设考核评价标准，定期开展自我评价。 评价资料真实、准确	安全部门	查阅文件、查阅资料	*未按规定开展平安工地自我评价的，扣2分。 自我评价走过场或不及时的，评价资料欠真实、不准确，或未根据评价情况进行自我纠正的，视情节扣1~2分。平安工地自我评价结果未按要求及时上报监理单位审核的，扣1分		

考核评价(或监督抽查)单位(盖章)：　　　　评价(或抽查)人(签名)：　　　　实施日期：　　　　年　月　日

说明：1.本表用于施工单位每季度自我评价、监理单位季度复核，建设单位每半年考核评价，以及交通运输主管部门监督抽查等，谁组织考核评价、谁负责盖章签认。本表第1类安全管理目标策划、第2类安全生产管理制度等，在项目开工后第一次考核评价中已考核，后续如无变化，再考核时可沿用第一次考核评价结果，但需注明。

2.*表示必须考核的指标项，后同。

JS-AQ-09-06

表1.3.1　大中型公路水运工程平安工地建设施工单位施工现场(通用部分)考核评价表(满分150分)

施工合同段：　　　　施工单位名称：

序号	类别	考核项目	考核内容及评价标准	责任部门	考核评价方法	扣分标准	扣分说明	得分
1	施工现场布设(49分)	1.1　办公、生活、生产区域(8分)	*办公、生活区严禁设置在危险区域。距离集中爆破区应不小于500m。 *生活区严禁存放易燃易爆等危险品。 *装配式房屋应有材料合格证或验收证明，满足安全使用要求。生产、生活区分别设置并封闭管理，设置满足紧急疏散要求的通道	安全部门、工程技术部门	查看现场、核查资料	*办公、生活区设置在危险区域，扣2分。 *生活区内存放易燃易爆危险品，发现一处扣1分。 *装配式房屋不满足安全使用要求的，发现一处扣1分。办公、生活、生产区未分开设置、布局不合理，或有条件封闭的未封闭管理，未安排专人值班，发现一处扣1分。办公、生活、生产区布置不满足防火防爆要求，发现一处扣1分		

续上表

序号	类别	考核项目	考核内容及评价标准	责任部门	考核评价方法	扣分标准	扣分说明	得分
1	施工现场布设（49分）	1.2 拌和站（8分）	*拌和站应进行专项设计与验算，明确安全验收标准，并应编制安装、使用、维护和拆除的作业方案。 *拌和站实行封闭管理。 *拌和设备、罐体、料棚等应设置防倾覆措施。 *罐体等高耸建筑按规定设置防雷接地设施。拌和主机人孔门设置连锁开关。液化天然气（LNG）气站应经过专项设计，由有资质的单位和人员负责管理，安全设施齐全有效，站内设置事故切断系统，用电设备满足防爆要求，现场配备防静电装置	机料部门、安全部门、工程技术部门	查看现场、核查资料	*拌和站未进行专项设计与验算，扣1分。 *拌和站未编制安装、使用、维护和拆除的作业方案，扣1分。 *拌和站未封闭管理，扣1分。 *拌和设备、罐体、料棚等未设置防倾覆设施，发现一处扣0.5分；应设而未设置防雷设施的，发现一处扣0.5分。拌和主机人孔门未设置连锁开关，扣1分。LNG气站未进行专项设计，扣1分。负责管理LNG气站的单位和人员没有相应资质，扣1分。LNG气站安全设施失效或不齐全，视情节扣1~2分		
		1.3 预制场（5分）	*预制场应进行专项设计与验算，明确安全验收标准，并应编制安装、使用、维护和拆除的作业方案。 *构件存放场地基应进行处理，排水顺畅，满足存放要求。 *大型构件存放层数和间距符合规范要求，并采取有效防倾覆措施。 *张拉作业应设置警戒区，并有安全防护措施	安全部门、工程技术部门	查看现场、核查资料	*预制场未进行专项设计与验算，扣1分。 *预制场未编制安装、使用、维护和拆除的作业方案，扣1分。 *存梁场排水不畅，扣0.5分。 *梁板堆放层数不符合规范要求、无防倾覆措施，发现一处扣0.5分。 *张拉作业没有设警戒区或者没有安全防护措施，发现一处扣0.5分		

续上表

序号	类别	考核项目	考核内容及评价标准	责任部门	考核评价方法	扣分标准	扣分说明	得分
1	施工现场布设（49分）	1.4 钢筋加工场（5分）	*钢筋加工场应进行专项设计与验算，明确安全验收标准，并应编制安装、使用、维护和拆除的作业方案。 *钢筋加工场实行封闭管理。 *钢筋加工场应设置加工区与材料存放区。材料存放应按照成品、半成品、原材料进行区分	安全部门、工程技术部门	查看现场、核查资料	*钢筋加工场未进行专项设计与验算，扣2分。 *钢筋加工场未编制安装、使用、维护和拆除的作业方案，扣1分。 *钢筋加工场未实行封闭管理，扣1分。 *钢筋加工场未分区管理，现场管理混乱，视情节扣0.5~1分		
		1.5 临时用电（7分）	*施工现场临时用电应采用“TN-S接零保护系统”，按“三级配电，二级漏电保护”设置。 *每台用电设备必须设独立的隔离开关及短路、过载、漏电保护器；配电箱、开关箱电源进线端严禁用插头或插座做活动连接。电缆应采用架空或埋地敷设。水上或潮湿地带电缆线必须绝缘良好并具有防水功能，电缆线接头必须经防水处理。禁止临时电缆线布设在船舶进出航道、抛锚区和锚缆摆动区。工程使用的电线电缆入场前应当按规定抽样检测，无检测合格报告的不得使用。施工现场临时用电的巡视、维修、保养记录完整	安全部门、工程技术部门	查看现场	*未采用“TN-S接零保护系统”，未按“三级配电，二级漏电保护”设置的，发现一处扣0.5分。 *用电设备未设独立开关箱的，发现一台扣0.5分。 *开关箱未设短路、过载、漏电保护器的，发现一处扣0.5分。 *配电箱、开关箱电源进线端用插头或插座做活动连接的，发现一处扣0.5分。电缆线布设不规范的，发现一处扣0.5分。需经防水处理的电缆未做防水处理的，发现一处扣0.5分。工程使用的电线电缆入场前未按规定开展抽样检测，或无检测合格报告的，发现一次扣0.5分。施工现场临时用电的巡视、维修、保养记录缺失或者不完整，发现一处扣0.5分		

续上表

序号	类别	考核项目	考核内容及评价标准	责任部门	考核评价方法	扣分标准	扣分说明	得分
1	施工现场布设（49分）	1.6 消防安全（5分）	*施工生产、生活、办公区域消防设施、消防通道和安全距离符合消防安全要求。明确消防责任人，悬挂责任铭牌，定期对消防器材进行检查	安全部门、工程技术部门	查看现场	*施工生产、生活、办公区域的消防设施配备不足，或配备不正确，或维护、更新不及时，发现一处扣0.5分。消防通道不满足要求，扣1分。未明确消防责任人，未悬挂消防责任铭牌，扣1分。未定期对消防器材进行检查，扣1分		
		1.7 施工便道便桥（6分）	*便桥应进行专项设计，并组织验收，按设计荷载使用。跨航道便桥应设置防撞设施和警示标志。便道在急弯、陡坡、连续转弯等危险路段应硬化，临水临崖侧应设置防撞设施	安全部门、工程技术部门	查看现场、核查资料	*便桥未开展专项设计或未经验收即投入使用，扣1分。 *便桥超限超载使用的，发现一处扣1分。 *跨航道便桥缺少防撞设施和警示标志的，发现一处扣0.5分。便道应当硬化未硬化、临水临崖侧未设置防撞设施的，发现一处视情节扣0.5~1分		
		1.8 临时码头与栈桥（5分）	*临时码头与栈桥应进行专项设计，并组织验收。 *应配备相应的安全防护及救生设施。 *栈桥和临时码头应设专人管理，非施工车辆、人员及船舶不得进入或靠泊。开展码头或栈桥的沉降位移观测，及时检查、维护。栈桥应设置满足施工安全要求的照明设施。 *栈桥应设置独立的船舶停泊系缆装置，严禁直接系挂在栈桥上	安全部门、工程技术部门	查看现场、核查资料	*临时码头及栈桥未开展专项设计，或未组织验收即投入使用的，或未按设计荷载使用，扣1分。 *未配备安全防护及救生设备的，发现一处扣0.5分。 *未进行专人管理，扣1分。未对码头、栈桥开展观测、检查和维修，或相关工作不规范、不连续的，视情节扣0.5~1分。栈桥未按规定设置照明设施的，视情节扣0.5~1分。 *栈桥未设置独立的船舶停泊系缆装置的，扣1分		

续上表

序号	类别	考核项目	考核内容及评价标准	责任部门	考核评价方法	扣分标准	扣分说明	得分
2	安全防护（31分）	2.1 防护设施设置（13分）	施工现场应按规定设置封闭围挡。 *高处、临边、临水作业及孔洞应设置防护栏杆及安全网。 *下方有人员通行或作业的，应设置踢脚板或安全通道等。 *跨越既有公路、铁路施工时，应设置防护棚架、防抛网、桥梁防撞设施等安全设施。棚架应进行专项设计	安全部门、工程技术部门	查看现场、核查资料	施工现场未设置封闭围挡，发现一处扣0.5分。 *未按规定设置防护栏杆、安全网或其他安全防护设施的，发现一处扣0.5分。 *防护设施设置不规范，安全通道未搭设或搭设不规范，发现一处扣0.5分。 *跨越既有公路施工时，未搭设防护棚架或搭设不规范的，视情节扣1~2分。 *棚架应进行专项设计而未设计的，扣2分		
		2.2 安全警示标志、标牌（10分）	*施工现场应在明显位置设置“五牌一图”。 *施工工点应设置“网格化监管责任牌”。 *重大风险、重大事故隐患应在现场设置公示牌。 *施工现场与危险作业区域设置安全警示标志、标牌。 *施工便道与既有道路平面交叉处设置道口警示标志。便桥应设置限宽、限速、限载标志。施工机械、设备按要求设置安全操作规程牌	安全部门、工程技术部门	查看现场	*施工现场未设置“五牌一图”，或未公示重大风险、重大事故隐患的，发现一处扣0.5分。 *未按规定设置文明施工、安全警示标志、标牌及操作规程牌的，发现一处扣0.5分。 *施工便道与既有道路平面交叉处未设置道口警示标志，发现一处扣0.5分。便桥未设限宽、限速、限载标志，发现一处扣0.5分。施工机械、设备未按要求设置安全操作规程牌，发现一处扣0.5分		

续上表

序号	类别	考核项目	考核内容及评价标准	责任部门	考核评价方法	扣分标准	扣分说明	得分
2	安全防护(31分)	2.3 个体防护(8分)	*进入施工现场的人员及作业人员应按规定正确使用防护用品。防护用品质量应合格	安全部门、机料部门	查看现场	*未按照规定使用个体防护用品,发现一人次扣0.5分。 使用假冒伪劣的防护用品,或使用超过使用合格期的防护用品,发现一人次扣0.5分		
3	施工作业(70分)	3.1 高处作业(10分)	*墩柱及盖(系)梁施工、跨越式支架搭设、围堰拼装、设备安装等高处作业施工按要求设置作业平台,作业平台按规定进行设计验算。作业平台脚手板应铺满且固定牢固。 *高处作业必须设置人员上下专用通道,基础应牢固。 *作业平台脚手板应铺满且固定牢固。 作业平台在40m以上的,宜安装附着式电梯	工程技术部门、安全部门	查看现场	*高处作业未按要求设置作业平台或设置简易,发现一处扣1分。 *大型高处作业平台未按规定进行设计验算,扣2分。高处作业未按要求设置人员上下专用通道,发现一处扣1分。 *高处作业平台脚手板未铺满或搭设不牢固,发现一处扣1分		

续上表

序号	类别	考核项目	考核内容及评价标准	责任部门	考核评价方法	扣分标准	扣分说明	得分
3	施工作业（70分）	3.2　支架脚手架（10分）	*施工现场搭设和拆除支架、脚手架应满足方案要求。 *拆除作业应设置警戒区。夜间不得进行支架脚手架的拆除作业。 *支架和脚手架基础牢固，排水设施完善。 *搭设支架和脚手架的材料应有产品性能检验报告、产品质量合格证，并按规定进行抽样检验。 *搭设高度大于10m的脚手架应设置缆风绳或固定措施。 *承重支架搭设应制定专项施工方案，并对地基基础进行承载力验算，按规定进行预压、验收，验收通过后应挂牌公示及告知	工程技术部门、安全部门、机料部门	查看现场、核查资料	*未按方案搭设和拆除支架脚手架，视情节扣1~2分。 *拆除作业未设置警戒区的，扣1分。 *夜间组织拆除支架脚手架的，发现一次扣1分。 *支架脚手架基础处理不符合要求或者缺少验收资料，扣1分；排水设施不完善，扣0.5分。 *支架和脚手架的材料无产品性能检验报告、产品质量合格证，或抽检质量不合格，每发现一处，扣1分。 *承重支架搭设未制定专项施工方案，扣2分。搭设完未组织验收，发现一处扣1分。未挂牌公示和公告，发现一处扣0.5分。 *承重支架使用前未进行预压，或预压不符合要求，发现一处扣0.5分。 未按要求设置缆风绳或固定措施，发现一处扣0.5分		

续上表

序号	类别	考核项目	考核内容及评价标准	责任部门	考核评价方法	扣分标准	扣分说明	得分
3	施工作业（70分）	3.3　模板工程（8分）	模板制作、安装、使用、拆除满足方案要求。大型模板使用前应组织验收。 *大型模板搭设和拆除应有专项施工方案，并按规定设置工作平台和爬梯。 *模板吊环不得采用螺纹钢筋	安全部门、工程技术部门、机料部门	查看现场、核查资料	模板制作、安装、使用、拆除等不符合方案要求，发现一处扣0.5分。大型模板验收程序不规范、验收记录不完善，视情节扣1~2分。 *大型模板搭设、拆除未制定专项施工方案，或方案未经审批，或方案内容有缺项、操作性不强，视情节扣1~2分。大型模板安装和拆除未按规定设置工作平台和爬梯，发现一处扣1分。 *模板吊环采用螺纹钢筋的，发现一处扣1分		
		3.4　焊接切割作业（6分）	*焊接与热切割作业人员应持证上岗，并正确佩戴、使用专用劳动防护用品。 *密闭空间内实施焊接及切割，应采取相应的通风、绝缘、照明装置和应急救援装备，并由专人现场监护，气瓶及焊接电源应置于密闭空间外。 不宜使用交流电焊机。使用交流电焊机时，除应在开关箱内装设一次侧漏电保护器外，尚应安装二次侧空载降压触电保护器。气割作业氧气瓶与可燃气瓶之间的距离不得小于5m。气瓶安全附件（如压力表、防回火阀等）有效	安全部门、工程技术部门	查看现场、核查资料	*焊接与热切割作业人员未持证上岗，或未佩戴、使用专用劳动保护用品，发现一人次扣0.5分。 *密闭空间焊接，未实施通风、绝缘、照明等措施，或无应急装备、无专人监护等，发现一处扣1分。 使用交流电焊机时，未安装二次侧空载降压触电保护器，发现一台扣0.5分。 氧气瓶、乙炔瓶等作业的安全距离不足，发现一处扣0.5分。气瓶安全附件失效，发现一处扣0.5分		

续上表

序号	类别	考核项目	考核内容及评价标准	责任部门	考核评价方法	扣分标准	扣分说明	得分
3	施工作业（70分）	3.5 机械设备作业（12分）	大型机械设备作业场地地基承载力及平整度满足作业要求。 *门式起重机应设置夹轨器、尾端止挡、行程限位器等。 *塔式起重机基础和架体附着装置牢固，轨道式起重机限位及保险装置有效。 *垂直升降设备基础满足要求，架体附着装置牢固，不超载运行。 *缆索式起重机、跨缆式起重机、桥面起重机锚固可靠，经过检测检验或型式试验合格。 *起重设备安全保险装置、钢丝绳、滑轮、吊索、卡环、地锚等应安全可靠。检验合格铭牌悬挂于明显位置。 *吊装作业应设置警戒区，警戒区不得小于起吊物坠落影响范围。吊装作业现场应当配备专门人员现场管理。高空调转梁等大型构件应在构件两端设溜绳。吊装大、重、新结构构件和采用新的吊装工艺应先进行试吊。起重机严禁吊人。高耸起重设备按照规定设置避雷设施	机料部门、安全部门、工程技术部门	查看现场、核查资料	大型机械设备作业场地地基承载力及平整度不满足作业要求，扣1分。 *门式起重机未设置夹轨器、尾端止挡、行程限位器等，发现一处扣0.5分。 *垂直升降设备、塔式起重机基础及附着装置不稳定牢固，发现一处扣1分。 *缆索式起重机、跨缆式起重机、桥面起重机未经检测检验或型式试验合格便投入使用的，发现一处扣1分。轨道式起重机无有效限位及保险装置，电缆拖地行走，发现一次扣0.5分。 *起重设备安全保险装置、钢丝绳、滑轮、吊索、卡环、地锚等损坏或不规范的，发现一处扣1分。铭牌未按要求悬挂，发现一处扣0.5分。 *吊装作业未设置警戒区的，未配备专门人员现场管理，发现一处扣0.5分。特种设备未报验即投入使用，扣2分。大、重、新构件吊装未试吊，或吊装大、重构件未在构件上设溜绳，发现一处扣1分。起重机违规吊人，发现一处扣2分。高耸起重设备未设置避雷设施，发现一台扣1分		

续上表

序号	类别	考核项目	考核内容及评价标准	责任部门	考核评价方法	扣分标准	扣分说明	得分
3	施工作业（70分）	3.6　爆破作业（8分）	*从事爆破工作的爆破员、安全员、保管员应持证上岗。 *按规定办理爆破许可证。爆破作业应严格按照审批的爆破设计方案进行施工，对邻近建筑物和邻近管线开展核查及评估。 *爆破作业必须设置警戒区和警戒人员。 炸药库应当远离村庄、驻地等人员聚集区域。 民爆器材设置专人负责，严格执行出库、入库和退库手续管理。 *爆破后应先进行排险后方可进行下步施工	安全部门、工程技术部门	查看现场、核查资料	*从事爆破工作的爆破员、安全员、保管员未持证上岗，发现一人次扣1分。 *未办理爆破许可证即进行爆破作业，扣2分。 *未按爆破设计方案进行作业，扣2分。 *爆破作业未设置警戒区和警戒人员，或警戒时间不足的，或起爆前未按规定检查、起爆后未按规定清查哑炮的，发现一次视情节扣1~2分。 炸药库未远离村庄、驻地等人员聚集区域设置，扣2分。 民爆器材未设置专人负责，未严格执行出库、入库和退库手续管理，发现一次视情节扣1~2分。 *爆破后未先进行排险即进行下步施工，扣2分		

续上表

序号	类别	考核项目	考核内容及评价标准	责任部门	考核评价方法	扣分标准	扣分说明	得分
3	施工作业（70分）	3.7 基坑工程（8分）	*深基坑施工应编制专项施工方案并经审批通过，严格按方案施工。 *深基坑边坡、支护结构等应进行沉降和位移监测。 基坑边坡的堆载安全间距及安全防护措施应满足要求	工程技术部门、安全部门	查看现场、核查资料	*无专项施工方案或方案未经审批通过即施工，扣2分。 施工方案内容不全、操作性差，视情节扣1~2分。 *基坑开挖和支护与施工方案不符，视情节扣1~2分。 *未进行基坑沉降和位移观测，或观测不规范、不连续，视情节扣1~2分。 基坑边坡堆载安全间距及安全防护措施不满足相关要求，发现一处扣1分		
		3.8 拆除工程（8分）	按专项施工方案组织拆除工程施工。 *拆除工程应由相应资质单位实施，施工前办理相关审批手续。 拆除工程可能对相邻建筑物或管线等安全产生危险时，应采取相应保护措施。 *拆除工程施工应采取封闭施工，专人指挥	工程技术部门、安全部门	查看现场、核查资料	未按拆除方案组织施工，扣2分。 *拆除工程未由相应资质单位实施，扣2分。 拆除工程对毗邻建筑物或管线构成危险时未采取保护措施，发现一处扣1分。 *拆除工程施工区域未采取封闭措施，或未安排专人指挥，扣1分。 防尘、防噪声的措施不到位，扣1分		

考核评价（或监督抽查）单位（盖章）：　　　　评价（或抽查）人（签名）：　　　　实施日期：　　　年　月　日

说明：本表用于施工单位每季度自我评价，监理单位季度复核，建设单位每半年考核评价，以及交通运输主管部门监督抽查等，谁组织实施、谁负责盖章签认。

JS-AQ-09-07

表1.3.2　大中型公路水运工程平安工地建设施工单位施工现场(公路部分)考核评价表(满分150分)

施工合同段：　　　　施工单位名称：

序号	类别	考核项目	考核内容及评价标准	责任部门	考核评价方法	扣分标准	扣分说明	得分
4	桥梁工程(50分)	4.1　基础(15分)	*桥梁扩大基础、挖孔桩、钻孔桩、沉入桩、沉井和地下连续墙等施工严格按照施工方案实施。 施工区域应设置警戒设施或警示灯。 桩基钢筋笼下放采用专用吊具。 挖孔桩施工应对有害气体进行监测,保持通风;孔内采用安全特低电压照明;起吊设备应装设限位器和防脱钩装置。 挖孔桩孔口应设置防坠落器	工程技术部门、安全部门、机料部门	查看现场、核查资料	*桥梁扩大基础、挖孔桩、钻孔桩、沉入桩、沉井和地下连续墙等施工无方案的扣3分;未严格按施工方案实施,发现一处视情节扣1~2分。在城市、村镇等人口密集区域未设置警戒设施或警示灯,发现一处扣1分。扩大基础、挖孔桩或钻孔桩施工区域,未悬挂设置安全告知牌的,发现一处扣0.5分。 挖孔桩施工未按规定对有害气体进行监测,并保持通风,孔内未采用安全特低电压照明的,发现一处扣1分。起吊设备未安装限位器和防脱钩装置,或拆除了上述装置的,发现一处扣1分。挖孔桩孔口未设置防坠落器的,发现一处扣1分		

续上表

序号	类别	考核项目	考核内容及评价标准	责任部门	考核评价方法	扣分标准	扣分说明	得分
4	桥梁工程（50分）	4.2 下部结构（15分）	*高墩台施工严格按照专项施工方案组织实施。墩身钢筋绑扎高度超过6m应采取临时固定措施。 模板安装必须牢固，模板之间连接螺栓必须全部安装到位。 *钢围堰应按照设计及专项施工方案组织实施；有效开展监测、监控和预报、预警，工况发生变化时及时采取措施；钢围堰有相应的防撞措施，侧壁不得随意驻泊施工船舶。夜间不宜进行翻模或爬（滑）模升降作业	工程技术部门、安全部门、机料部门	查看现场、核查资料	*高墩台施工未严格按专项施工方案组织实施，视情节扣2~4分。墩身钢筋绑扎高度超过6m未采取临时固定措施，发现一处扣1分。模板螺栓连接不规范，发现一处扣1分。 *钢围堰未按设计及专项施工方案实施，视情节扣2~4分。 *钢围堰未有效开展监测、监控和预报、预警，扣2分。工况发生变化时未及时采取措施，扣2分。钢围堰侧壁随意驻泊施工船舶，发现一处扣1分		

续上表

序号	类别	考核项目	考核内容及评价标准	责任部门	考核评价方法	扣分标准	扣分说明	得分
4	桥梁工程（50分）	4.3 上部结构（20分）	*桥梁上部结构施工严格按专项施工方案实施。 *架桥机应有行程限位开关、联锁保护装置和紧急停止开关等安全防护装置。 *架桥机应安装安全监控管理系统。架桥机垫木应使用硬杂木，一般不多于三层。梁板吊装就位后及时进行稳固。不得采用将梁、板吊挂在架桥机后部配重的方式进行过孔作业。挂篮按方案组拼后，要进行验收，做静载试验。挂篮悬臂浇筑桥梁0号块及边跨现浇段支架、托架稳固。拱桥施工顺序及工艺满足设计及规范要求。斜拉桥、悬索桥的斜拉索、主缆安装、架设及防护施工规范，节段连接合理，施工支架（托架）结构稳固。应对缆索式起重机、桥面起重机、铰接设备、吊索牵引机具、片架运输台车、行走轨道铰点过渡梁和移动操作平台等设备做专项设计、加工及试验。桥面起重机应满足拼装过程中顺桥向坡度变化的要求，底盘应设止滑保险装置。其他结构按照相应规范要求施工	工程技术部门、安全部门、机料部门	查看现场、核查资料	*桥梁上部结构施工未按专项施工方案组织实施，视情节扣2~4分。 *架桥机安全防护装置缺失或失效的，发现一项扣1分。 *架桥机未安装安全监控管理系统，扣2分。架桥机支垫材质不符合要求或者支垫层数大于三层的，扣2分。梁板吊装就位后，未及时进行稳固，或稳固措施不足，发现一处扣1分。采用将梁、板吊挂在架桥机后部配重的方式进行过孔作业的，扣2分。未按要求对挂篮进行静载试验，或无检查记录，视情节扣1~2分。挂篮悬臂浇筑桥梁0号块及边跨现浇段支架、托架稳定性不足，视情节扣1~2分。拱桥施工顺序及工艺不满足设计及规范要求，扣2分。斜拉桥、悬索桥的斜拉索、主缆安装、架设及防护施工不规范的，节段连接不合理的，施工支架（托架）结构稳定性不足的，视情节扣2~4分。缆索起重机、桥面起重机、铰接设备、吊索牵引机具、片架运输台车、行走轨道铰点过渡梁和移动操作平台等设备未做专项设计、加工及试验，扣2分。桥面起重机底盘未设止滑保险装置，扣1分		

续上表

序号	类别	考核项目	考核内容及评价标准	责任部门	考核评价方法	扣分标准	扣分说明	得分
5	隧道工程（50分）	5.1 基本要求（10分）	*长、特长及高风险隧道施工应设置稳定可靠的视频监控系统、门禁系统和人员识别定位系统。 *隧道内严禁存放汽油、柴油、煤油、变压器油、雷管、炸药等易燃易爆物品。 *隧道施工必须按规定采用机械通风。洞口工程、洞内施工排水系统完善。隧道内照明充足，作业地段采用不大于36V安全电压。施工作业台架、台车需要经过专项设计，并验收合格，防坠设施设置齐全，安全可靠。软弱围岩隧道开挖掌子面至二次衬砌之间应设置逃生通道，配备应急箱。 *逃生通道距离开挖掌子面不得大于20m。洞口设置应急物资库，应急物资配备齐全。隧道内应定期清扫、冲洗，保持干净整洁。应有足够数量的消防器材	工程技术部门、安全部门、机料部门	查看现场、核查资料	*长、特长及高风险隧道施工未设置稳定可靠的视频监控系统、门禁系统和人员识别定位系统，视情节扣1~2分。 *隧道内堆放易燃易爆物品，发现一处视情节扣0.5~1分。洞口工程、洞内施工排水系统不完善，视情节扣0.5~1分。 *隧道施工应采用机械通风而未采用的，扣1分。隧道内照明不足，或作业地段未采用安全电压的，发现一处扣1分。施工作业台架、台车未经专项设计和验收，扣1分。 *逃生通道设置不规范，发现一处扣1分。应急设施设置不到位，扣0.5分。隧道内未定期清扫、冲洗，粉尘超标，发现一次视情节扣0.5~1分。隧道内消防器材不足，扣1分		

续上表

序号	类别	考核项目	考核内容及评价标准	责任部门	考核评价方法	扣分标准	扣分说明	得分
5	隧道工程（50分）	5.2　隧道施工（20分）	*洞口边仰坡施工应设置截水沟，开挖应自上而下开挖，保证稳定。 *施工安全步距应符合规范要求。 *开挖循环进尺符合方案及规范要求。 *严禁擅自变更开挖方法，严格控制超欠挖。单洞Ⅲ级及以上围岩累计长度超过2km的隧道应使用多臂凿岩机施工。 *下台阶左右侧应错开开挖，同一榀钢架两侧不得同时悬空。分部开挖法的临时支架拆除在仰拱施工前进行。隧道对向开挖两工作面距离达到要求临界值时应加强联系，改为单向开挖。无轨运输斜井内运输道路应硬化，并应采取防滑措施。斜井应每隔一定距离设置防冲撞设施；单车道的斜井，每隔一定距离应设置错车道。仰拱栈桥应经过强度、刚度和稳定性验算。相邻钢架之间必须用纵向钢筋连接，钢架拱脚必须放在牢固的基础上。仰拱开挖宽度应符合规范要求	工程技术部门、安全部门、机料部门	查看现场、核查资料	*洞口边仰坡施工未设置截水沟，扣1分。未自上而下开挖，扣1分。 *施工安全步距不符合规范要求，视情节扣1~2分。 *开挖循环进尺不符合方案及规范要求，视情节扣1~2分。 *擅自变更开挖方法，发现一次视情节扣1~2分。超欠挖超标，发现一次视情节扣1~2分。单洞Ⅲ级及以上围岩累计长度超过2km的隧道未使用多臂凿岩机施工，扣1分。 *下台阶左右侧未错开开挖，同一榀钢架两侧同时悬空，视情节扣1~2分。分部开挖法的临时支架拆除未在仰拱施工前进行，扣1分。无轨运输斜井内运输道路未硬化，未采取防滑措施，扣1分。斜井防冲撞设施设置不规范，视情节扣1~2分。仰拱栈桥未经过强度、刚度和稳定性验算，扣1分。相邻钢架未用钢筋连接，发现一处扣0.5分。拱脚基础不牢固，发现一处视情节扣0.5~1分。仰拱开挖宽度不满足规范要求，扣1分		

续上表

序号	类别	考核项目	考核内容及评价标准	责任部门	考核评价方法	扣分标准	扣分说明	得分
5	隧道工程（50分）	5.3 监测预报（10分）	*长大隧道和不良地质隧道必须进行超前地质预报。 *制定监控量测及超前地质预报专项施工方案，按方案组织实施。 *岩溶、采空区等不良地质隧道、瓦斯隧道施工需配置超前地质钻机进行预报地质，地质预报必须进行地质素描。 *对隧道有毒有害气体进行监测，并公示监测数据。 *监控量测数据出现异常时应当及时报告，对量测数据定期进行分析，编写分析报告，施工负责人、技术负责人及设计代表签字齐全	工程技术部门、安全部门	查看现场、核查资料	*长大隧道和不良地质隧道未进行超前地质预报，扣2分。 *未制定监控量测及超前地质预报专项施工方案的，扣2分，或方案不完善，或未按照方案实施，发现一处扣1分。 *未按规定配备超前地质钻机进行预报地质，扣1分；地质预报没有地质素描，扣1分。 *未对隧道有毒有害气体进行监测，扣1分。 *监控量测数据出现异常时未及时报告，扣1分。 *量测数据未定期分析，或未编写分析报告，视情节扣1~2分。监测量测数据不真实的，扣1分。 报告签字不齐全，发现一处扣0.5分		

续上表

序号	类别	考核项目	考核内容及评价标准	责任部门	考核评价方法	扣分标准	扣分说明	得分
5	隧道工程（50分）	5.4　瓦斯隧道（10分）	*瓦斯隧道施工要编制专项施工方案并严格执行。 *瓦斯隧道应使用具有防爆性能的机械设备。 *瓦斯隧道应建立预警机制。 *使用煤矿许用炸药和雷管，按规定实施动火作业管理。 *掌子面瓦斯浓度超标时严禁施工。 *瓦斯隧道通风必须进行专项设计，性能满足设计要求。设置灭火器、消防水池、消防用砂等消防设施	安全部门、工程技术部门	查看现场、核查资料	*瓦斯隧道施工未编制专项施工方案，或方案未经专家评审的，扣2分。 *瓦斯隧道施工不按方案实施的，视情节扣1~2分。 *瓦斯隧道施工未按要求使用具有防爆性能的机械设备，发现一处扣1分。 *瓦斯隧道未建立预警机制，扣1分。 *使用煤矿许用炸药和雷管，未按规定实施动火作业管理，扣1分。 *掌子面瓦斯浓度超标继续施工，扣2分。 *瓦斯隧道未按规定进行瓦斯浓度检测，或测试数据不连续，发现一次扣1分。 *瓦斯隧道通风未进行专项设计，扣2分；通风设备性能不满足设计要求，扣1分。瓦斯隧道施工现场消防设备不齐备，或失效的，发现一处情节扣0.5~1分		

续上表

序号	类别	考核项目	考核内容及评价标准	责任部门	考核评价方法	扣分标准	扣分说明	得分
6	路基工程（20分）	6.1 边坡工程（15分）	*高边坡施工应设置截、排水设施，靠近交通要道作业时需要设置隔离、防护措施。不良地质边坡开挖前应提前施作排水设施。 *高边坡施工自上而下，开挖一级防护一级，严禁多级坡同时立体交叉作业。不良地质边坡在雨后或雪融后不得直接开挖。高边坡施工需要开展边坡稳定性监测、变形监测。挡土墙施工排水设施完善。爆破开挖满足相关要求，符合3.6条要求。锚杆、锚索施工应当设置警戒区。张拉作业千斤顶后方不得站人	工程技术部门、安全部门	查看现场、核查资料	*未设置截、排水设施或者设置不完善，扣1分。 *靠近交通要道作业时未设置隔离、防护措施，扣2分。 *边坡施工未实现开挖一级防护一级，发现一处扣1分。存在多级坡同时立体交叉作业，扣2分。高边坡施工未开展边坡稳定性监测、变形监测，扣2分。锚杆、锚索施工未按规定设置警戒区，发现一处扣1分。张拉作业时有人站在千斤顶后方，每发现一人次扣1分		
		6.2 抗滑桩工程（5分）	*孔桩应当间隔跳槽开挖。 *抗滑桩未施工完毕下级边坡严禁开挖。 抗滑桩开挖过程中应设置观测点	工程技术部门、安全部门	查看现场	*孔桩未采取间隔跳槽开挖方式的，发现一处扣1分。 *抗滑桩施工中上、下级边坡同时交叉开挖，发现一处扣1分。抗滑桩开挖过程中未设置观测点，发现一处扣0.5分		

续上表

序号	类别	考核项目	考核内容及评价标准	责任部门	考核评价方法	扣分标准	扣分说明	得分
7	路面工程（14分）	7.1　路面工程（14分）	路面施工按照审批的交通组织方案实施。 *施工区域实行交通管制。在通车道路上施工或夜间作业时，应采取限速、导流及渠化等措施。 *交通指挥人员和上路作业人员应按规定穿着安全反光标志服或反光背心。严禁工程施工车辆违规载人或超速行驶。路面摊铺机、压实机械等设备设置防触碰装置、设置倒车影像、倒车雷达等安全设施。摊铺施工应安排专人负责指挥	安全部门、机料部门	查看现场、核查资料	施工区域未实行交通管制或交通封闭管理不严，扣2分。 *在通车道路上施工或夜间作业时，未设置限速、导流及渠化等措施，扣2分。 *交通指挥人员和上路作业人员未按规定穿着安全反光标志服或反光背心，发现一人次扣1分。发现用施工车辆违规载人，或在施工区域超速行驶，发现一次扣1分。路面摊铺机、压实机械等设备安全设施缺少或失效，发现一处扣1分。 摊铺施工期无专人指挥的，发现一次扣1分		
8	附属工程（16分）	8.1　房建工程（4分）	施工现场井字架、脚手架应按照施工方案搭设和拆除。上料平台应独立设搭设，平台距井架间隙小于10cm，当平台高度超过10m时，四面应设缆风绳。双机提升的吊篮应配备两名工人操作，严禁单人操作。发现吊篮工作不正常时，应及时停止作业、检查和消除隐患。严禁在带病吊篮上继续进行作业	安全部门、工程技术部门	查看现场、核查资料	施工现场井字架、脚手架未按照施工方案搭设和拆除，视情节扣0.5~1分。上料平台未独立设搭设，平台距井架间隙大于10cm，当平台高度超过10m时，四面未设缆风绳，视情节扣0.5~1分。双机提升的吊篮单人操作，发现一处扣0.5分。发现吊篮工作不正常时，未及时停止作业、检查和消除隐患，扣0.5分。在带病吊篮上进行作业，扣0.5分		

续上表

序号	类别	考核项目	考核内容及评价标准	责任部门	考核评价方法	扣分标准	扣分说明	得分
8	附属工程（16分）	8.2 绿化工程（4分）	涉路施工，应提前在施工地段车行方向前端的交叉路口设置导向分流标志。涉路施工，警示标志、围挡应在施工区域两端和周边摆放，应专人看管做好交通引导。小范围、短周期的日常养护应避开交通高峰时段，安排夜间施工，应通知交巡警部门，确实需要白天施工的，应征得交巡警批准后进行	安全部门、工程技术部门	查看现场	涉路施工，未提前在施工地段车行方向前端的交叉口设置导向分流标志，扣1分。涉路施工，未在施工区域两端和周边摆放警示标志、围挡，未安排专人看管做好交通引导，发现一处扣0.5分。日常养护工作不规范或者程序未履行到位，视情节扣0.5~1分		
		8.3 交安工程（4分）	打、压立柱施工时，桩机应安设牢固、平稳，作业区域四周应设置安全警示标识牌。涉路施工，应提前在施工地段车行方向前端的交叉路口设置导向分流标志。热熔釜熔料时最大投料量不得超过缸体的4/5，热熔釜和漆料保温桶上方不得出现明火	安全部门、工程技术部门	查看现场	打、压立柱施工时，桩机安设不稳固，作业区域四周未设置安全警示标识牌，发现一处扣0.5分。涉路施工，未提前在施工地段车行方向前端的交叉口设置导向分流标志，扣1分。热熔釜熔料时最大投料量超过缸体的4/5，扣1分。热熔釜和漆料保温桶上方出现明火，扣1分		
		8.4 电气工程（4分）	涉路施工，警示标志、围挡应在施工区域两端和周边摆放，应专人看管做好交通引导。电气设备集中场所应配置可灭电气火灾的灭火器材。电气设备和线路周围，应设置易燃易爆或阻燃格力防护	安全部门、工程技术部门	查看现场	涉路施工，未在施工区域两端和周边摆放警示标志、围挡，未安排专人看管做好交通引导，发现一处扣1分。 电气设备集中场所未配置可灭电气火灾的灭火器材，发现一处扣0.5分。电气设备和线路周围，未设置易燃易爆或阻燃格力防护，发现一处扣0.5分		

考核评价（或监督抽查）单位（盖章）：　　　　评价（或抽查）人（签名）：　　　　实施日期：　　　　年　月　日

说明：本表用于施工单位每季度自我评价，监理单位季度复核，建设单位每半年考核评价，以及交通运输主管部门监督抽查等，谁组织实施、谁负责盖章签认。

JS-AQ-09-08

表1.4　大中型公路水运工程平安工地建设监理单位考核评价表(满分150分)

监理合同段：　　　　　　　　　　　　　　监理单位名称：

序号	类别	考核项目	考核内容及评价标准	考核评价方法	扣分标准	扣分说明	得分
1	责任落实(10分)	1.1 岗位职责(3分)	明确监理各岗位的安全管理职责。全员签订安全监理责任书	查阅文件	无监理各岗位职责,扣1分。监理各岗位职责缺少安全管理职责,或安全管理内容不全,视情节扣0.5~1分。监理各岗位安全管理责任针对性不强,视情节扣0.5~1分。安全生产责任书签订未覆盖全员,发现一人扣0.5分		
		1.2 规章制度(3分)	按规定建立健全安全管理制度	查阅文件	安全管理制度不健全,每缺一项扣0.5分。安全管理制度针对性不强、可操作性差,视情节扣0.5~1分		
		1.3 监理规划(4分)	按规定编制监理规划(计划)	查阅文件	监理规划中缺乏安全管理内容,扣2分。监理规划中安全管理内容的针对性不强,视情节扣1~3分		
2	审查审批(45分)	2.1 施工组织设计(5分)	按规定对施工组织设计中的安全技术措施进行审查、审批	查阅资料	未审查施工组织设计的安全技术措施,扣3分。审核不严格,或审查意见不具体,或未按照规定时间及时回复,视情节扣1~2分		
		2.2 专项施工方案(10分)	对危险性较大的分部分项工程专项施工方案进行审查、审批,并监督实施情况	查阅资料、核查现场	未及时对施工单位上报的专项施工方案进行审查审批,视情节扣2~4分。审批的专项施工方案不符合有关要求,视情节扣2~4分。危险性较大的分部分项工程专项施工方案未经审查同意已实施,监理未及时纠正的,发现一项扣2分		
		2.3 危险性较大的分部分项工程安全生产条件(10分)	对危险性较大的分部分项工程施工前的安全生产条件进行审核,审核结果报建设单位	查阅资料、核查现场	未对危险性较大的分部分项工程施工前安全生产条件进行审核,扣4分。对危险性较大的分部分项工程施工前的安全生产条件审核把关不严,或审核有缺项,视情节扣2~3分。安全生产条件审核结果不报或迟报,视情节扣2~3分		

续上表

序号	类别	考核项目	考核内容及评价标准	考核评价方法	扣分标准	扣分说明	得分
2	审查审批（45分）	2.4 安全生产费用（10分）	按规定对安全生产费用提取、使用情况进行核对、计量和审批。建立安全生产费用管理的监理台账	查阅资料	未按规定核对、计量和审批安全生产费用的，视情节扣2~4分。 安全生产费用的核对、计量和审批不认真或不及时，视情节扣2~4分。未建立安全生产费用管理的监理台账、或台账不清晰，视情节扣1~2分		
		2.5 人员和设备（10分）	审查施工单位进场的特种设备、关键设备、主要设备的验收情况。审查进场的项目负责人、安全管理人员、特殊作业人员的持证上岗情况	查阅资料、核查现场	未对施工单位进场的特种设备、关键设备、主要设备进行审查，扣4分。未对进场的项目负责人、安全管理人员、特殊作业人员进行审查，扣4分。对施工单位进场的机械设备、人员审查不严，扣2分		
3	风险预控（10分）	3.1 风险预控（10分）	按规定对风险评估报告进行审核。按规定督促施工单位开展风险辨识、评估，审核重大风险管控措施并督促落实，对重大风险分部分项工程的风险管控，总监理工程师应当参与管理和检查。对合同段施工专项应急预案和现场处置方案进行审查，监督检查演练情况	查阅资料	未督促施工单位开展风险辨识、评估，未督促施工单位提交风险评估报告，未对风险评估报告进行审核，无审核记录的，视情节扣1~2分。未审核施工单位提交的重大风险管控措施，未督促落实的，视情节扣1~2分。对重大风险分部分项工程的风险管控，总监理工程师未参与管理和检查的，扣2分。未审查合同段施工专项应急预案和现场处置方案，无审查记录的，扣2分。未对应急演练进行监督检查的，或无检查记录的，扣1分。审核(审查)不认真或不及时，或意见过于笼统、缺乏指导性，扣1分		

续上表

序号	类别	考核项目	考核内容及评价标准	考核评价方法	扣分标准	扣分说明	得分
4	安全检查与督促整改（20分）	4.1　安全检查（20分）	定期组织安全检查及事故隐患排查，对检查发现的问题，及时督促施工单位整改到位。对施工单位不能立即整改的安全问题和事故隐患，督促施工单位按整改计划改进，并对整改情况进行复核。发现重大事故隐患应要求施工单位立即停工整改、跟踪督办，并履行报告职责。重大事故隐患得不到有效控制，应立即通过业主向有关主管部门报告。对有关部门通报施工单位存在的问题，认真督促整改到位。对有关部门检查通报的监理管理问题，积极整改到位	查阅资料	对应该检查而未全面、及时检查的，或安全检查、隐患排查等走过场，或对检查所发现的问题没有采取监理措施，或问题整改后没有组织复查的，发现一次扣2分。未建立安全检查台账、或台账不清晰，可追溯性差，视情节扣1~2分。对重大事故隐患未发监理指令，发现一次扣2分。对发现重大事故隐患未跟踪督办的，发现一次扣2分。未履行重大事故隐患报告义务的，扣2分。对重大事故隐患的检查和复查未附影像资料，发现一次扣1分。 监理指令、通知记录不闭合，发现一份扣1分。未对专项施工方案实施情况进行分析评价，扣1分。对有关部门检查通报的监理管理问题未及时整改的，发现一次扣1分		
5	监理人员管理（10分）	5.1　持证上岗（3分）	按照合同文件配置安全监理人员。编制监理人员名册	查阅资料	安全监理人员不满足合同文件要求，缺一人扣1分。 未提供监理人员名册，扣1分。未提供监理人员上岗及离岗记录（如考勤表等），扣1分		
		5.2　监理人员内部培训教育（2分）	监理人员应经考核培训合格上岗。建立安全管理培训教育计划，对进场的监理人员定期组织安全培训教育	查阅资料	监理人员未经考核培训合格，扣1分。 未制定安全管理培训教育计划，扣0.5分。 未定期组织安全培训教育，扣0.5分		
		5.3　安全监理日志（5分）	认真填写安全监理日志。 按规定旁站和巡视，记录准确、详细、连续	查阅资料	安全监理日志不连续、签字不全，或未经总监定期审查，旁站巡视未记录或不准确，发现一处（次）扣1分。 发现安全问题或事故隐患未及时记录的，扣1分		

续上表

序号	类别	考核项目	考核内容及评价标准	考核评价方法	扣分标准	扣分说明	得分
6	专项活动（10分）	6.1 行业主管部门安全生产专项工作（5分）	严格部署落实行业主管部门布置的安全生产专项工作。制定相应的工作方案或行动计划。按方案或计划执行	查阅资料	未制定安全生产工作方案或行动计划，或未督促施工单位落实安全生产专项工作的，发现一次扣1分。安全生产专项工作落实不到位，或应付了事、走过场，发现一次视情节扣1~2分		
		6.2 考核评价（5分）	定期开展“平安工地”建设情况自评。 定期对施工单位开展平安工地建设情况进行检查复核	查阅资料	未定期开展“平安工地”建设情况自评，扣2分。未定期对施工单位平安工地建设情况进行检查复核，或者检查复核走过场，或不及时组织实施，发现一次视情节扣0.5~1分。 未根据检查复核结果督促施工单位整改的，或无督促整改记录的，视情节扣0.5~1分。 检查复核资料欠真实、不准确，发现一次视情节扣0.5~1分		
7	档案管理（5分）	7.1 安全档案资料（5分）	安全资料归档及时、齐全，台账明晰	查阅资料	安全档案资料不真实，发现一份扣1分。 管理台账不全或不明晰，视情节扣0.5~1分。 应当存档的资料不齐全，视情节扣0.5~1分		
8	监理工作效能（40分）	8.1 所监理的施工单位考核评价情况（40分）	所监理的各施工合同段考核评价得分平均值×0.4即为监理工作效能得分	查阅资料	各施工合同段（施工单位）考核评价得分平均值×0.4即为监理工作效能得分		

考核评价（或监督抽查）单位（盖章）：　　　　评价（或抽查）人（签名）：　　　　实施日期：　　　　年　月　日

说明：本表用于监理单位每季度自我评价，建设单位每半年考核评价，以及交通运输主管部门监督抽查等，谁组织实施、谁负责盖章签认。

JS-AQ-09-09

表1.5 大中型公路水运工程平安工地建设建设单位考核评价表(满分150分)

项目名称： 建设单位名称：

序号	类别	考核项目	考核内容及评价标准	考核评价方法	扣分标准	扣分说明	得分
1	安全管理责任落实(15分)	1.1 组织机构(5分)	按规定设立安全管理部门,项目安全组织机构健全。项目主要领导和分管领导、各部门及岗位安全责任明确,落实安全生产责任制。全员签订安全生产责任书	查阅文件	未按规定建立安全管理部门,扣2分。 项目安全组织机构不健全,扣1分。 岗位安全管理责任不明确,或未落实,视情节扣0.5~1分。 安全生产责任书签订未覆盖全员,发现一人扣0.5分		
		1.2 规章制度(5分)	建立健全项目安全生产管理制度。 制定平安工地建设方案,明确建设目标、工作要求	查阅文件	未按规定建立项目安全生产管理制度,或未以项目文件形式发布,扣1分。安全管理制度不齐全,每缺一项扣0.5分。 安全管理制度的针对性不强、可操作性差,或未及时更新、与上位法不符,或用上级部门制度代替项目管理制度,视情节扣0.5~1分。未制定平安工地建设方案,扣1分。平安工地建设方案不满足目标要求,视情节扣0.5~1分。平安工地建设方案可操作性不强,视情节扣0.5~1分		
		1.3 责任落实情况(5分)	制定安全工作计划,明确安全管理目标,并督促落实	查阅资料、查阅文件	未制定安全工作计划的,或安全管理目标不明确的,扣3分。 未督促落实安全工作计划的,视情节扣1~2分		

续上表

序号	类别	考核项目	考核内容及评价标准	考核评价方法	扣分标准	扣分说明	得分
2	安全生产费用管理（15分）	2.1 安全生产费用列支情况（15分）	安全生产费用不低于规定标准。 明确安全生产经费使用范围和计量规则。 按要求及时支付安全生产费用，并检查安全生产费用使用情况。 定期检查施工单位安全生产费用投入使用情况，对投入不足的中标企业进行通报	查阅资料、查阅文件	在招投标文件中，安全生产费用低于规定标准，或者未单独列出，扣3分。 安全生产经费使用范围和计量规则不明确，扣2分。 安全生产费用未及时支付，发现一次扣2分。 未对安全生产费用使用情况进行检查，对投入不足的未进行通报的，视情节扣1~3分		
3	安全生产条件管理（15分）	3.1 安全生产条件审查（15分）	施工合同应明确量化项目安全生产条件。工程项目开工前按照安全生产条件核查表考核项目进行审核。对监理单位提交的危险性较大的分部分项工程施工前安全生产条件审核结果进行确认	查阅资料	施工合同未明确量化项目安全生产条件，或项目安全生产条件与现行法律、法规、规章、标准严重不符的，扣3分。 项目开工前安全生产条件未审核，或审核不严，存在明显问题的，视情节扣1~3分。 未对监理提交的危险性较大的分部分项工程施工前安全生产条件审核结果进行确认，发现一处扣2分		
4	风险管控（15分）	4.1 风险管控（15分）	按规定开展施工安全总体风险评估。 督促施工单位开展施工安全风险专项评估，根据风险评估结论，完善施工组织设计和专项施工方案。按规定组织开展涉路、涉航等风险评估工作。制定风险分级管控措施，对重大风险分部分项工程的风险管控，建设单位主要负责人应当参与管理和检查	查阅资料	未按规定组织开展施工安全总体风险评估，扣3分。 未督促施工单位开展施工安全专项风险评估，扣3分。 未督促施工单位根据风险评估结论，完善施工组织设计和专项施工方案，或风险评估与施工组织设计、专项施工方案存在“两张皮”现象，视情节扣1~3分。 未按规定组织其他风险评估工作的，扣3分。 未制定风险分级管控措施，对重大风险分部分项工程的风险管控，建设单位主要负责人未参与管理和检查，视情节扣1~3分		

续上表

序号	类别	考核项目	考核内容及评价标准	考核评价方法	扣分标准	扣分说明	得分
5	安全检查考核（20分）	5.1　安全检查及隐患排查（20分）	制定安全检查及隐患排查计划，并严格落实。特殊季节和时段及时安排专项检查。对施工单位隐患排查治理情况开展监督检查，发现一般问题及隐患应及时督促整改到位，对发现的重大事故隐患跟踪督办，实行闭合管理	查阅资料	未制定项目安全检查、隐患排查计划，或未按计划开展安全检查及隐患排查，视情节扣1~3分；安全检查或隐患排查没有记录，或记录不连续、不闭合，发现一次扣1分。 特殊季节和时段没有安排安全专项检查，视情节扣1~3分；或者没有检查及整改记录的，发现一次扣1分。 未对施工单位隐患排查治理情况开展监督检查，或无检查记录，视情节扣1~2分。未督促施工单位专项治理已发现的重大事故隐患，或缺乏相应记录，发现一次扣1分	5	
6	应急管理（15分）	6.1　应急预案（8分）	编制项目总体应急预案，组织应急演练	查阅资料	未编制项目总体应急预案，扣3分。未组织应急演练，扣3分。 预案针对性差、缺项多或演练不及时，视情节扣1~2分		
		6.2　事故报告及处理（7分）	制定事故月报及快报制度，事故发生后应当及时报送	查阅资料	未执行事故快报或存在瞒报、迟报事故情形的，扣2分。未执行事故月报制度，扣1分。 发生事故未按“四不放过”原则进行警示教育，或未实施合同履约处罚的，视情节扣2~3分。 未建立事故管理档案，扣1分		

续上表

序号	类别	考核项目	考核内容及评价标准	考核评价方法	扣分标准	扣分说明	得分
7	专项活动（15分）	7.1 行业主管部门安全生产专项工作落实情况（10分）	严格部署落实行业主管部门布置的安全生产专项工作。制定落实方案或行动计划。 按方案或计划执行到位	查阅资料	未制定安全生产专项工作方案或行动计划，发现一次扣2分。 安全生产专项工作部署落实不到位，或未督促施工、监理单位落实工作方案或行动计划的，或无相关落实记录的，发现一次扣1~2分		
		7.2 考核评价（5分）	定期开展“平安工地”建设情况自评。 定期对施工和监理单位开展“平安工地”建设情况进行考核评价	查阅资料	未定期开展“平安工地”建设情况自评，扣1分。未定期对施工、监理单位平安工地建设管理情况进行考核评价的，扣1分。 对施工和监理单位平安工地建设管理情况考核评价工作不连续，或考核评价走过场或不及时，或未及时向直接监管的交通运输主管部门报送考核评价结果的，视情节扣1~2分。 未根据考核结果督促施工、监理单位整改，或未提供整改记录的，视情节扣0.5~1分。 考核评价资料欠真实、不准确，发现一次扣1分		
8	建设单位工作效能（40分）	8.1 监理单位和施工单位考核评价情况（40分）	监理单位各合同段考核评价得分平均值×0.1+施工单位各合同段考核评价得分平均值×0.3即为建设单位工作效能得分	查阅资料	监理单位各合同段考核评价得分平均值×0.1+施工单位各合同段考核评价得分平均值×0.3即为建设单位工作效能得分		

考核评价（或监督抽查）单位（盖章）：　　　　评价（或抽查）人：　　　　实施日期：　　　　年　月　日

说明：本表用于建设单位每半年考核评价，以及交通运输主管部门监督抽查等，谁组织实施、谁负责盖章签认。

JS-AQ-09-10

表1.6 大中型公路水运工程平安工地建设加分项考核评价表(满分5分)

序号	考核项目	考核内容及评价标准	加分标准	加分说明	得分
1	智慧工地 (1分)	推行危大工程工艺监测、结构风险监测预警、远程视频监控、智能化云监控、智慧用电、其他信息化管理手段等技术在施工管理中的整合应用,效果明显	每一项加0.25分		
2	“平安交通” 创新 (1分)	使用国家推广应用的新技术、新材料、新产品、新设备,安全生产、文明施工效果明显。使用国家级建设工法、发明专利,安全生产、文明施工效果明显。积极开展微创新和科技攻关提升项目本质安全管理,通过微创新,不断提升工艺、装备的可靠性、先进性;通过技术攻关,施工和管理智能化、信息化、自动化水平显著提升	使用国家、自治区推广应用的新技术、新材料、新产品、新设备,安全生产、文明施工效果明显的,每一项加0.25分,最多加0.5分。使用国家、自治区级建设工法、发明专利,安全生产、文明施工效果明显的,每一项加0.25分,最多加0.5分。微创新和科技攻关获得过省级及以上奖项,每一项加0.25分,最多加0.5分		
3	安全标准化 提升 (1分)	施工现场安全防护设施工具化、定型化、装配化程度高。机械换人,危险作业机械化、自动化程度高。积极推行班组标准化、工点工厂化管理,生产效率高,安全可靠。施工现场安全生产、文明施工效果明显,并形成本企业安全生产、文明施工标准或标准化图集	施工现场安全防护设施工具化、定型化、装配化程度高,加0.25分。 机械换人,危险作业机械化、自动化程度高,加0.25分。积极推行班组标准化、工点工厂化管理,生产效率高,安全可靠,加0.25分。施工现场安推行工点工厂全生产、文明施工效果明显,并形成本企业安全生产、文明施工标准或标准化图集,加0.25分		

续上表

序号	考核项目	考核内容及评价标准	加分标准	加分说明	得分
4	安全经验交流（1分）	举办大型、具有一定影响力的、以安全为主题的经验交流会、现场会	举办过市级安全经验交流会、现场会的，加0.25分；举办过省级安全经验交流会、现场会的，加0.5分；举办过全国级安全经验交流会、现场会的，加1分。以最高分为准，分数不叠加		
5	安全文化建设（0.5）	以保障安全为核心，以人为本、精益求精、全心投入的安全文化为导向，组织各种形式的安全文化创建和宣传活动，营造全员参与安全管理的文化氛围，效果明显	经常性地组织安全文化创建和宣传活动，项目整体安全管理水平高，全员参与安全管理的文化氛围浓厚，加0.5分		
6	基层党建工作（0.25分）	项目临时党支部建设具有一定影响力，创建项目党建品牌，充分发挥党员先锋模范作用，推动党建工作和安全工作的深度融合	项目党建工作与安全管理深度融合，能够起到引领项目安全管理的作用，加0.25分		
7	专业化服务（0.25分）	邀请（聘请）行业内有较高知名度的专业第三方单位协助现场安全管理	邀请（聘请）行业内有较高知名度的第三方单位协助现场安全管理，加0.25分		

考核评价单位（盖章）：　　　　评价人（签名）：　　　　实施日期：　　　　年　月　日

说明：本表用于建设单位对施工单位的考核评价，加分项分数累加在施工单位考核评价分数上。

JS-AQ-10-01

安全专项活动登记表

单位名称：

序号	活动类型	活动名称	活动时间	主办单位	备注

记录人：

说明：本表用于登记各类安全专项活动，各类专项活动分类型登记，按活动时间先后顺序进行排序。

附录B(资料性)　监理单位安全表格

B.1　监理单位安全表格目录

序号	文件名称	表号
1	安全生产管理机构文件登记台账	JL-AQ-01-01
2	安全管理规章制度登记台账	JL-AQ-01-02
3	安全生产责任书登记表	JL-AQ-01-03
4	网格划分表	JL-AQ-01-04
5	安全管理文件登记台账	JL-AQ-01-05
6	安全教育培训活动登记台账	JL-AQ-02-01
7	安全教育培训登记表	JL-AQ-02-02
8	安全教育培训活动记录表	JL-AQ-02-03
9	安全会议(教育培训活动)签到表	JL-AQ-02-04
10	影像资料卡片	JL-AQ-02-05
11	安全教育培训考核登记台账	JL-AQ-02-06
12	安全教育培训考核结果统计表	JL-AQ-02-07
13	监理单位上岗考核人员登记表	JL-AQ-02-08
14	安全技术交底登记表	JL-AQ-02-09
15	安全技术交底记录表	JL-AQ-02-10
16	安全会议登记表	JL-AQ-03-01
17	安全会议记录	JL-AQ-03-02
18	安全风险评估报告登记表	JL-AQ-04-01
19	危险性较大工程审批表	JL-AQ-04-02
20	危险性较大工程清单	JL-AQ-04-03
21	重大风险基础信息登记清单	JL-AQ-04-04
22	重大风险责任分工清单	JL-AQ-04-05
23	重大风险防控措施清单	JL-AQ-04-06
24	重大风险监测监控清单	JL-AQ-04-07
25	重大风险应急处置清单	JL-AQ-04-08
26	危险性较大分部分项工程专项施工方案登记台账	JL-AQ-04-09
27	专项施工方案报批单(不需专家认证)	JL-AQ-04-10
28	专项施工方案报批单(需专家认证)	JL-AQ-04-11
29	专项技术方案审批表	JL-AQ-04-12
30	施工专项方案管理登记台账	JL-AQ-04-13

续上表

序号	文件名称	表号
31	施工方案报审表	JL-AQ-04-14
32	生产安全事故隐患治理台账	JL-AQ-05-01
33	事故隐患排查登记表	JL-AQ-05-02
34	事故隐患检查通知/通报/督查登记/通知单	JL-AQ-05-03
35	事故隐患整改回复单	JL-AQ-05-04
36	重大事故隐患治理登记台账	JL-AQ-05-05
37	重大事故隐患排查治理监督表	JL-AQ-05-06
38	重大事故隐患公示牌	JL-AQ-05-07
39	重大事故隐患报备单	JL-AQ-05-08
40	重大事故隐患挂牌督办销号申请报告	JL-AQ-05-09
41	重大事故隐患治理验收申请	JL-AQ-05-10
42	重大事故隐患治理验收报告	JL-AQ-05-11
43	安全监理日志	JL-AQ-05-12
44	安全监理巡视记录	JL-AQ-05-13
45	施工单位“三类人员”核查记录表	JL-AQ-06-01
46	特种(设备)作业人员核查记录表	JL-AQ-06-02
47	施工作业人员三级安全教育情况核查记录表	JL-AQ-06-03
48	大型/特种设备进场验收监理核查记录表	JL-AQ-06-04
49	大临设施/安全设施验收监理核查记录表	JL-AQ-06-05
50	安全生产费用审批登记台账	JL-AQ-06-06
51	安全事故报表记录表	JL-AQ-07-01
52	交通运输行业建设工程生产安全事故快报表	JL-AQ-07-02
53	工程安全事故情况记录表	JL-AQ-07-03
54	表1.1.2 大中型公路水运工程施工合同段开工前安全生产条件核查表	JL-AQ-08-01
55	表1.1.3 大中型公路水运工程危险性较大的分部分项工程施工前安全生产条件核查表	JL-AQ-08-02
56	表1.2 大中型公路水运工程平安工地建设施工单位基础管理考核评价表	JL-AQ-08-03
57	表1.3.1 大中型公路水运工程平安工地建设施工单位施工现场(通用部分)考核评价表	JL-AQ-08-04
58	表1.3.2 大中型公路水运工程平安工地建设施工单位施工现场(公路部分)考核评价表	JL-AQ-08-05
59	表1.4 大中型公路水运工程平安工地建设监理单位考核评价表	JL-AQ-08-06
60	应急预案登记台账	JL-AQ-09-01
61	施工单位应急预案审批登记台账	JL-AQ-09-02
62	施工单位应急演练审批登记表	JL-AQ-09-03
63	安全专项活动登记表	JL-AQ-10-01

B.2 监理单位安全表格样表

JL-AQ-01-01

安全生产管理机构文件登记台账

第　　页/共　　页

监理单位：　　　　　　　　　　　　　　　　　　　　　　　　　　合同段号：

序号	单位	文件标题	文件日期	收发文号
				来：
				发：
				来：
				发：
				来：
				发：
				来：
				发：
				来：
				发：
				来：
				发：
				来：
				发：
				来：
				发：
				来：
				发：
				来：
				发：
				来：
				发：

说明：本表用于监理单位安全生产管理机构文件的登记，登记的文件应按序附表后。

JL-AQ-01-02

安全管理规章制度登记台账

第　　页/共　　页

监理单位：　　　　　　　　　　　　　　　　　　合同段号：

序号	规章制度名称	责任部门	责任人	备注

说明：本表用于监理单位发文定稿的各项安全生产管理制度登记。

JL-AQ-01-03

安全生产责任书登记表

第　　页/共　　页

监理单位：

合同段号：

序号	安全生产责任书名称	甲方名称	乙方名称	编号	签订日期

说明：单位与单位签订的安全生产责任书登记到本表；个人签订的安全生产责任书归档到“一人一档”资料，不登记到本表。

JL-AQ-01-04

网格划分表

第　　页／共　　页

监理单位：　　　　　　　　　　　　　　　　　　　　合同段号：

序号	网格编号	网格名称	施工内容	具体位置（桩号）	网格管理员姓名	联系电话	监理人员	专职安全员
1	FSGS-LJ1-001	××桥梁下部一工区	桩基、承台、立柱、盖梁等					
2	FSGS-LJ1-002	××桥梁下部二工区	桩基、承台、立柱、盖梁等					
3	FSGS-LJ1-003	××预制场	梁板预制、梁板安装					
4	FSGS-LJ1-004	××大桥现浇梁工区	现浇箱梁、悬臂梁等					
5	FSGS-LJ1-005	××大桥桥面系	湿接缝、横隔梁、桥面、护栏等					
6	FSGS-LJ1-006	××隧道一工区	洞口、开挖及支护、出渣、二次衬砌、明洞等					
7	FSGS-LJ1-007	××隧道二工区	洞口、开挖及支护、出渣、二次衬砌、明洞等					
8	FSGS-LJ1-008	路基一工区	路基开挖、填筑等					
9	FSGS-LJ1-009	路基防护一工区	高边坡、排水、绿化等					

JL-AQ-01-05

安全管理文件登记台账

第　　页/共　　页

单位名称：

序 号	单位	文件标题	文件日期	收发文号
				来：
				发：
				来：
				发：
				来：
				发：
				来：
				发：
				来：
				发：
				来：
				发：
				来：
				发：
				来：
				发：
				来：
				发：
				来：
				发：
				来：
				发：
				来：
				发：

说明：本表用于监理单位安全生产管理机构文件的登记，登记的文件应按序附表后。

JL-AQ-02-01

安全教育培训活动登记台账

第　　页/共　　页

单位名称：

序号	活动名称	活动日期	备注

说明：本表主要用于每次安全教育培训活动的登记，各项安全教育培训活动依次附于表后。

JL-AQ-02-02

安全教育培训登记表

第　　页/共　　页

监理单位：　　　　　　　　　　　　　　　　　　　　　　　　合同段号：

活动名称		活动日期	年　月　日
活动类别		参加对象	
活动地点		参加人数	
主讲人		记录人	
活动内容摘要：			
注：活动类别分为高空坠落、触电、经常性、季节性、安全技术交底等			

说明：本表在监理单位办公室组织安全教育培训活动后整理活动记录时使用，参加人员签名可用"安全会议（教育培训活动）签到单"作附件，另外安全细则交底、安全技术交底、监理单位办公室内部各种风险告知书、属于安全教育培训活动的一种类型，可在本表"活动类别" 注明；安全教育培训具体内容及影像资料应作为附件附表后。

JL-AQ-02-03

安全教育培训活动记录表

第　　页/共　　页

监理单位：　　　　　　　　　　　　　　　　　　　　　　　合同段号：

活动名称		活动日期	年　月　日
活动类别		参加对象	
活动地点		参加人数	
主讲人		记录人	
活动内容摘要：			
注：活动类别分为新职工上岗、变换工种、操作规程和技能、经常性、季节性等			

说明：安全教育培训内容表内简要介绍教育培训的主要内容，详细记录教育培训的内容和活动情况，附培训内容文字材料。

JL-AQ-02-04

安全会议(教育培训活动)签到表

第　　页/共　　页

监理单位：　　　　　　　　　　　　　　　　　　　　　　　　　　合同段号：

会议名称			会议日期	年　月　日	
会议地点			组织部门		
序号	姓名	所属部门(班组)	职务 (工种)	联系电话	备注

签到负责人签名：

说明：签到表上各栏目应填全，签到人信息应由参会人本人签字。

JL-AQ-02-05

影像资料卡片

第　　页/共　　页

单位名称：

拍摄事由		背景内容	
相机型号		存储方式	
(相片及编号、主题)			
拍摄人		日期	年　月　日

JL-AQ-02-06

安全教育培训考核登记台账

第　　页／共　　页

单位名称：

序号	考核名称	考核日期	考核地点	组织部门	备注

说明：本表用于汇总登记每次安全教育培训考核。

JL-AQ-02-07

安全教育培训考核结果统计表

第　　页/共　　页

单位名称：

考核名称					考核日期	年　月　日		
考核地点					组织部门			
考核人数					考核总分			
序号	姓名	考核得分	序号	姓名	考核得分	序号	姓名	考核得分

说明：本表用于汇总每次安全教育培训考核的结果，如一张表格填写不下可续表。

JL-AQ-02-08

监理单位上岗考核人员登记表

施工单位：　　　　　　　　　　　　　　　　　　　　　　　　合同段号：
监理单位：　　　　　　　　　　　　　　　　　　　　　　　　编　　号：

序号	姓名	上岗时间	岗位	考核结果	备注

JL-AQ-02-09

安全技术交底登记表

第　　页/共　　页

单位名称：

序号	安全技术交底类型	安全技术交底内容	交底时间	交底人	接受人/班组	备注

说明：本表用于施工单位登记各类安全技术交底文件，按交底类型分别分表按形成时间登记。

JL-AQ-02-10

安全技术交底记录表

第　　页／共　　页

监理单位：　　　　　　　　　　　　　　　　合同段号：

交底工序 或工程名称		交底日期	年　月　日
参加对象 及人数	共　　人	交底人	
交底地点		记录人	
交底内容摘要：			
主要危险因素、危险特征及防范措施：			
参加人员签名：			

记录人签名：

说明：参加人员签名可用签到单作附件。

JL-AQ-03-01

安全会议登记表

第　　页/共　　页

监理单位：

合同段号：

序号	规章制度名称	责任部门	责任人	备注

说明：按月整理，备注可注明主办单位。

JL-AQ-03-02

安全会议记录

第　　页 / 共　　页

监理单位：　　　　　　　　　　　　　　　　　　　　合同段号：

会议名称		会议时间	年　月　日		
会议地点		组织部门			
出席对象		主持人		参加人数	
缺席人员					
会议内容摘要：					

主持人(签字)：　　　　　　　　　　　　　　　　记录人(签字)：

说明：本表在施工单位合同段组织召开安全相关会议时后整理会议纪要时使用，记不下时可另附页，后面应附“安全会议(教育培训活动)签到单”；安全会议具体内容及影像资料应作为附件附表后。

JL-AQ-04-01

安全风险评估报告登记表

第　　页/共　　页

建设单位：

序号	资料名称	施工标段	监理标段	审批是否到位	报备时间	复核人

说明：1.安全风险资料包括风险评估报告，较大及以上施工安全风险分部分项工程清单、审批记录及专项施工方案等。

2.本表后附施工单位报备的安全风险资料。

JL-AQ-04-02

危险性较大工程审批表

施工单位：

监理单位：

<table>
<tr><td colspan="2">致(总监理工程师)：
事由：

附件：

项目经理(签章)：　　　　日期：　　年　月　日</td></tr>
<tr><td rowspan="2">监理单位
意见</td><td>副总监理工程师(签章)：　　　　日期：　　年　月　日</td></tr>
<tr><td>总监理工程师(签章)：　　　　日期：　　年　月　日</td></tr>
</table>

说明：施工单位申报危险性较大的工程清单用本表。

JL-AQ-04-03

危险性较大工程清单

第　　页/共　　页

施工单位：

监理单位：

序号	危险性较大的工程名称	具体桩号及部位	监理审查意见	是否需专家论证
1				
2				
3				
4				
5				
6				
7				
8				
9				
10				
11				
12				
13				
14				
15				
16				
17				

安全监理工程师：　　　　　　　　　　施工单位技术负责人：

说明：应根据施工单位合同段专项风险评估报告正式稿的危险源台账填写，报监理单位审核、建设单位备案。

JL-AQ-04-04

重大风险基础信息登记清单

填报单位(公章):

所在基层单位名称	类别	名称	部位	危险特性	影响范围	可能发生的事故及后果	是否落实监测管控	是否制定责任分工清单	是否制定防控措施清单	是否制定监测监控清单	是否制定应急处置清单	是否发生风险事件,并开展应急处置

联系人: 联系电话:

JL-AQ-04-05

重大风险责任分工清单

填报单位(公章)：

所在基层单位名称	类别	名称	所在基层单位责任		集团所属二级企业责任		
			责任人	具体职责	责任部门	责任人	具体职责

联系人：　　　　　　　　　　联系电话：

JL-AQ-04-06

重大风险防控措施清单

填报单位(公章):

所在基层单位名称	类别	名称	所在基层单位防控措施			集团所属二级企业防控措施			
			责任人	具体措施	措施落实情况	责任部门	责任人	具体措施	措施落实情况

联系人:　　　　联系电话:

JL-AQ-04-07

重大风险监测监控清单

填报单位(公章)：

所在基层单位名称	类别	名称	所在基层单位监测监控措施				集团所属二级企业监测监控措施				
			责任人	具体措施	措施落实情况	相关设施运行是否正常	责任部门	责任人	具体措施	措施落实情况	相关设施运行是否正常

联系人：　　　　　　　　　　联系电话：

JL-AQ-04-08

重大风险应急处置清单

填报单位(公章):

所在基层单位名称	类别	名称	所在基层单位应急处置措施				集团所属二级企业监测监控措施				
			责任人	具体措施	是否发生风险事件,并开展应急处置	应急处置情况	责任部门	责任人	具体措施	是否发生风险事件,并开展应急处置	应急处置情况

联系人: 联系电话:

JL-AQ-04-09

危险性较大分部分项工程专项施工方案登记台账

第　　页／共　　页

建设单位：

序号	危险性较大分部分项专项施工方案名称	工程主要参数（规模/数量）	是否专家论证	计划施工日期

填表人：

说明：本表应根据施工单位合同段专项风险评估报告正式稿的风险评估结论填写。另根据实际情况，建设单位认为风险较大及以上施工风险的分部分项工程（在专项风险评估报告中未体现）也应列入表中；可结合现场情况按照《公路工程施工安全技术规范》(JTG F90—2015)附录A所列内容编制。

JL-AQ-04-10

专项施工方案报批单(不需专家认证)

施工单位：　　　　　　　　　　　　　　　　　　　　　　　　合同段号：

监理单位：　　　　　　　　　　　　　　　　　　　　　　　　分部合同段号：

　　　　　　　　　　　　　　　　　　　　　　　　　　　　　编　　号：

致(总监理工程师)__________： 由我项目部承担施工的________________________工程的专项施工方案业已编制完毕,请予以审批。 附件：__________专项施工方案 内容包括：1.工程概况 2.编制依据 3.施工计划 4.施工工艺技术 5.施工安全保证措施 6.劳动力计划 7.计算书及相关图纸 分部项目经理(签章)：　　日期：　　年　月　日 承包人(签章)：　　日期：　　年　月　日
审查意见： 安全专业监理工程师(签字)：　　日期：　　年　月　日
审查意见： 驻地监理工程师(签字)：　　日期：　　年　月　日
审核意见： 副总监理工程师(签章)：　　日期：　　年　月　日
审批意见： 总监理工程师(签章)：　　日期：　　年　月　日

说明：1.本表及其附件一式三份,承包人、总监办和总监办分部各存一份。

2.本表用于不需专家认证的专项施工方案的报审。

JL-AQ-04-11

专项施工方案报批单(需专家认证)

施工单位：　　　　　　　　　　　　　　　　　　　　　合同段号：

监理单位：　　　　　　　　　　　　　　　　　　　　　分部合同段号：

　　　　　　　　　　　　　　　　　　　　　　　　　　编　　号：

致(业主单位)__________： 由我项目部承担施工的__________________________工程的专项施工方案业已编制完毕,并按专家论证意见进行了修订,请予以审批。 附件:_____________专项施工方案及专家认证报告 内容包括:1.工程概况 2.编制依据 3.施工计划 4.施工工艺技术 5.施工安全保证措施 6.劳动力计划 7.计算书及相关图纸 分部项目经理(签章):　　　　日期:　　年　月　日 承包人(签章):　　　　日期:　　年　月　日
审查意见: 安全专业监理工程师(签字):　　　　日期:　　年　月　日
审查意见: 驻地监理工程师(签字):　　　　日期:　　年　月　日
审核意见: 副总监理工程师(签章):　　　　日期:　　年　月　日
审核意见: 总监理工程师(签章):　　　　日期:　　年　月　日
审批意见: 业主单位技术负责人(签章):　　　　日期:　　年　月　日

说明:1.本表及其附件一式四份,承包人、总监办、总监办分部和业主单位各存一份。

2.本表用于超过一定规模危险性较大,需专家认证的专项施工方案报批。

JL-AQ-04-12

专项技术方案审批表

施工单位：　　　　　　　　　　　　　　　　　　　合同段号：

监理单位：　　　　　　　　　　　　　　　　　　　分部合同段号：

　　　　　　　　　　　　　　　　　　　　　　　　编　　号：

<table>
<tr><td colspan="2">方案名称</td><td colspan="3"></td><td>等级分类</td><td></td></tr>
<tr><td colspan="2">工程名称</td><td colspan="5"></td></tr>
<tr><td rowspan="3">编制单位</td><td>项目名称</td><td>公章</td><td rowspan="3">审批单位</td><td>单位名称</td><td colspan="2">公章</td></tr>
<tr><td>编制</td><td>日期：　年　月　日</td><td>审批</td><td colspan="2">日期：　年　月　日</td></tr>
<tr><td>项目总工</td><td>日期：　年　月　日</td><td>总工程师</td><td colspan="2">日期：　年　月　日</td></tr>
<tr><td colspan="7">审批意见：</td></tr>
</table>

说明：本表用于承包人(具备法人资格单位)的技术负责人审批。

JL-AQ-04-13

施工专项方案管理登记台账

第　　页/共　　页

建设单位:

序号	施工专项方案名称	计划施工日期	备注

填表人:

说明:本表用来统计并登记审批完成的施工专项方案。

JL-AQ-04-14

施工方案报审表

施工单位： 合同段号：

监理单位： 分部合同段号：

编　　号：

致(驻地监理工程师)__________： 由我部承担施工的______________________工程的施工方案已编制完毕，并经我单位技术负责人批准，请予以审批。 附件：__________方案 分部项目经理(签章)：　　　日期：　　年　月　日 承包人(签章)：　　　日期：　　年　月　日
审查意见： 专业监理工程师(签字)：　　　日期：　　年　月　日
审批意见： 驻地监理工程师(签章)：　　　日期：　　年　月　日

说明：本表及其附件一式两份，承包人、总监办分部各存一份。

JL-AQ-05-01

生产安全事故隐患治理台账

建设单位：

序号	隐患名称	类型/部位	等级	发现时间	整改责任人/时限(天)	验收责任人/验收时间	备注

填写人：

说明:本表用来登记已发生的生产安全事故隐患。

JL-AQ-05-02

事故隐患排查登记表

第　　页／共　　页

建设单位：

事故排查类型：

序号	检查时间	检查地点	隐患情况	检查人	整改情况	整改负责人	备注

记录人：　　　　监理工程师：

说明：本表为登记施工单位开展隐患日常排查、定期排查和专项排查工作时使用，依据检查类别按序登记整理。

JL-AQ-05-03

事故隐患检查通知/通报/督查登记/通知单

第　　页/共　　页

监理单位：　　　　　　　　　　　　　　　　　　合同段号：

致(部门、班组)：________________ ________年___月___日，经检查发现现场存在下列事故隐患应立即进行整改，消除隐患： 1. 2. 3.			
处理意见及要求： 1. 2. 3.			
填表人 签名及日期		整改责任人 签名及日期	
项目经理 签名及日期		抄送接收人 签名及日期	

说明：安全检查过程中，对现场不能立即整改到位的事故隐患，应以本表下发事故隐患处理意见书，要求立即整改，限期反馈。

JL-AQ-05-04

事故隐患整改回复单

第　　页/共　　页

监理单位：　　　　　　　　　　　　　　　　　　　　　　　　　　合同段号：

致：_______________项目部 我单位接到编号为：___________的事故隐患处理意见书后，立即组织整改，现已按要求完成了整改，具体整改情况如下： 1. 2. 3. 请予复查。 整改部门/班组： 负责人签名： 日期：　　年　月　日
复查情况： 复查人员：　　　　项目经理或安全分管领导：　　　　期：　　年　月　日

说明：本表与SG-AQ-06-02表对应；由整改责任人填写，应对提出的事故隐患逐条反馈，反馈主要内容应包括事故隐患产生原因、整改责任人、整改措施及整改完成情况等；组织检查的人员或下发隐患处理意见书的人员应对整改情况进行复查，并填写复查情况报项目分管领导或项目经理签字。

JL-AQ-05-05

重大事故隐患治理登记台账

第　　页/共　　页

监理单位：　　　　　　　　　　　　　　　　　　　　　　　　合同段号：

<table>
<tr><td>隐患名称</td><td colspan="2"></td><td>登记日期</td><td>年　月　日</td></tr>
<tr><td>隐患部位</td><td colspan="2"></td><td>隐患类型
及等级</td><td></td></tr>
<tr><td>治理时限</td><td colspan="2"></td><td>所需资金</td><td>元</td></tr>
<tr><td>施工单位</td><td>负责人姓名
及联系电话</td><td></td><td>责任人姓名
及联系电话</td><td></td></tr>
<tr><td>监理单位</td><td>负责人姓名
及联系电话</td><td></td><td>责任人姓名
及联系电话</td><td></td></tr>
<tr><td>建设单位</td><td>负责人姓名
及联系电话</td><td></td><td>责任人姓名
及联系电话</td><td></td></tr>
<tr><td colspan="5">隐患的现状及其产生原因：</td></tr>
<tr><td colspan="5">隐患的危害程度和整改难易程度分析：</td></tr>
<tr><td colspan="5">隐患的治理初步方案：</td></tr>
<tr><td colspan="5">施工单位意见：

项目经理签字：　　　　　　日期：　　年　月　日</td></tr>
<tr><td colspan="5">监理单位审查意见：

总监理工程师签字：　　　　　　日期：　　年　月　日</td></tr>
</table>

填报人：　　　　　　　　　　　　　　填报日期(章)：　　　　　　年　月　日

说明：本表由施工单位合同段填写，对重大事故隐患的信息应按分析评估结论如实登记，并制订专项治理方案附表后，报监理单位办公室审查。

JL-AQ-05-06

重大事故隐患排查治理监督表

合同段：

序号	工程名称	存在的重大隐患	整改要求及措施	整改时限	整改监督人	整改情况	备注

JL-AQ-05-07

重大事故隐患公示牌

第　　页/共　　页

监理单位：　　　　　　　　　　　　　　　　　　　　　　合同段号：

项目标段					
重大事故隐患名称					
重大事故隐患地点		开始时间			
		结束时间			
重大事故隐患概况					
重大事故隐患主要控制措施					
建设单位		责任人		联系电话	
施工单位		责任人		联系电话	
设计单位		责任人		联系电话	
监理单位		责任人		联系电话	

JL-AQ-05-08

重大事故隐患报备单

第　　页/共　　页

监理单位：　　　　　　　　　　　　　　　　　　　　合同段号：

<table>
<tr><td>项目名称</td><td></td><td>联系电话</td><td></td></tr>
<tr><td>合同标段</td><td></td><td>施工单位</td><td></td></tr>
<tr><td>项目经理</td><td></td><td>项目总工</td><td></td></tr>
<tr><td>报备方式</td><td colspan="3"></td></tr>
<tr><td colspan="4">重大隐患信息报备内容：</td></tr>
<tr><td>施工单位意见</td><td colspan="3">项目负责人：　　　　日期：　　年　月　日</td></tr>
<tr><td>监理单位意见</td><td colspan="3">监理负责人：　　　　日期：　　年　月　日</td></tr>
<tr><td>建设单位意见</td><td colspan="3">建设单位负责人：　　　　日期：　　年　月　日</td></tr>
</table>

说明：1. 施工单位单位合同段应当制定重大隐患治理专项方案，立即进行整改，由合同段项目主要负责人签字确认后及时向监理单位、建设单位报备。

2. 重大隐患报备方式填写首次报备、定期报备和不定期报备三种方式。

JL-AQ-05-09

重大事故隐患挂牌督办销号申请报告

第　　页/共　　页

监理单位：　　　　　　　　　　　　　　　　　　　　　　　　合同段号：

项目名称		联系电话	
合同标段		施工单位	
项目经理		项目总工	
督办通知书编号		要求完成时间	
督办问题描述：			
整改措施：			
整改完成时间			
施工单位申请意见	项目负责人：　　日期：　　年　月　日		
监理审核意见	监理负责人：　　日期：　　年　月　日		
建设单位核验意见	建设单位负责人：　　日期：　　年　月　日		

附件：1.挂牌督办整改报告；2.整改验收报告。

说明：在重大隐患治理工作结束后，建设单位应成立隐患整改验收组对重大隐患治理情况进行验收，出具整改验收结论，并由组长签字确认；整改到位并消除安全生产隐患后，本表由施工单位填写上报，监理单位、建设单位核验，核验意见签完后由建设单位及时向主管监督机构提出销号申请报告，申请报告应附隐患整改报告、整改验收报告等内容。

JL-AQ-05-10

重大事故隐患治理验收申请

第　　页/共　　页

监理单位：　　　　　　　　　　　　　　　　　　合同段号：

隐患名称		隐患部位	
隐患类型及等级		督办单位	
治理经费	元	计划验收时间	
施工单位治理情况描述	主要治理措施及效果： 安全负责人：　　项目经理：　　日期：　年　月　日		
监理单位审查意见	监理责任人：　　总监理工程师：　　日期：　年　月　日		

说明：施工单位合同段在重大事故隐患治理完成后填写本表，将治理情况报监理单位，监理单位应现场验收后签写审查意见；本表应报备建设单位。

JL-AQ-05-11

重大事故隐患治理验收报告

第　　页/共　　页

监理单位：　　　　　　　　　　　　　　　　　　　　合同段号：

<table>
<tr><td colspan="2">隐患名称</td><td></td><td>隐患部位</td><td></td></tr>
<tr><td colspan="2">隐患类型及等级</td><td></td><td>治理经费</td><td>元</td></tr>
<tr><td colspan="2">验收单位</td><td></td><td>验收时间</td><td>年　月　日</td></tr>
<tr><td>隐患治理
整改情况</td><td colspan="4"></td></tr>
<tr><td rowspan="2">验收意见</td><td colspan="2">监理单位验收负责人签名：</td><td colspan="2">日期：　　年　月　日</td></tr>
<tr><td colspan="2">建设单位验收负责人签名：</td><td colspan="2">日期：　　年　月　日</td></tr>
</table>

说明：本表自施工单位合同段开始填写，施工单位填写完重大隐患治理整改情况后，报监理单位、建设单位验收，本表意见签完后由建设单位提交主管监督机构。

JL-AQ-05-12

安全监理日志

第　　页/共　　页

监理单位：　　　　　　　　　　　　　　　　　　　　　　　　合同段号：

日期	年　月　日		天气情况	
施工桩号及部位				
安全生产情况	安全检查情况及发现的问题			
	隐患整改情况			
	有无事故发生：　　　有□　　　无□			
	事故简要经过			
专职安全员签名：				

说明：1.本表由专职安全员每日巡查完后填写。

2."隐患整改情况"栏如下发了事故处理意见书则填写编号及情况简述，无则划"/"。

JL-AQ-05-13

安全监理巡视记录

第　　页/共　　页

监理单位：　　　　　　　　　　　　　　　　　　　　合同段号：

施工单位		合同段	
日期		天气	
巡查范围			
主要施工内容			
安全状况			
发现的问题及处理意见			
记录人		总监理工程师审查签字	

说明：本表由安全监理人员负责填写，每次巡视后填写，原则上应每天巡视工地不少于一次，月底交总监理工程师审核签字。

JL-AQ-06-01

施工单位"三类人员"核查记录表

第　　页/共　　页

项目名称：

监理单位：　　　　　　　　　　　　　　　　　　　　　　　　合同段号：

施工单位					合同段		合同价	万元
类别、岗位		姓名	核查情况说明					评价
			到位情况	技术职称	证书原件查验	证书截止日期	其他说明	
项目负责人	项目经理							
	项目总工							
	项目副经理							
	安全负责人							
专职安全员								
汇总	项目负责实际人数：　　符合人数：　　符合率：　　%，配备是否符合要求：							
	专职安全员实际人数：　　符合人数：　　符合率：　　%，配备是否符合要求：							
监理核查意见	核查人签名：　　日期：　　年　月　日							
	总监理工程师签名(章)：　　日期：　　年　月　日							

说明：本表在监理单位审批合同标段开工报告前核查施工单位三类人员时使用，如有人员变更，随时更新，表格底下应有核查人签名和日期。

JL-AQ-06-02

特种(设备)作业人员核查记录表

第　　页/共　　页

项目名称：

监理单位：　　　　　　　　　　　　　　　　　　　　合同段号：

施工单位						合同段		
工种	姓名	性别	年龄	证书编号	证书有效期	进场时间	退场时间	备注
监理审查意见	安全监理工程师：　　日期：　年　月　日							

说明：本表用于核查施工单位合同段特种作业人员、特种设备操作人员个人信息；每月应核查1次；登记的证件必须与其岗位对应并有效，同时被行业主管部门认可。

JL-AQ-06-03

施工作业人员三级安全教育情况核查记录表

第　　页/共　　页

项目名称：

监理单位：　　　　　　　　　　　　　　　　　　　　　　合同段号：

施工单位			合同段	
施工班组（或施工队）	公司安全教育落实情况	项目安全教育落实情况	班组安全教育落实情况	
监理审查意见	核查人签名：　　　　日期：　年　月　日			

说明：本表在监理单位核查每一个新进场的分包单位（或施工队、施工班组）施工人员三级安全教育情况时填写，应对照人员名册及安全教育记录等逐个进行核查。

JL-AQ-06-04

大型/特种设备进场验收监理核查记录表

第　　页 / 共　　页

项目名称：

监理单位：　　　　　　　　　　　　　　　　　　合同段号：

施工单位						施工合同段				
序号	核查日期	设备名称	规格型号	使用地点	监理核查情况					处理意见
					检验检测单位资格	检验检测情况	使用登记情况	检验有效期	维修保养情况	

说明：1.大型/特种设备包括起重机械、压力容器、挂篮、整体提升脚手架、滑模爬模等。

2.本表在监理审核施工单位的大型/特种设备进场报审时使用，大型/特种设备应逐台审核登记。

JL-AQ-06-05

大临设施/安全设施验收监理核查记录表

项目名称：　　　　　　　　　　　　　　　　　　　　第　　页/共　　页

监理单位：　　　　　　　　　　　　　　　　　　　　合同段号：

施工单位						施工合同段				
序号	核查日期	设施名称	型号/编号	使用地点	监理核查情况					处理意见
					设施出厂资料	安装单位资质	设施外观质量	安装情况	维修保养情况	

说明：1.大临设施/安全设施包括高大支架、脚手架、安全通道、安全吊挂平台、高空检修平台、高空张拉操作平台等安全设施、安全防护用具以及临建驻地等大临设施。

2.本表在监理审核施工单位进行的大临设施/安全设施使用前报审时使用，大临设施/安全设施应逐套审核登记。

3.“设施出厂资料”栏填写“完整”或“缺失”，“安装单位资质”栏按法规要求需要具备的填“有”或“无”，无须具备的填“/”；“设备外观质量”栏填写“差”“较差”“好”“良好”；“安全情况”栏填写“合格”或“不合格”。

JL-AQ-06-06

安全生产费用审批登记台账

第　　页/共　　页

单位名称：

序号	单位/合同段名称	类型	文件名称	备注

说明：本台账用来登记安全生产各类支出。

JL-AQ-07-01

安全事故报表记录表

第　　页/共　　页

监理单位：　　　　　　　　　　　　　　　　　　　　　　合同段号：

事故单位		事故发生时间	年　月　日　时　分
项目名称及合同段		事故发生地点部位	
伤亡情况	死亡：　　人，失踪：　　人，重伤：　　人，轻伤：　　人		
事故类型		预估直接经济损失	万元
事故发生简要经过：			
应急抢险及救援情况：			
事故原因的初步分析：			
已采取的及即将采取的措施：			
报告单位		签发人	
报出时间	年　月　日　时　分	联系人及联系电话	

说明：应附事故项目基本情况及项目法人、勘察、设计、施工、监理等单位名称、资质等级情况，施工单位安全生产许可证号及发证机构，施工单位“三类人员”的姓名及岗位证书情况，监理人员执业资格等相关资料。

JL-AQ-07-02

交通运输行业建设工程生产安全事故快报表

表　　号:交安监11表
制定机关:交通运输部
批准机关:国家统计局
批准文号:国统制(2014)97号

填报单位(签章):

1　事故基本情况			
1.1　事故发生日期与时间		1.2　天气气候	
1.3　工程名称		1.4　所在地	
1.5　工程分类		1.6　工程等级	
1.7　建设类型		1.8　事故发生部位	
1.9　事故发生作业环节		1.10　事故类别	
1.11　工程概况			
1.12　事故简要经过和抢险救援情况			
1.13　事故原因初步分析			

2　从业单位基本信息			
2.1　建设单位		2.2　设计单位	
2.3　施工单位		2.4　监理单位	

3　事故人员伤亡及经济损失情况

	计量单位	合计	管理人员	技术人员	企业聘用工人	非本企业劳务人员	其他人员
甲	乙	1	2	3	4	5	6
死亡人数	人						
其中:现场死亡人数	人						
失踪人数	人						
受伤人数	人						
其中:重伤人数	人						

预估直接经济损失(万元)	

单位负责人:　　　填表人:　　　联系电话:　　　填报时间:　　　年　月　日　时　分

JL-AQ-07-03

工程安全事故情况记录表

施工单位： 编号：

合同段号：

事故单位		事故车（船）	
发生时间	____月____日____时____分	事故发生地点	
伤亡情况	死亡____人，失踪____人，重伤____人		
报告单位		报告人员姓名及联系电话	
事故经过及原因			
事故处理情况			
赶赴现场人员			

说明：本表由事故单位填写，事故发生的时间、地点、经过、伤亡情况、处理情况应如实填写，事故原因填写初步分析原因，赶赴现场人员为救援、医疗、技术支持、警戒、善后等类人员。

JL-AQ-08-01

表1.1.2　大中型公路水运工程施工合同段开工前安全生产条件核查表

项目名称：　　　　　　　　　　　　施工合同段：

序号	安全生产条件核查内容	需附资料	评判标准	核查结论（符合、不符合）	存在问题说明（可另附页）
1	施工单位建立健全安全生产保障体系，设立安全生产管理机构，按要求配备专职安全生产管理人员；“三类人员”按规定持有有效资格证书	附安全保障体系文件、组织机构图、相关证书复印件、相关人员任命文件等	符合：施工单位建立健全安全生产保障体系，按规定设立安全生产管理机构，按要求配足专职安全生产管理人员，安全管理机构有成立文件，岗位责任明确，人员有任命文件，符合岗位任职条件。 不符合：施工单位未建立安全生产保障体系，未按规定设立安全生产管理机构，未按要求配足专职安全生产管理人员，施工单位安全生产管理人员未按规定持有有效资格证书		
2	按规定开展专项风险评估工作，编制专项风险评估报告，梳理风险清单。制定风险分级管控和隐患排查治理方案，重大风险应按规定进行报备	附专项风险评估报告、风险分级管控和隐患排查治理方案	符合：按规定开展合同段专项风险评估，编制评估报告，评估程序规范、评估深度符合实际，建立风险管控清单；制定风险分级管控和隐患排查治理方案，重大风险已按规定进行报备。 不符合：未组织开展合同段专项风险评估，未编制风险评估报告、未建立风险管控清单；未制定风险分级管控和隐患排查治理方案，重大风险未按规定进行报备		
3	实施性施工组织设计文件按规定报批	附实施性施工组织设计文件和报批意见	符合：实施性施工组织设计文件按规定报批。 不符合：实施性施工组织设计文件未按规定报批		

续上表

序号	安全生产条件核查内容	需附资料	评判标准	核查结论（符合、不符合）	存在问题说明（可另附页）
4	劳务分包、专业分包等单位有符合法律法规的资质条件，证照真实有效，与从业人员订立劳动合同。与劳务分包、专业分包等单位签订分包协议，明确双方安全管理责任义务	附劳务分包、专业分包等单位的资质文件	符合：劳务分包、专业分包等单位有符合法律法规的资质条件，证照真实有效，与从业人员全员订立劳动合同。签订分包协议，明确双方安全管理责任义务。 不符合：劳务分包、专业分包等单位的资质条件不符合法律法规要求，证照缺失或失效，未与从业人员全员订立劳动合同。未签订分包协议，或分包协议未明确双方安全管理责任义务		
5	按规定编制合同段施工专项应急预案和现场处置方案，建立应急救援组织机构(队伍)或者指定工程现场兼职的、具有一定专业能力的应急救援人员	附施工专项应急预案、现场处置方案和成立专(兼)职应急救援组织机构(队伍)文件	符合：按规定编制专项应急预案和现场处置方案，各项应急管理要素齐全、应急程序合理、应急资源充足、应急指挥机制完备；成立专(兼)职应急救援组织机构(队伍)。 不符合：未按规定编制专项应急预案和现场处置方案；未成立专(兼)职应急救援组织机构(队伍)		
6	施工单位应当依法参加工伤保险，为从业人员交纳保险费。施工单位依法投保安全生产责任险	附相关保单复印件	符合：企业相对固定的职工按用人单位参加工伤保险，短期雇用的农民工按项目参加工伤保险。施工单位依法投保安全生产责任险。 不符合：投保范围未覆盖全部从业人员，特别是新入场或转场的农民工没有工伤保险。未投保安全生产责任险		
7	办公、生活区与作业区选址和设置应当符合安全性要求，并按规定组织了验收	附验收资料	符合：办公、生活区与作业区选址和设置符合安全性要求，并按规定组织了验收。 不符合：办公、生活区与作业区选址和设置不符合安全性要求，未按规定组织验收		

监理单位(盖章)：　　　　核查人(签名)：　　　　核查日期：　　　　年　月　日

说明：本表由监理单位负责核查，核查完成后报建设单位确认，按要求附相关资料。

JL-AQ-08-02

表1.1.3　大中型公路水运工程危险性较大的分部分项工程施工前安全生产条件核查表

施工合同段：　　　　　　　　危险性较大的分部分项工程名称：

序号	安全生产条件核查内容	需附资料	评判标准	核查结论（符合、不符合）	存在问题说明（可另附页）
1	按规定编制专项施工方案，附具安全验算结果，经施工单位技术负责人、监理工程师签字后实施；超过一定规模的危险性较大分部分项工程，还应组织专家论证	专项施工方案，施工单位技术负责人、监理工程师审查意见和专家论证、审查意见	符合：按规定编制专项施工方案、附具安全验算结果，按程序履行签字确认手续；超过一定规模的危险性较大工程专项施工方案组织专家论证。 不符合：未按规定编制专项施工方案，或超过一定规模的危险性较大工程未编制专项施工方案，或未组织专家论证		
2	涉及本分部分项工程施工的特种设备操作人员和特种作业人员应取得相应作业资格	特种设备操作人员和特种作业人员资格证书复印件、身份证复印件	符合：特种设备操作人员和特种作业人员资格证书真实有效、符合作业要求，人数满足作业要求，人员已实际到岗就位。 不符合：特种设备操作人员和特种作业人员资格证书无效，不符合作业要求，人数不满足作业要求，人员未实际到岗就位		
3	施工单位按规定对本分部分项工程施工人员进行安全教育培训、技术交底和风险告知等	教育培训档案、技术交底记录和风险告知书	符合：按规定对从业人员进行安全教育培训且考核合格，培训内容符合岗位从业要求，培训学时符合相关规定；分工种、工序组织安全技术交底；针对不同工种进行针对性的风险告知。 不符合：施工单位按规定对从业人员进行安全教育培训但仍存在未经教育培训考核上岗从业情形，或未组织安全生产教育培训，未组织安全技术交底，未进行风险告知或者风险告知没有针对性		

续上表

序号	安全生产条件核查内容	需附资料	评判标准	核查结论（符合、不符合）	存在问题说明（可另附页）
4	涉及本分部分项工程施工的特种设备应取得使用登记证书并建立了技术档案；自行设计、组装或者改装的施工挂（吊）篮、移动模架等设施应进行验收	附特种设备使用登记证复印件和技术档案，自行设计、组装或者改装的施工挂（吊）篮、移动模架等设施的设计及验收材料	符合：特种设备取得使用登记证书并建立详细的技术档案；自行设计、组装或者改装的施工挂（吊）篮、移动模架等设施通过了专项验收。 不符合：特种设备未取得使用登记证书；自行设计、组装或者改装的施工挂（吊）篮、移动模架等设施未按规定组织专项验收，或专项验收未通过，或验收手续不全，或无验收记录		
5	施工现场按要求设置必要的作业平台、安全防护设施	附作业平台、安全防护设施相关设计图纸和现场实物照片	符合：按要求设置作业平台、安全防护设施，且牢固可靠。 不符合：未按要求设置作业平台、安全防护设施，或设置简易、不牢固		
6	施工现场应当配备必要的应急救援器材、设备和物资	附应急物资、设备、器材等清单和实物照片	符合：配备必要的救援器材、设备和物资。 不符合：未配备必要的急救援器材、设备和物资		
7	施工单位应当为本分部分项工程施工人员购买意外伤害险	附相关保单复印件	符合：本分部分项工程的作业岗位有意外伤害险或安全生产责任险。 不符合：本分部分项工程的作业岗位没有意外伤害险或安全生产责任险		
8	按规定办理跨线施工、交通管制及水上水下作业等相关手续	附相关手续材料	符合：按规定办理相关手续。 不符合：未按规定办理各项手续		

施工（监理）单位（盖章）：　　　　核查人（签名）：　　　　核查日期：　　年　月　日

说明：1.本表由施工单位自查，自查结果报监理单位。监理单位负责核查，核查结果报建设单位确认。在前序的危险性较大的分部分项工程中的某项安全生产条件核查结论为“符合”的情况下，后序的危险性较大的分部分项工程中相同项别的安全生产条件无实质变化的，可不重复报验。

2.危险性较大的分部分项工程范围划分可按照《公路工程施工安全技术规范》（JTG F90—2015）、《水运工程施工安全防护技术规范》（JTS 205—1—2008）。

3.参照住房和城乡建设部《危险性较大的分部分项工程安全管理规定》等文件，结合工程实际予以明确。

JL-AQ-08-03

表1.2 大中型公路水运工程平安工地建设施工单位基础管理考核评价表(满分150分)

施工合同段：　　　　　　　　　　施工单位名称：

序号	类别	考核项目	考核内容及评价标准	责任部门	考核评价方法	扣分标准	扣分说明	得分
1	安全管理目标策划（8分）	1.1 方针目标（4分）	*制定项目安全生产方针、目标和不低于合同约定的安全控制指标	安全部门	查阅文件	*未制定项目安全生产方针、目标，扣4分。 制定的安全生产控制指标低于合同约定的安全控制指标，扣2分。制定的项目安全生产方针、目标不具体，未以文件形式正式发布，视情节扣1~2分		
		1.2 策划设计（2分）	制定平安工地建设方案，明确建设目标、工作要求	安全部门	查阅文件	未制定平安工地建设方案，扣2分。 平安工地建设方案可操作性不强，视情节扣1~2分		
		1.3 目标考核（2分）	制定安全生产目标考核与奖惩办法。 定期考核年度安全生产目标完成情况，并兑现奖惩	安全部门	查阅资料	未制定安全生产目标考核和奖惩办法，扣2分。 安全生产目标考核与奖惩办法内容不全面、不具体，扣1分。未定期考核安全生产目标完成情况，或考核不连续，扣0.5分。未对照考核结果兑现奖惩，扣0.5分		

续上表

序号	类别	考核项目	考核内容及评价标准	责任部门	考核评价方法	扣分标准	扣分说明	得分
2	安全生产管理制度（8分）	2.1 建立制度体系（6分）	*建立安全生产管理制度体系。应包含全员安全生产责任制及考核奖惩、网格化管理、安全会议、安全教育培训及技术交底、特种作业人员、安全费用管理、安全风险分级管控、安全隐患排查治理、危险作业环节领导带班、事故报告、应急管理、劳动防护用品管理、职业健康、分包管理、设备安全管理、消防安全管理、临时用电管理等制度。制度应符合国家、行业现行的法律法规和规章制度的要求，并落实到位	安全部门	查阅文件	*未建立健全安全生产管理制度体系的，每缺一项扣1分。 制度不符合国家、行业现行的法律法规和规章制度的要求，视情节扣0.5~1分。 制度落实执行不到位，视情节扣1~2分		
		2.2 安全会议（2分）	定期召开安全生产会议，总结上一阶段安全管理工作，部署落实下一阶段安全管理工作。 安全会议资料清晰完善、真实可查	安全部门	查阅资料	未定期召开安全生产会议，如月度安全会议、专题会议、周例会等，视情节扣0.5~1分。无安全会议资料或者资料真实性、完整性存疑，视情节扣0.5~1分		
3	安全管理机构和人员（14分）	3.1 安全组织机构（4分）	成立安全生产领导小组，设置专职安全管理机构	项目领导层	查阅文件	未成立安全生产领导小组，扣2分。 未设置专职安全管理机构，扣2分		
		3.2 安全管理人员（3分）	*主要负责人和安全生产管理人员经交通运输主管部门对其安全生产知识和管理能力考核合格，持证上岗。安全生产管理人员工作记录完善	安全部门	查阅资料	*未按要求足额配备专职安全生产管理人员，发现少一人扣1分。 *安全生产管理人员未持有效证书，或证书与对应岗位人员身份不相符，发现一例扣0.5分。安全生产管理人员无工作记录或记录不连续或记录流水账、无实质内容，发现一次扣0.5分		

续上表

序号	类别	考核项目	考核内容及评价标准	责任部门	考核评价方法	扣分标准	扣分说明	得分
3	安全管理机构和人员（14分）	3.3 特殊作业人员（3分）	*特殊作业人员（包括特种作业人员、特种设备作业人员、爆破相关人员等）持有效资格证书上岗	安全部门、合同部门	查阅资料、现场核查	*每发现一例特殊作业人员未持有效资格证书，扣1分。 持证人未到岗，发现一例扣0.5分		
		3.4 从业人员劳动保护（4分）	全员劳动用工登记，签订劳动合同。对特殊环境作业人员按规定进行体检。为作业人员配备合格的劳动防护用品	安全部门、合同部门	查阅资料、现场核查	未与从业人员签订劳动合同，发现一人次扣0.5分。未按规定对特殊环境作业人员进行体检，发现一人次扣0.5分。无劳动保护用品发放记录或记录不真实，视情节扣0.5~1分		
4	安全生产责任（10分）	4.1 全员责任制（3分）	*项目部应当建立全员安全生产责任制，并明确各岗位的责任人员、责任范围和考核标准等内容	安全部门	查阅文件	*未建立安全生产责任制，或未覆盖全员，扣2分。未明确各岗位的责任人员名单、责任范围和考核标准，视情节扣1~2分		
		4.2 责任签认（4分）	项目部、各部门、班组及作业人员层层签订责任书	项目各部门	查阅文件	未进行全员安全责任签认，每缺一人扣0.5分		
		4.3 责任考核（3分）	落实安全生产责任制并进行检查、考核	安全部门、项目各部门	查阅资料	未组织安全生产责任考核，扣3分。安全责任考核未覆盖全员、考核内容不全、考核周期不连续、考核结果未应用、无兑现奖惩，视情节扣1~2分		
5	安全风险管控（20分）	5.1 风险评估（6分）	*按规定开展施工安全风险辨识和风险评估。根据评估结论编制施工安全风险清单	安全部门	查阅资料	未按规定开展施工安全风险评估，扣2分。未按规定开展施工安全风险辨识，扣2分。未编制施工安全风险清单，扣2分		

续上表

序号	类别	考核项目	考核内容及评价标准	责任部门	考核评价方法	扣分标准	扣分说明	得分
5	安全风险管控（20分）	5.2 风险管控（14分）	*编制重大风险基础信息清单、责任分工清单、防控措施清单、监测监控清单和应急处置清单。 *按照风险分级管控要求，制定风险管控措施，对重大风险制定安全管控方案。 *各类风险按规定告知作业人员。 *对风险较高区域设置隔离区或警戒区，设置安全风险标识以及风险告知牌，严格进出管控。 *重大风险按规定向属地直接监管的安全监督管理部门进行报备。明确特殊时间、危险作业环节项目负责人带班制度。 建立重大风险动态监控机制，按规定进行监测、评估、预警，及时掌握风险的状态和变化趋势。 对重大风险进行监测、检查，建立风险动态监控台账	安全部门、工程技术部门	查阅资料	*每缺少一个清单扣1分。 *未制定重大风险安全管控方案，扣2分。安全管控方案中未明确责任人或预控措施针对性不强，视情节扣1~2分。 *重大风险、危险因素、防范措施以及应急避险措施，未按规定告知作业人员，发现一次扣0.5分。未按规定设置隔离区或警戒区，未设置安全风险标识以及风险告知牌，发现一次扣1分。风险较高区域未严格管控人员进出，发现一次扣0.5分。 *未按规定报备重大风险的，扣2分；报备时间延误导致重大风险演变为重大事故隐患的，扣4分。未制定危险作业环节项目负责人带班制度，扣2分。未执行带班制度，或制度执行不严格、记录不连续，视情节扣1~2分。未建立重大风险动态监控机制，扣1分。未开展重大风险动态监测、预警和控制的，扣1分。未建立重大风险动态监测台账的，扣1分		

续上表

序号	类别	考核项目	考核内容及评价标准	责任部门	考核评价方法	扣分标准	扣分说明	得分
6	隐患排查治理（20分）	6.1 隐患排查（10分）	*定期开展安全检查，项目部每月至少开展一次安全综合检查，每周开展专项安全检查，安全管理人员每日安全巡查。开(复)工、季节交替、恶劣天气和节假日应组织安全检查。 *建立隐患清单或台账。隐患排查治理情况应当如实记录，并向从业人员通报。企业安全管理部门应定期对项目安全生产情况开展检查	安全部门、企业安全管理部门	查阅资料	*未定期开展安全检查，或安全检查不连续，或检查发现的问题未及时整改，或问题整改不闭合，视情节扣1~3分。 *未建立隐患清单或台账，或清单、台账不全面、不闭合，视情节扣1~3分。安全检查记录缺失、不连续、不闭合，视情节扣1~2分。未向从业人员通报隐患排查治理情况，扣1分。企业安全管理部门未定期对项目安全生产情况开展检查，扣1分		
		6.2 隐患治理（10分）	事故隐患应当限期整改，做好复查验证，确保闭合。 *重大事故隐患要挂牌整改，及时上报，项目负责人要带班检查	安全部门	查阅资料	事故隐患未及时整改闭合，或隐患反复出现，发现一处视情节扣0.5~1分。重大事故隐患未及时按规定报告，扣2分。 *重大事故隐患未挂牌整改或整改不到位，视情节扣1~3分。 *项目负责人未带班检查，或检查记录不全，视情节扣1~2分		

续上表

序号	类别	考核项目	考核内容及评价标准	责任部门	考核评价方法	扣分标准	扣分说明	得分
7	设备、设施管理（10分）	7.1 机械设备设施（5分）	建立机械设备分类管理台账。 自有或租赁的施工机械设备、设施、机具及配件，应当具有生产（制造）许可证、产品合格证或者法定检验检测合格证明。施工现场的机械设备、施工机具及配件必须由专人管理，定期进行检查、维修和保养，并按照国家有关规定及时报废。 *大型模板、承重支架及未列入国家特种设备目录的非标设备，应组织专项验收	机料部门、安全部门	查阅资料、现场核查	未建立机械设备分类管理台账，扣2分；台账不全、不连续，视情节扣0.5~1分。设备租赁合同未明确安全责任，或未提供生产（制造）许可证、产品合格证或者法定检验检测合格证明，发现一台扣0.5分。机械设备、施工机具及配件未配备专职管理人员，或无管理档案，或未按规定及时更新的，发现一处视情节扣0.5~1分。 *按规定应当组织专家论证或验收的大型模板、承重支架、非标设备等未组织的，发现一台扣1分		
		7.2 特种设备（5分）	*特种设备安装拆除应由具备资质条件的单位承担，拆装应当编制方案、制定安全施工措施。 特种设备投入使用前经检验合格，按规定办理使用登记。建立特种设备“一机一档”管理档案	机料部门、安全部门	查阅资料、现场核查	*特种设备安装、拆除无方案，或由不具备资质条件的单位承担，发现一台扣1分。特种设备未经检验合格投入使用，每发现一台扣1分。未申请办理使用登记手续的，每发现一台扣0.5分。特种设备“一机一档”管理档案不规范，发现一台扣0.5分		

续上表

序号	类别	考核项目	考核内容及评价标准	责任部门	考核评价方法	扣分标准	扣分说明	得分
8	安全技术管理（18分）	8.1　施工组织设计（5分）	施工组织设计应根据实际情况进行动态优化调整，制定有针对性的安全技术保障措施，并经施工企业技术负责人审核、签认，企业内部审批手续齐全	工程技术部门、企业相关部门、企业技术负责人	查阅资料	施工组织设计未进行动态优化调整，或安全技术保障措施不全、针对性不强、操作性不足，发现一项视情节扣1~3分。 施工企业内部审批手续不完善，或未根据企业审核意见及时更新施工组织设计，或企业审查意见不详细，发现一项视情节扣1~2分		
		8.2　专项施工方案（5分）	*对评估达到重大风险的工程和危险性较大分部分项工程，应编制专项施工方案，审核、审批程序履行到位。超过一定规模的危险性较大分部分项工程专项施工方案应组织专家论证，并附专家论证审查意见和意见采纳情况。因施工工艺、周边环境发生重大变化，需要调整专项施工方案的，应当按照原程序办理相关手续	工程技术部门、安全部门、企业相关部门	查阅资料、现场核查	*专项施工方案不齐全，或内容不完善，或针对性不强，发现一项视情节扣1~2分。 超过一定规模的危险性较大分部分项工程专项施工方案不按规定组织专家论证的，发现一项扣1分。未按规定程序擅自变更专项施工方案的，发现一项扣1分		

续上表

序号	类别	考核项目	考核内容及评价标准	责任部门	考核评价方法	扣分标准	扣分说明	得分
8	安全技术管理（18分）	8.3 安全技术交底（5分）	安全技术交底由项目部技术负责人负责组织实施，实行逐级交底，并由双方签字确认。安全技术交底应涵盖工程概况、施工方法、施工程序、安全技术措施等内容。建立安全技术交底台账	工程技术部门、安全部门	查阅资料、现场核查	未开展安全技术交底，发现一项扣1分。 安全技术交底人不是工程技术人员，发现一项扣0.5分。 安全技术交底资料不全，或未按岗位层级设置交底内容，或内容缺乏针对性，发现一项视情节扣0.5~1分。安全技术交底台账未建立或记录不真实，视情节扣0.5~1分		
		8.4 临时用电方案（3分）	按规定制定临时用电方案。 标注临时用电平面布置图，附施工现场用电负荷计算资料。 施工现场临时用电的巡视、维修、保养记录完整	工程技术部门、安全部门	查阅资料、现场核查	未按规定制定临时用电方案，扣1分，由非电气工程师编制方案或未按规定履行审批手续的，视情节扣0.5~1分。临时用电方案中的用电设备清单、负荷计算、用电工程图纸等不完整，发现一处视情节扣0.5~1分。 未标注用电平面布置图，扣0.5分。 无电工巡视维修保养记录或记录不连续，视情节扣0.5~1分		

续上表

序号	类别	考核项目	考核内容及评价标准	责任部门	考核评价方法	扣分标准	扣分说明	得分
9	安全教育培训（15分）	9.1　进场教育（5分）	制定年度安全教育培训计划并实施。对从业人员进行安全生产教育和培训，考核合格后方可上岗。建立班组实名登记台账。新职工上岗前必须进行三级安全教育，从业人员不少于24学时，主要负责人和安全管理人员不少于32学时。转岗、复岗人员应重新接受教育	安全部门	查阅资料、现场核查	未建立年度教育培训计划，扣2分。未按计划对相关人员进行教育培训，或未组织教育培训考核，或未建立班组实名登记台账的，或登记台账不齐全的，视情节扣1~2分。培训时间、内容，参加培训人员记录不清晰，发现一次扣1分。安全教育培训学时不足，发现一人扣0.5分。转岗、复岗人员未重新接受教育，发现一人扣0.5分。未开展经常性教育和警示教育，扣2分。未开展班前教育或者记录不真实，视情节扣1~2分。采用新工艺、新技术前或使用新设备、新材料前，未对从业人员进行专门的安全生产培训，扣2分		
		9.2　日常教育（5分）	结合季节特点、施工特点、安全形势等开展经常性教育和警示教育。开展班前教育，做好记录	安全部门				
		9.3　“四新”培训（5分）	采用新工艺、新技术前或使用新设备、新材料前，应对从业人员进行专门的安全生产培训	工程技术部门、安全部门				
10	应急管理（10分）	10.1　应急预案（4分）	安全风险、应急资源等发生重大变化时，应按规定及时修订专项应急预案及现场处置方案	安全部门	查阅文件、查阅资料	应急预案应急管理要素不全、操作性不强，视情节扣0.5~1分。未按规定及时修订专项应急预案及现场处置方案，发现一项扣1分		

续上表

序号	类别	考核项目	考核内容及评价标准	责任部门	考核评价方法	扣分标准	扣分说明	得分
10	应急管理（10分）	10.2　应急保障（4分）	建立应急管理组织，配备兼职的应急队伍。建立应急救援的器材、设备、物资清单，应急物资不得随意使用。建立消防设施和灭火器材等消防器材设备清单，定期检查维护	安全部门、项目各部门	查阅文件、查阅资料、现场核查	未按规定配置兼职的应急管理人员，扣0.5分。应急救援器材、设备、物资配备不足或台账不清晰，视情节扣0.5~1分。应急救援器材、设备、物资未实施单独管理，与日常物资混用，扣0.5分。应急救援器材、设备、物资清单与现场应急救援物资不对应，发现一项扣0.5分。 未对应急物资进行定期检查，扣0.5分。未建立消防设备和灭火器材等清单，扣0.5分；无定期检查、维护、更新台账，视情节扣0.5~1分		
		10.3　应急演练（2分）	有针对性地开展应急培训。制订演练计划，按照规定频率开展应急演练，并及时总结评估	安全部门、项目各部门	查阅资料	未开展应急培训及预案演练，扣1分。 应急演练后未总结评估，扣1分		
11	安全生产费用（8分）	11.1　安全生产费用计划（3分）	根据施工计划编制年度、月度安全生产费用使用计划	安全部门、财务部门	查阅资料	未制定安全生产费用使用计划，扣2分。年度、月度安全生产费用使用计划与施工计划不相符，扣0.5分。明确安全生产费用使用范围，视情节扣0.5~1分		
		11.2　安全生产费用使用（5分）	按规定使用安全生产费用，建立使用台账	安全部门、财务部门	查阅资料	未按规定使用的，发现一项扣1分。未建立安全生产费用使用台账，或台账所附证明不齐全、不真实，发现一项视情节扣0.5~1分		

续上表

序号	类别	考核项目	考核内容及评价标准	责任部门	考核评价方法	扣分标准	扣分说明	得分
12	专项活动（9分）	12.1　行业主管部门安全生产专项工作落实情况（4分）	*严格落实行业主管部门布置的安全生产专项工作。制定具体的落实方案或行动计划。 严格按方案或计划执行	安全部门	查阅文件、查阅资料	*未按要求制定安全生产专项工作方案或行动计划，发现一项扣1分。安全生产专项工作落实不到位，或应付了事、走过场，发现一项视情节扣1~2分		
		12.2　考核评价（5分）	*按照平安工地建设考核评价标准，定期开展自我评价。 评价资料真实、准确	安全部门	查阅文件、查阅资料	*未按规定开展平安工地自我评价的，扣2分。 自我评价走过场或不及时的，评价资料欠真实、不准确，或未根据评价情况进行自我纠正的，视情节扣1~2分。平安工地自我评价结果未按要求及时上报监理单位审核的，扣1分		

考核评价(或监督抽查)单位(盖章)：　　　　评价(或抽查)人(签名)：　　　　实施日期：　　　　年　月　日

说明：本表用于施工单位每季度自我评价、监理单位季度复核，建设单位每半年考核评价，以及交通运输主管部门监督抽查等，谁组织考核评价、谁负责盖章签认。本表第1类安全管理目标策划、第2类安全生产管理制度等，在项目开工后第一次考核评价中已考核，后续如无变化，再考核时可沿用第一次考核评价结果，但需注明。

JL-AQ-08-04

表1.3.1　大中型公路水运工程平安工地建设施工单位施工现场(通用部分)考核评价表(满分150分)

施工合同段:　　　　　　　　　　　　　　　　施工单位名称:

序号	类别	考核项目	考核内容及评价标准	责任部门	考核评价方法	扣分标准	扣分说明	得分
1	施工现场布设(49分)	1.1　办公、生活、生产区域(8分)	*办公、生活区严禁设置在危险区域。距离集中爆破区应不小于500m。 *生活区严禁存放易燃易爆等危险品。 *装配式房屋应有材料合格证或验收证明,满足安全使用要求。 生产、生活区分别设置并封闭管理,设置满足紧急疏散要求的通道	安全部门、工程技术部门	查看现场、核查资料	*办公、生活区设置在危险区域,扣2分。 *生活区内存放易燃易爆危险品,发现一处扣1分。 *装配式房屋不满足安全使用要求的,发现一处扣1分。 办公、生活、生产区未分开设置、布局不合理,或有条件封闭的未封闭管理,未安排专人值班,发现一处扣1分。办公、生活、生产区布置不满足防火防爆要求,发现一处扣1分		

续上表

序号	类别	考核项目	考核内容及评价标准	责任部门	考核评价方法	扣分标准	扣分说明	得分
1	施工现场布设（49分）	1.2 拌和站（8分）	*拌和站应进行专项设计与验算，明确安全验收标准，并应编制安装、使用、维护和拆除的作业方案。 *拌和站实行封闭管理。 *拌和设备、罐体、料棚等应设置防倾覆措施。 *罐体等高耸建筑按规定设置防雷接地设施。拌和主机人孔门设置连锁开关。LNG气站应经过专项设计，由有资质的单位和人员负责管理，安全设施齐全有效，站内设置事故切断系统，用电设备满足防爆要求，现场配备防静电装置	机料部门、安全部门、工程技术部门	查看现场、核查资料	*拌和站未进行专项设计与验算，扣1分。 *拌和站未编制安装、使用、维护和拆除的作业方案，扣1分。 *拌和站未封闭管理，扣1分。 *拌和设备、罐体、料棚等未设置防倾覆设施，发现一处扣0.5分；应设而未设置防雷设施的，发现一处扣0.5分。拌和主机人孔门未设置连锁开关，扣1分。LNG气站未进行专项设计，扣1分。负责管理LNG气站的单位和人员没有相应资质，扣1分。LNG气站安全设施失效或不齐全，视情节扣1~2分		
		1.3 预制场（5分）	*预制场应进行专项设计与验算，明确安全验收标准，并应编制安装、使用、维护和拆除的作业方案。 *构件存放场地基应进行处理，排水顺畅，满足存放要求。 *大型构件存放层数和间距符合规范要求，并采取有效防倾覆措施。 *张拉作业应设置警戒区，并有安全防护措施	安全部门、工程技术部门	查看现场、核查资料	*预制场未进行专项设计与验算，扣1分。 *预制场未编制安装、使用、维护和拆除的作业方案，扣1分。 *存梁场排水不畅，扣0.5分。 *梁板堆放层数不符合规范要求、无防倾覆措施，发现一处扣0.5分。 *张拉作业没有设警戒区或者没有安全防护措施，发现一处扣0.5分		

续上表

序号	类别	考核项目	考核内容及评价标准	责任部门	考核评价方法	扣分标准	扣分说明	得分
1	施工现场布设（49分）	1.4 钢筋加工场（5分）	*钢筋加工场应进行专项设计与验算，明确安全验收标准，并应编制安装、使用、维护和拆除的作业方案。 *钢筋加工场实行封闭管理。 *钢筋加工场应设置加工区与材料存放区。材料存放应按照成品、半成品、原材料进行区分	安全部门、工程技术部门	查看现场、核查资料	*钢筋加工场未进行专项设计与验算，扣2分。 *钢筋加工场未编制安装、使用、维护和拆除的作业方案，扣1分。 *钢筋加工场未实行封闭管理，扣1分。 *钢筋加工场未分区管理，现场管理混乱，视情节扣0.5~1分		
		1.5 临时用电（7分）	*施工现场临时用电应采用“TN-S接零保护系统”，按“三级配电，二级漏电保护”设置。 *每台用电设备必须设独立的隔离开关及短路、过载、漏电保护器；配电箱、开关箱电源进线端严禁用插头或插座做活动连接。电缆应采用架空或埋地敷设。水上或潮湿地带电缆线必须绝缘良好并具有防水功能，电缆线接头必须经防水处理。禁止临时电缆线布设在船舶进出航道、抛锚区和锚缆摆动区。工程使用的电线电缆入场前应当按规定抽样检测，无检测合格报告的不得使用。施工现场临时用电的巡视、维修、保养记录完整	安全部门、工程技术部门	查看现场	*未采用“TN-S接零保护系统”，未按“三级配电，二级漏电保护”设置的，发现一处扣0.5分。 *用电设备未设独立开关箱的，发现一台扣0.5分。 *开关箱未设短路、过载、漏电保护器的，发现一处扣0.5分。 *配电箱、开关箱电源进线端用插头或插座做活动连接的，发现一处扣0.5分。电缆线布设不规范的，发现一处扣0.5分。需经防水处理的电缆未做防水处理的，发现一处扣0.5分。工程使用的电线电缆入场前未按规定开展抽样检测，或无检测合格报告的，发现一次扣0.5分。施工现场临时用电的巡视、维修、保养记录缺失或者不完整，发现一处扣0.5分		

续上表

序号	类别	考核项目	考核内容及评价标准	责任部门	考核评价方法	扣分标准	扣分说明	得分
1	施工现场布设（49分）	1.6 消防安全（5分）	*施工生产、生活、办公区域消防设施、消防通道和安全距离符合消防安全要求。明确消防责任人,悬挂责任铭牌,定期对消防器材进行检查	安全部门、工程技术部门	查看现场	*施工生产、生活、办公区域的消防设施配备不足,或配备不正确,或维护、更新不及时,发现一处扣0.5分。消防通道不满足要求,扣1分。未明确消防责任人,未悬挂消防责任铭牌,扣1分。未定期对消防器材进行检查,扣1分		
		1.7 施工便道便桥（6分）	*便桥应进行专项设计,并组织验收,按设计荷载使用。跨航道便桥应设置防撞设施和警示标志。便道在急弯、陡坡、连续转弯等危险路段应硬化,临水临崖侧应设置防撞设施	安全部门、工程技术部门	查看现场、核查资料	*便桥未开展专项设计或未经验收即投入使用,扣1分。 *便桥超限超载使用的,发现一处扣1分。 *跨航道便桥缺少防撞设施和警示标志的,发现一处扣0.5分。便道应当硬化未硬化、临水临崖侧未设置防撞设施的,发现一处视情节扣0.5~1分		
		1.8 临时码头与栈桥（5分）	*临时码头与栈桥应进行专项设计,并组织验收。 *应配备相应的安全防护及救生设施。 *栈桥和临时码头应设专人管理,非施工车辆、人员及船舶不得进入或靠泊。开展码头或栈桥的沉降位移观测,及时检查、维护。栈桥应设置满足施工安全要求的照明设施。 *栈桥应设置独立的船舶停泊系缆装置,严禁直接系挂在栈桥上	安全部门、工程技术部门	查看现场、核查资料	*临时码头及栈桥未开展专项设计,或未组织验收即投入使用的,或未按设计荷载使用,扣1分。 *未配备安全防护及救生设备的,发现一处扣0.5分。 *未进行专人管理,扣1分。未对码头、栈桥开展观测、检查和维修,或相关工作不规范、不连续的,视情节扣0.5~1分。栈桥未按规定设置照明设施的,视情节扣0.5~1分。 *栈桥未设置独立的船舶停泊系缆装置的,扣1分		

续上表

序号	类别	考核项目	考核内容及评价标准	责任部门	考核评价方法	扣分标准	扣分说明	得分
2	安全防护（31分）	2.1 防护设施设置（13分）	施工现场应按规定设置封闭围挡。 *高处、临边、临水作业及孔洞应设置防护栏杆及安全网。 *下方有人员通行或作业的，应设置踢脚板或安全通道等。 *跨越既有公路、铁路施工时，应设置防护棚架、防抛网、桥梁防撞设施等安全设施。棚架应进行专项设计	安全部门、工程技术部门	查看现场、核查资料	施工现场未设置封闭围挡，发现一处扣0.5分。 *未按规定设置防护栏杆、安全网或其他安全防护设施的，发现一处扣0.5分。 *防护设施设置不规范，安全通道未搭设或搭设不规范，发现一处扣0.5分。 *跨越既有公路施工时，未搭设防护棚架或搭设不规范的，视情节扣1~2分。 *棚架应进行专项设计而未设计的，扣2分		
		2.2 安全警示标志、标牌（10分）	*施工现场应在明显位置设置“五牌一图”。 *施工工点应设置“网格化监管责任牌”。 *重大风险、重大事故隐患应在现场设置公示牌。 *施工现场与危险作业区域设置安全警示标志、标牌。 *施工便道与既有道路平面交叉处设置道口警示标志。 便桥应设置限宽、限速、限载标志。施工机械、设备按要求设置安全操作规程牌	安全部门、工程技术部门	查看现场	*施工现场未设置“五牌一图”，或未公示重大风险、重大事故隐患的，发现一处扣0.5分。 *未按规定设置文明施工、安全警示标志、标牌及操作规程牌的，发现一处扣0.5分。 *施工便道与既有道路平面交叉处未设置道口警示标志，发现一处扣0.5分。 便桥未设限宽、限速、限载标志，发现一处扣0.5分。施工机械、设备未按要求设置安全操作规程牌，发现一处扣0.5分		
		2.3 个体防护（8分）	*进入施工现场的人员及作业人员应按规定正确使用防护用品。防护用品质量应合格	安全部门、机料部门	查看现场	*未按照规定使用个体防护用品，发现一人次扣0.5分。 使用假冒伪劣的防护用品，或使用超过使用合格期的防护用品，发现一人次扣0.5分		

续上表

序号	类别	考核项目	考核内容及评价标准	责任部门	考核评价方法	扣分标准	扣分说明	得分
3	施工作业（70分）	3.1 高处作业（10分）	*墩柱及盖(系)梁施工、跨越式支架搭设、围堰拼装、设备安装等高处作业施工按要求设置作业平台，作业平台按规定进行设计验算。作业平台脚手板应铺满且固定牢固。 *高处作业必须设置人员上下专用通道，基础应牢固。 *作业平台脚手板应铺满且固定牢固。 40m以上宜安装附着式电梯	工程技术部门、安全部门	查看现场	*高处作业未按要求设置作业平台或设置简易，发现一处扣1分。 *大型高处作业平台未按规定进行设计验算，扣2分。高处作业未按要求设置人员上下专用通道，发现一处扣1分。 *高处作业平台脚手板未铺满或搭设不牢固，发现一处扣1分		
		3.2 支架脚手架（10分）	*施工现场搭设和拆除支架、脚手架应满足方案要求。 *拆除作业应设置警戒区。夜间不得进行支架脚手架的拆除作业。 *支架和脚手架基础牢固，排水设施完善。 *搭设支架和脚手架的材料应有产品性能检验报告、产品质量合格证，并按规定进行抽样检验。 *搭设高度大于10m的脚手架应设置缆风绳或固定措施。 *承重支架搭设应制定专项施工方案，并对地基基础进行承载力验算，按规定进行预压、验收，验收通过后应挂牌公示及告知	工程技术部门、安全部门、机料部门	查看现场、核查资料	*未按方案搭设和拆除支架脚手架，视情节扣1~2分。 *拆除作业未设置警戒区的，扣1分。 *夜间组织拆除支架脚手架的，发现一次扣1分。 *支架脚手架基础处理不符合要求或者缺少验收资料，扣1分；排水设施不完善，扣0.5分。 *支架和脚手架的材料无产品性能检验报告、产品质量合格证，或抽检质量不合格，每发现一处，扣1分。 *承重支架搭设未制定专项施工方案，扣2分。搭设完未组织验收，发现一处扣1分。未挂牌公示和公告，发现一处扣0.5分。 *承重支架使用前未进行预压，或预压不符合要求，发现一处扣0.5分。 未按要求设置缆风绳或固定措施，发现一处扣0.5分		

续上表

序号	类别	考核项目	考核内容及评价标准	责任部门	考核评价方法	扣分标准	扣分说明	得分
3	施工作业（70分）	3.3 模板工程（8分）	模板制作、安装、使用、拆除满足方案要求。大型模板使用前应组织验收。 *大型模板搭设和拆除应有专项施工方案，并按规定设置工作平台和爬梯。 *模板吊环不得采用螺纹钢筋	安全部门、工程技术部门、机料部门	查看现场、核查资料	模板制作、安装、使用、拆除等不符合方案要求，发现一处扣0.5分。大型模板验收程序不规范、验收记录不完善，视情节扣1~2分。 *大型模板搭设、拆除未制定专项施工方案，或方案未经审批，或方案内容有缺项、操作性不强，视情节扣1~2分。大型模板安装和拆除未按规定设置工作平台和爬梯，发现一处扣1分。 *模板吊环采用螺纹钢筋的，发现一处扣1分		
		3.4 焊接切割作业（6分）	*焊接与热切割作业人员应持证上岗，并正确佩戴、使用专用劳动防护用品。 *密闭空间内实施焊接及切割，应采取相应的通风、绝缘、照明装置和应急救援装备，并由专人现场监护，气瓶及焊接电源应置于密闭空间外。 不宜使用交流电焊机。使用交流电焊机时，除应在开关箱内装设一次侧漏电保护器外，尚应安装二次侧空载降压触电保护器。气割作业氧气瓶与可燃气瓶之间的距离不得小于5m。气瓶安全附件（如压力表、防回火阀等）有效	安全部门、工程技术部门	查看现场、核查资料	*焊接与热切割作业人员未持证上岗，或未佩戴、使用专用劳动保护用品，发现一人次扣0.5分。 *密闭空间焊接，未实施通风、绝缘、照明等措施，或无应急装备、无专人监护等，发现一处扣1分。 使用交流电焊机时，未安装二次侧空载降压触电保护器，发现一台扣0.5分。 氧气瓶、乙炔瓶等作业的安全距离不足，发现一处扣0.5分。气瓶安全附件失效，发现一处扣0.5分		

续上表

序号	类别	考核项目	考核内容及评价标准	责任部门	考核评价方法	扣分标准	扣分说明	得分
3	施工作业（70分）	3.5　机械设备作业（12分）	大型机械设备作业场地地基承载力及平整度满足作业要求。 *门式起重机应设置夹轨器、尾端止挡、行程限位器等。 *塔式起重机基础和架体附着装置牢固，轨道式起重机限位及保险装置有效。 *垂直升降设备基础满足要求，架体附着装置牢固，不超载运行。 *缆索式起重机、跨缆式起重机、桥面起重机锚固可靠，经过检测检验或型式试验合格。 *起重设备安全保险装置、钢丝绳、滑轮、吊索、卡环、地锚等应安全可靠。检验合格铭牌悬挂于明显位置。 *吊装作业应设置警戒区，警戒区不得小于起吊物坠落影响范围。吊装作业现场应当配备专门人员现场管理。高空调转梁等大型构件应在构件两端设溜绳。吊装大、重、新结构构件和采用新的吊装工艺应先进行试吊。起重机严禁吊人。高耸起重设备按照规定设置避雷设施	机料部门、安全部门、工程技术部门	查看现场、核查资料	大型机械设备作业场地地基承载力及平整度不满足作业要求，扣1分。 *门式起重机未设置夹轨器、尾端止挡、行程限位器等，发现一处扣0.5分。 *垂直升降设备、塔式起重机基础及附着装置不稳定牢固，发现一处扣1分。 *缆索式起重机、跨缆式起重机、桥面起重机未经检测检验或型式试验合格便投入使用的，发现一处扣1分。轨道式起重机无有效限位及保险装置，电缆拖地行走，发现一次扣0.5分。 *起重设备安全保险装置、钢丝绳、滑轮、吊索、卡环、地锚等损坏或不规范的，发现一处扣1分。铭牌未按要求悬挂，发现一处扣0.5分。 *吊装作业未设置警戒区的，未配备专门人员现场管理，发现一处扣0.5分。特种设备未报验即投入使用，扣2分。大、重、新构件吊装未试吊，或吊装大、重构件未在构件上设溜绳，发现一处扣1分。起重机违规吊人，发现一处扣2分。高耸起重设备未设置避雷设施，发现一台扣1分		

续上表

序号	类别	考核项目	考核内容及评价标准	责任部门	考核评价方法	扣分标准	扣分说明	得分
3	施工作业（70分）	3.6 爆破作业（8分）	*从事爆破工作的爆破员、安全员、保管员应持证上岗。 *按规定办理爆破许可证。爆破作业应严格按照审批的爆破设计方案进行施工，对邻近建筑物和邻近管线开展核查及评估。 *爆破作业必须设置警戒区和警戒人员。 炸药库应当远离村庄、驻地等人员聚集区域。 民爆器材设置专人负责，严格执行出库、入库和退库手续管理。 *爆破后应先进行排险后方可进行下步施工	安全部门、工程技术部门	查看现场、核查资料	*从事爆破工作的爆破员、安全员、保管员未持证上岗，发现一人次扣1分。 *未办理爆破许可证即进行爆破作业，扣2分。 *未按爆破设计方案进行作业，扣2分。 *爆破作业未设置警戒区和警戒人员，或警戒时间不足的，或起爆前未按规定检查、起爆后未按规定清查哑炮的，发现一次视情节扣1~2分。 炸药库未远离村庄、驻地等人员聚集区域设置，扣2分。 民爆器材未设置专人负责，未严格执行出库、入库和退库手续管理，发现一次视情节扣1~2分。 *爆破后未先进行排险即进行下步施工，扣2分		
		3.7 基坑工程（8分）	*深基坑施工应编制专项施工方案并经审批通过，严格按方案施工。 *深基坑边坡、支护结构等应进行沉降和位移监测。 基坑边坡的堆载安全间距及安全防护措施应满足要求	工程技术部门、安全部门	查看现场、核查资料	*无专项施工方案或方案未经审批通过即施工，扣2分。 施工方案内容不全、操作性差，视情节扣1~2分。 *基坑开挖和支护与施工方案不符，视情节扣1~2分。 *未进行基坑沉降和位移观测，或观测不规范、不连续，视情节扣1~2分。 基坑边坡堆载安全间距及安全防护措施不满足相关要求，发现一处扣1分		

续上表

序号	类别	考核项目	考核内容及评价标准	责任部门	考核评价方法	扣分标准	扣分说明	得分
3	施工作业（70分）	3.8 拆除工程（8分）	按专项施工方案组织拆除工程施工。 *拆除工程应由相应资质单位实施，施工前办理相关审批手续。 拆除工程可能对相邻建筑物或管线等安全产生危险时，应采取相应保护措施。 *拆除工程施工应采取封闭施工，专人指挥	工程技术部门、安全部门	查看现场、核查资料	未按拆除方案组织施工，扣2分。 *拆除工程未由相应资质单位实施，扣2分。 拆除工程对毗邻建筑物或管线构成危险时未采取保护措施，发现一处扣1分。 *拆除工程施工区域未采取封闭措施，或未安排专人指挥，扣1分。 防尘、防噪声的措施不到位，扣1分		

考核评价(或监督抽查)单位(盖章)：　　　　评价(或抽查)人(签名)：　　　　实施日期：　　年　月　日

说明：本表用于施工单位每季度自我评价，监理单位季度复核，建设单位每半年考核评价，以及交通运输主管部门监督抽查等，谁组织实施、谁负责盖章签认。

JL-AQ-08-05

表1.3.2　大中型公路水运工程平安工地建设施工单位施工现场(公路部分)考核评价表(满分150分)

施工合同段：　　　　　　　　　　施工单位名称：

序号	类别	考核项目	考核内容及评价标准	责任部门	考核评价方法	扣分标准	扣分说明	得分
4	桥梁工程(50分)	4.1　基础(15分)	*桥梁扩大基础、挖孔桩、钻孔桩、沉入桩、沉井和地下连续墙等施工严格按照施工方案实施。 施工区域应设置警戒设施或警示灯。 桩基钢筋笼下放采用专用吊具。 挖孔桩施工应对有害气体进行监测,保持通风;孔内采用安全特低电压照明;起吊设备应装设限位器和防脱钩装置。 挖孔桩孔口应设置防坠落器	工程技术部门、安全部门、机料部门	查看现场、核查资料	*桥梁扩大基础、挖孔桩、钻孔桩、沉入桩、沉井和地下连续墙等施工无方案的扣3分;未严格按施工方案实施,发现一处视情节扣1~2分。在城市、村镇等人口密集区域未设置警戒设施或警示灯,发现一处扣1分。扩大基础、挖孔桩或钻孔桩施工区域,未悬挂设置安全告知牌的,发现一处扣0.5分。 挖孔桩施工未按规定对有害气体进行监测,并保持通风,孔内未采用安全特低电压照明的,发现一处扣1分。起吊设备未安装限位器和防脱钩装置,或拆除了上述装置的,发现一处扣1分。挖孔桩孔口未设置防坠落器的,发现一处扣1分		

续上表

序号	类别	考核项目	考核内容及评价标准	责任部门	考核评价方法	扣分标准	扣分说明	得分
4	桥梁工程（50分）	4.2 下部结构（15分）	*高墩台施工严格按照专项施工方案组织实施。墩身钢筋绑扎高度超过6m应采取临时固定措施。 模板安装必须牢固，模板之间连接螺栓必须全部安装到位。 *钢围堰应按照设计及专项施工方案组织实施；有效开展监测、监控和预报、预警，工况发生变化时及时采取措施；钢围堰有相应的防撞措施，侧壁不得随意驻泊施工船舶。夜间不宜进行翻模或爬（滑）模升降作业	工程技术部门、安全部门、机料部门	查看现场、核查资料	*高墩台施工未严格按专项施工方案组织实施，视情节扣2~4分。墩身钢筋绑扎高度超过6m未采取临时固定措施，发现一处扣1分。模板螺栓连接不规范，发现一处扣1分。 *钢围堰未按设计及专项施工方案实施，视情节扣2~4分。 *钢围堰未有效开展监测、监控和预报、预警，扣2分。工况发生变化时未及时采取措施，扣2分。钢围堰侧壁随意驻泊施工船舶，发现一处扣1分		

续上表

序号	类别	考核项目	考核内容及评价标准	责任部门	考核评价方法	扣分标准	扣分说明	得分
4	桥梁工程（50分）	4.3 上部结构（20分）	*桥梁上部结构施工严格按专项施工方案实施。 *架桥机应有行程限位开关、联锁保护装置和紧急停止开关等安全防护装置。 *架桥机应安装安全监控管理系统。架桥机垫木应使用硬杂木，一般不多于3层。梁板吊装就位后及时进行稳固。不得采用将梁、板吊挂在架桥机后部配重的方式进行过孔作业。挂篮按方案组拼后，要进行验收，做静载试验。挂篮悬臂浇筑桥梁0号块及边跨现浇段支架、托架稳固。拱桥施工顺序及工艺满足设计及规范要求。斜拉桥、悬索桥的斜拉索、主缆安装、架设及防护施工规范，节段连接合理，施工支架（托架）结构稳固。应对缆索式起重机、桥面起重机、铰接设备、吊索牵引机具、片架运输台车、行走轨道铰点过渡梁和移动操作平台等设备做专项设计、加工及试验。桥面起重机应满足拼装过程中顺桥向坡度变化的要求，底盘应设止滑保险装置。其他结构按照相应规范要求施工	工程技术部门、安全部门、机料部门	查看现场、核查资料	*桥梁上部结构施工未按专项施工方案组织实施，视情节扣2~4分。 *架桥机安全防护装置缺失或失效的，发现一项扣1分。 *架桥机未安装安全监控管理系统，扣2分。架桥机支垫材质不符合要求或者支垫层数大于3层的，扣2分。梁板吊装就位后，未及时进行稳固，或稳固措施不足，发现一处扣1分。采用将梁、板吊挂在架桥机后部配重的方式进行过孔作业的，扣2分。未按要求对挂篮进行静载试验，或无检查记录，视情节扣1~2分。挂篮悬臂浇筑桥梁0号块及边跨现浇段支架、托架稳定性不足，视情节扣1~2分。拱桥施工顺序及工艺不满足设计及规范要求，扣2分。斜拉桥、悬索桥的斜拉索、主缆安装、架设及防护施工不规范的，节段连接不合理的，施工支架（托架）结构稳定性不足的，视情节扣2~4分。缆索式起重机、桥面起重机、铰接设备、吊索牵引机具、片架运输台车、行走轨道铰点过渡梁和移动操作平台等设备未做专项设计、加工及试验，扣2分。桥面起重机底盘未设止滑保险装置，扣1分		

续上表

序号	类别	考核项目	考核内容及评价标准	责任部门	考核评价方法	扣分标准	扣分说明	得分
5	隧道工程（50分）	5.1 基本要求（10分）	*长、特长及高风险隧道施工应设置稳定可靠的视频监控系统、门禁系统和人员识别定位系统。 *隧道内严禁存放汽油、柴油、煤油、变压器油、雷管、炸药等易燃易爆物品。 *隧道施工必须按规定采用机械通风。洞口工程、洞内施工排水系统完善。隧道内照明充足，作业地段采用不大于36V安全电压。施工作业台架、台车需要经过专项设计，并验收合格，防坠设施设置齐全，安全可靠。软弱围岩隧道开挖掌子面至二次衬砌之间应设置逃生通道，配备应急箱。 *逃生通道距离开挖掌子面不得大于20m。洞口设置应急物资库，应急物资配备齐全。隧道内应定期清扫、冲洗，保持干净整洁。应有足够数量的消防器材	工程技术部门、安全部门、机料部门	查看现场、核查资料	*长、特长及高风险隧道施工未设置稳定可靠的视频监控系统、门禁系统和人员识别定位系统，视情节扣1~2分。 *隧道内堆放易燃易爆物品，发现一处视情节扣0.5~1分。洞口工程、洞内施工排水系统不完善，视情节扣0.5~1分。 *隧道施工应采用机械通风而未采用的，扣1分。隧道内照明不足，或作业地段未采用安全电压的，发现一处扣1分。施工作业台架、台车未经专项设计和验收，扣1分。 *逃生通道设置不规范，发现一处扣1分。应急设施设置不到位，扣0.5分。隧道内未定期清扫、冲洗，粉尘超标，发现一次视情节扣0.5~1分。隧道内消防器材不足，扣1分		

续上表

序号	类别	考核项目	考核内容及评价标准	责任部门	考核评价方法	扣分标准	扣分说明	得分
5	隧道工程（50分）	5.2 隧道施工（20分）	*洞口边仰坡施工应设置截水沟，开挖应自上而下开挖，保证稳定。 *施工安全步距应符合规范要求。 *开挖循环进尺符合方案及规范要求。 *严禁擅自变更开挖方法，严格控制超欠挖。单洞Ⅲ级及以上围岩累计长度超过2km的隧道应使用多臂凿岩机施工。 *下台阶左右侧应错开开挖，同一榀钢架两侧不得同时悬空。分部开挖法的临时支架拆除在仰拱施工前进行。隧道对向开挖两工作面距离达到要求临界值时应加强联系，改为单向开挖。无轨运输斜井内运输道路应硬化，并应采取防滑措施。斜井应每隔一定距离设置防冲撞设施；单车道的斜井，每隔一定距离应设置错车道。仰拱栈桥应经过强度、刚度和稳定性验算。相邻钢架之间必须用纵向钢筋连接，钢架拱脚必须放在牢固的基础上。仰拱开挖宽度应符合规范要求	工程技术部门、安全部门、机料部门	查看现场、核查资料	*洞口边仰坡施工未设置截水沟，扣1分。未自上而下开挖，扣1分。 *施工安全步距不符合规范要求，视情节扣1~2分。 *开挖循环进尺不符合方案及规范要求，视情节扣1~2分。 *擅自变更开挖方法，发现一次视情节扣1~2分。超欠挖超标，发现一次视情节扣1~2分。单洞Ⅲ级及以上围岩累计长度超过2km的隧道未使用多臂凿岩机施工，扣1分。 *下台阶左右侧未错开开挖，同一榀钢架两侧同时悬空，视情节扣1~2分。分部开挖法的临时支架拆除未在仰拱施工前进行，扣1分。无轨运输斜井内运输道路未硬化，未采取防滑措施，扣1分。斜井防冲撞设施设置不规范，视情节扣1~2分。仰拱栈桥未经过强度、刚度和稳定性验算，扣1分。相邻钢架未用钢筋连接，发现一处扣0.5分。拱脚基础不牢固，发现一处视情节扣0.5~1分。仰拱开挖宽度不满足规范要求，扣1分		

续上表

序号	类别	考核项目	考核内容及评价标准	责任部门	考核评价方法	扣分标准	扣分说明	得分
5	隧道工程（50分）	5.3　监测预报（10分）	*长大隧道和不良地质隧道必须进行超前地质预报。 *制定监控量测及超前地质预报专项施工方案，按方案组织实施。 *岩溶、采空区等不良地质隧道、瓦斯隧道施工需配置超前地质钻机进行预报地质，地质预报必须进行地质素描。 *对隧道有毒有害气体进行监测，并公示监测数据。 *监控量测数据出现异常时应当及时报告，对量测数据定期进行分析，编写分析报告，施工负责人、技术负责人及设计代表签字齐全	工程技术部门、安全部门	查看现场、核查资料	*长大隧道和不良地质隧道未进行超前地质预报，扣2分。 *未制定监控量测及超前地质预报专项施工方案的，扣2分，或方案不完善，或未按照方案实施，发现一处扣1分。 *未按规定配备超前地质钻机进行预报地质，扣1分；地质预报没有地质素描，扣1分。 *未对隧道有毒有害气体进行监测，扣1分。 *监控量测数据出现异常时未及时报告，扣1分。 *量测数据未定期分析，或未编写分析报告，视情节扣1~2分。监测量测数据不真实的，扣1分。 报告签字不齐全，发现一处扣0.5分		

续上表

序号	类别	考核项目	考核内容及评价标准	责任部门	考核评价方法	扣分标准	扣分说明	得分
5	隧道工程（50分）	5.4 瓦斯隧道（10分）	*瓦斯隧道施工要编制专项施工方案并严格执行。 *瓦斯隧道应使用具有防爆性能的机械设备。 *瓦斯隧道应建立预警机制。 *使用煤矿许用炸药和雷管，按规定实施动火作业管理。 *掌子面瓦斯浓度超标时严禁施工。 *瓦斯隧道通风必须进行专项设计，性能满足设计要求。设置灭火器、消防水池、消防用砂等消防设施	安全部门、工程技术部门	查看现场、核查资料	*瓦斯隧道施工未编制专项施工方案，或方案未经专家评审的，扣2分。 *瓦斯隧道施工不按方案实施的，视情节扣1~2分。 *瓦斯隧道施工未按要求使用具有防爆性能的机械设备，发现一处扣1分。 *瓦斯隧道未建立预警机制，扣1分。 *使用煤矿许用炸药和雷管，未按规定实施动火作业管理，扣1分。 *掌子面瓦斯浓度超标继续施工，扣2分。 *瓦斯隧道未按规定进行瓦斯浓度检测，或测试数据不连续，发现一次扣1分。 *瓦斯隧道通风未进行专项设计，扣2分；通风设备性能不满足设计要求，扣1分。瓦斯隧道施工现场消防设备不齐备，或失效的，发现一处情节扣0.5~1分		

续上表

序号	类别	考核项目	考核内容及评价标准	责任部门	考核评价方法	扣分标准	扣分说明	得分
6	路基工程（20分）	6.1 边坡工程（15分）	*高边坡施工应设置截、排水设施，靠近交通要道作业时需要设置隔离、防护措施。不良地质边坡开挖前应提前施作排水设施。 *高边坡施工自上而下，开挖一级防护一级，严禁多级坡同时立体交叉作业。不良地质边坡在雨后或雪融后不得直接开挖。高边坡施工需要开展边坡稳定性监测、变形监测。挡土墙施工排水设施完善。爆破开挖满足相关要求，符合3.6条要求。锚杆、锚索施工应当设置警戒区。 张拉作业千斤顶后方不得站人	工程技术部门、安全部门	查看现场、核查资料	*未设置截、排水设施或者设置不完善，扣1分。 *靠近交通要道作业时未设置隔离、防护措施，扣2分。 *边坡施工未实现开挖一级防护一级，发现一处扣1分。存在多级坡同时立体交叉作业，扣2分。高边坡施工未开展边坡稳定性监测、变形监测，扣2分。锚杆、锚索施工未按规定设置警戒区，发现一处扣1分。张拉作业时有人站在千斤顶后方，每发现一人次扣1分		
		6.2 抗滑桩工程（5分）	*孔桩应当间隔跳槽开挖。 *抗滑桩未施工完毕下级边坡严禁开挖。 抗滑桩开挖过程中应设置观测点	工程技术部门、安全部门	查看现场	*孔桩未采取间隔跳槽开挖方式的，发现一处扣1分。 *抗滑桩施工中上、下级边坡同时交叉开挖，发现一处扣1分。抗滑桩开挖过程中未设置观测点，发现一处扣0.5分		

续上表

序号	类别	考核项目	考核内容及评价标准	责任部门	考核评价方法	扣分标准	扣分说明	得分
7	路面工程（14分）	7.1 路面工程（14分）	路面施工按照审批的交通组织方案实施。 *施工区域实行交通管制。在通车道路上施工或夜间作业时，应采取限速、导流及渠化等措施。 *交通指挥人员和上路作业人员应按规定穿着安全反光标志服或反光背心、严禁工程施工车辆违规载人或超速行驶。路面摊铺机、压实机械等设备设置防触碰装置、设置倒车影像、倒车雷达等安全设施。摊铺施工应安排专人负责指挥	安全部门、机料部门	查看现场、核查资料	施工区域未实行交通管制或交通封闭管理不严，扣2分。 *在通车道路上施工或夜间作业时，未设置限速、导流及渠化等措施，扣2分。 *交通指挥人员和上路作业人员未按规定穿着安全反光标志服或反光背心，发现一人次扣1分。发现用施工车辆违规载人，或在施工区域超速行驶，发现一次扣1分。 路面摊铺机、压实机械等设备安全设施缺少或失效，发现一处扣1分。 摊铺施工期无专人指挥的，发现一次扣1分		
8	附属工程（16分）	8.1 房建工程（4分）	施工现场井字架、脚手架应按照施工方案搭设和拆除。上料平台应独立设搭设，平台距井架间隙小于10cm，当平台高度超过10m时，四面应设缆风绳。双机提升的吊篮应配备两名工人操作，严禁单人操作。发现吊篮工作不正常时，应及时停止作业、检查和消除隐患。严禁在带病吊篮上继续进行作业	安全部门、工程技术部门	查看现场、核查资料	施工现场井字架、脚手架未按照施工方案搭设和拆除，视情节扣0.5~1分。上料平台未独立设搭设，平台距井架间隙大于10cm，当平台高度超过10m时，四面未设缆风绳，视情节扣0.5~1分。双机提升的吊篮单人操作，发现一处扣0.5分。发现吊篮工作不正常时，未及时停止作业、检查和消除隐患，扣0.5分。在带病吊篮上进行作业，扣0.5分		

续上表

序号	类别	考核项目	考核内容及评价标准	责任部门	考核评价方法	扣分标准	扣分说明	得分
8	附属工程（16分）	8.2　绿化工程（4分）	涉路施工，应提前在施工地段车行方向前端的交叉口设置导向分流标志。涉路施工，警示标志、围挡应在施工区域两端和周边摆放，应专人看管做好交通引导。小范围、短周期的日常养护应避开交通高峰时段，安排夜间施工，应通知交巡警部门，确实需要白天施工的，应征得交巡警批准后进行	安全部门、工程技术部门	查看现场	涉路施工，未提前在施工地段车行方向前端的交叉口设置导向分流标志，扣1分。涉路施工，未在施工区域两端和周边摆放警示标志、围挡，未安排专人看管做好交通引导，发现一处扣0.5分。日常养护工作不规范或者程序未履行到位，视情节扣0.5~1分		
		8.3　交安工程（4分）	打、压立柱施工时，桩机应安设牢固、平稳，作业区域四周应设置安全警示标识牌。涉路施工，应提前在施工地段车行方向前端的交叉口设置导向分流标志。热熔釜熔料时最大投料量不得超过缸体的4/5，热熔釜和漆料保温桶上方不得出现明火	安全部门、工程技术部门	查看现场	打、压立柱施工时，桩机安设不稳固，作业区域四周未设置安全警示标识牌，发现一处扣0.5分。涉路施工，未提前在施工地段车行方向前端的交叉口设置导向分流标志，扣1分。热熔釜熔料时最大投料量超过缸体的4/5，扣1分。热熔釜和漆料保温桶上方出现明火，扣1分		
		8.4　电气工程（4分）	涉路施工，警示标志、围挡应在施工区域两端和周边摆放，应专人看管做好交通引导。电气设备集中场所应配置可灭电气火灾的灭火器材。电气设备和线路周围，应设置易燃易爆或阻燃格力防护	安全部门、工程技术部门	查看现场	涉路施工，未在施工区域两端和周边摆放警示标志、围挡，未安排专人看管做好交通引导，发现一处扣1分。 电气设备集中场所未配置可灭电气火灾的灭火器材，发现一处扣0.5分。电气设备和线路周围，未设置易燃易爆或阻燃格力防护，发现一处扣0.5分		

考核评价(或监督抽查)单位(盖章)：　　评价(或抽查)人(签名)：　　实施日期：　　年　月　日

说明：本表用于施工单位每季度自我评价，监理单位季度复核，建设单位每半年考核评价，以及交通运输主管部门监督抽查等，谁组织实施、谁负责盖章签认。

JL-AQ-08-06

表1.4　大中型公路水运工程平安工地建设监理单位考核评价表（满分150分）

监理合同段：　　　　　　　　　　　　　　监理单位名称：

序号	类别	考核项目	考核内容及评价标准	考核评价方法	扣分标准	扣分说明	得分
1	责任落实（10分）	1.1　岗位职责（3分）	明确监理各岗位的安全管理职责。全员签订安全监理责任书	查阅文件	无监理各岗位职责，扣1分。监理各岗位职责缺少安全管理职责，或安全管理内容不全，视情节扣0.5~1分。监理各岗位安全管理责任针对性不强，视情节扣0.5~1分。安全生产责任书签订未覆盖全员，发现一人扣0.5分		
		1.2　规章制度（3分）	按规定建立健全安全管理制度	查阅文件	安全管理制度不健全，每缺一项扣0.5分。安全管理制度针对性不强、可操作性差，视情节扣0.5~1分		
		1.3　监理规划（4分）	按规定编制监理规划（计划）	查阅文件	监理规划中缺乏安全管理内容，扣2分。监理规划中安全管理内容的针对性不强，视情节扣1~3分		
2	审查审批（45分）	2.1　施工组织设计（5分）	按规定对施工组织设计中的安全技术措施进行审查、审批	查阅资料	未审查施工组织设计的安全技术措施，扣3分。审核不严格，或审查意见不具体，或未按照规定时间及时回复，视情节扣1~2分		
		2.2　专项施工方案（10分）	对危险性较大的分部分项工程专项施工方案进行审查、审批，并监督实施情况	查阅资料、核查现场	未及时对施工单位上报的专项施工方案进行审查审批，视情节扣2~4分。审批的专项施工方案不符合有关要求，视情节扣2~4分。危险性较大的分部分项工程专项施工方案未经审查同意已实施，监理未及时纠正的，发现一项扣2分		

续上表

序号	类别	考核项目	考核内容及评价标准	考核评价方法	扣分标准	扣分说明	得分
2	审查审批（45分）	2.3　危险性较大的分部分项工程安全生产条件（10分）	对危险性较大的分部分项工程施工前的安全生产条件进行审核，审核结果报建设单位	查阅资料、核查现场	未对危险性较大的分部分项工程施工前安全生产条件进行审核，扣4分。对危险性较大的分部分项工程施工前的安全生产条件审核把关不严，或审核有缺项，视情节扣2~3分。安全生产条件审核结果不报或迟报，视情节扣2~3分		
		2.4　安全生产费用（10分）	按规定对安全生产费用提取、使用情况进行核对、计量和审批。建立安全生产费用管理的监理台账	查阅资料	未按规定核对、计量和审批安全生产费用的，视情节扣2~4分。 安全生产费用的核对、计量和审批不认真或不及时，视情节扣2~4分。未建立安全生产费用管理的监理台账、或台账不清晰，视情节扣1~2分		
		2.5　人员和设备（10分）	审查施工单位进场的特种设备、关键设备、主要设备的验收情况。审查进场的项目负责人、安全管理人员、特殊作业人员的持证上岗情况	查阅资料、核查现场	未对施工单位进场的特种设备、关键设备、主要设备进行审查，扣4分。未对进场的项目负责人、安全管理人员、特殊作业人员进行审查，扣4分。对施工单位进场的机械设备、人员审查不严，扣2分		
3	风险预控（10分）	3.1　风险预控（10分）	按规定对风险评估报告进行审核。按规定督促施工单位开展风险辨识、评估，审核重大风险管控措施并督促落实，对重大风险分部分项工程的风险管控，总监理工程师应当参与管理和检查。对合同段施工专项应急预案和现场处置方案进行审查，监督检查演练情况	查阅资料	未督促施工单位开展风险辨识、评估，未督促施工单位提交风险评估报告，未对风险评估报告进行审核，无审核记录的，视情节扣1~2分。未审核施工单位提交的重大风险管控措施，未督促落实的，视情节扣1~2分。对重大风险分部分项工程的风险管控，总监理工程师未参与管理和检查的，扣2分。未审查合同段施工专项应急预案和现场处置方案，无审查记录的，扣2分。未对应急演练进行监督检查的，或无检查记录的，扣1分。审核（审查）不认真或不及时，或意见过于笼统、缺乏指导性，扣1分		

续上表

序号	类别	考核项目	考核内容及评价标准	考核评价方法	扣分标准	扣分说明	得分
4	安全检查与督促整改（20分）	4.1 安全检查（20分）	定期组织安全检查及事故隐患排查，对检查发现的问题，及时督促施工单位整改到位。对施工单位不能立即整改的安全问题和事故隐患，督促施工单位按整改计划改进，并对整改情况进行复核。发现重大事故隐患应要求施工单位立即停工整改、跟踪督办，并履行报告职责。重大事故隐患得不到有效控制，应立即通过业主向有关主管部门报告。对有关部门通报施工单位存在的问题，认真督促整改到位。对有关部门检查通报的监理管理问题，积极整改到位	查阅资料	对应该检查而未全面、及时检查的，或安全检查、隐患排查等走过场，或对检查所发现的问题没有采取监理措施，或问题整改后没有组织复查的，发现一次扣2分。未建立安全检查台账、或台账不清晰，可追溯性差，视情节扣1~2分。对重大事故隐患未发监理指令，发现一次扣2分。对发现重大事故隐患未跟踪督办的，发现一次扣2分。未履行重大事故隐患报告义务的，扣2分。对重大事故隐患的检查和复查未附影像资料，发现一次扣1分。 监理指令、通知记录不闭合，发现一份扣1分。未对专项施工方案实施情况进行分析评价，扣1分。对有关部门检查通报的监理管理问题未及时整改的，发现一次扣1分		
5	监理人员管理（10分）	5.1 持证上岗（3分）	按照合同文件配置安全监理人员。编制监理人员名册	查阅资料	安全监理人员不满足合同文件要求，缺一人扣1分。 未提供监理人员名册，扣1分。未提供监理人员上岗及离岗记录（如考勤表等），扣1分		
		5.2 监理人员内部培训教育（2分）	监理人员应经考核培训合格上岗。建立安全管理培训教育计划，对进场的监理人员定期组织安全培训教育	查阅资料	监理人员未经考核培训合格，扣1分。 未制定安全管理培训教育计划，扣0.5分。 未定期组织安全培训教育，扣0.5分		
		5.3 安全监理日志（5分）	认真填写安全监理日志。 按规定旁站和巡视，记录准确、详细、连续	查阅资料	安全监理日志不连续、签字不全，或未经总监定期审查，旁站巡视未记录或不准确，发现一处（次）扣1分。 发现安全问题或事故隐患未及时记录的，扣1分		

续上表

序号	类别	考核项目	考核内容及评价标准	考核评价方法	扣分标准	扣分说明	得分
6	专项活动（10分）	6.1　行业主管部门安全生产专项工作（5分）	严格部署落实行业主管部门布置的安全生产专项工作。制定相应的工作方案或行动计划。按方案或计划执行	查阅资料	未制定安全生产工作方案或行动计划，或未督促施工单位落实安全生产专项工作的，发现一次扣1分。安全生产专项工作落实不到位，或应付了事、走过场，发现一次视情节扣1~2分		
		6.2　考核评价（5分）	定期开展“平安工地”建设情况自评。 定期对施工单位开展平安工地建设情况进行检查复核	查阅资料	未定期开展“平安工地”建设情况自评，扣2分。未定期对施工单位平安工地建设情况进行检查复核，或者检查复核走过场，或不及时组织实施，发现一次视情节扣0.5~1分。 未根据检查复核结果督促施工单位整改的，或无督促整改记录的，视情节扣0.5~1分。 检查复核资料欠真实、不准确，发现一次视情节扣0.5~1分		
7	档案管理（5分）	7.1　安全档案资料（5分）	安全资料归档及时、齐全，台账明晰	查阅资料	安全档案资料不真实，发现一份扣1分。 管理台账不全、或不明晰，视情节扣0.5~1分。 应当存档的资料不齐全，视情节扣0.5~1分		
8	监理工作效能（40分）	8.1　所监理的施工单位考核评价情况（40分）	所监理的各施工合同段考核评价得分平均值×0.4即为监理工作效能得分	查阅资料	各施工合同段（施工单位）考核评价得分平均值×0.4即为监理工作效能得分		

考核评价(或监督抽查)单位(盖章)：　　评价(或抽查)人(签名)：　　实施日期：　　年　月　日

说明：本表用于监理单位每季度自我评价，建设单位每半年考核评价，以及交通运输主管部门监督抽查等，谁组织实施、谁负责盖章签认。

JL-AQ-09-01

应急预案登记台账

第　　页/共　　页

监理单位：　　　　　　　　　　　　　　　　　　　　　　　合同段号：

序号	名称	备案单位	备案日期	修订日期	备注

说明：本表用于应急预案登记，应急预案审批表和应急预案最终稿应附后。

JL-AQ-09-02

施工单位应急预案审批登记表

第　　页/共　　页

单位名称：

序号	名称	备案单位	备案日期	修订日期	备注

记录人：

说明：本表用于登记施工单位产生的综合应急预案。

JL-AQ-09-03

施工单位应急演练审批登记表

第　　页/共　　页

单位名称：

序号	合同段	预案名称	预案类别	备案时间

说明：本表用于登记施工单位合同段报备审批完成的应急预案及现场处置方案。

JL-AQ-10-01

安全专项活动登记表

单位名称：

序号	活动类型	活动名称	活动时间	主办单位	备注

记录人：

说明：本表用于登记各类安全专项活动，各类专项活动分类型登记，按活动时间先后顺序进行排序。

附录C(资料性) 施工单位安全表格

C.1 施工单位安全表格目录

序号	文件名称	表号
1	安全生产管理机构文件登记台账	SG-AQ-01-01
2	安全管理目标和计划文件管理登记台账	SG-AQ-01-02
3	安全管理规章制度登记台账	SG-AQ-01-03
4	安全操作规程登记台账	SG-AQ-01-04
5	安全生产责任书登记表	SG-AQ-01-05
6	网格划分表	SG-AQ-01-06
7	安全管理文件登记台账	SG-AQ-01-07
8	施工现场“三类人员”管理名册	SG-AQ-02-01
9	特种(设备)作业人员名册	SG-AQ-02-02
10	施工作业人员证件信息表	SG-AQ-02-03
11	施工人员名册	SG-AQ-02-04
12	进场人员信息登记表	SG-AQ-02-05
13	三级安全教育表	SG-AQ-02-06
14	施工作业人员三级安全教育培训考核合格证书	SG-AQ-02-07
15	工人退场确认表	SG-AQ-02-08
16	安全防护用品入库登记台账	SG-AQ-02-09
17	安全设施报验单	SG-AQ-02-10
18	安全生产费用使用管理台账	SG-AQ-02-11
19	影像资料卡片	SG-AQ-02-12
20	安全教育培训登记表	SG-AQ-03-01
21	安全教育培训活动记录表	SG-AQ-03-02
22	安全会议(教育培训活动)签到表	SG-AQ-03-03
23	安全教育培训考核登记台账	SG-AQ-03-04
24	安全教育培训考核结果统计表	SG-AQ-03-05
25	安全技术交底登记表	SG-AQ-03-06
26	一级安全技术交底记录表	SG-AQ-03-07
27	二级安全技术交底记录表	SG-AQ-03-08
28	三级安全技术交底记录表	SG-AQ-03-09
29	安全会议登记表	SG-AQ-04-01

续上表

序号	文件名称	表号
30	安全会议记录表	SG-AQ-04-02
31	安全风险评估报告登记表	SG-AQ-05-01
32	危险性较大工程清单	SG-AQ-05-02
33	重大风险基础信息登记清单	SG-AQ-05-03
34	重大风险责任分工清单	SG-AQ-05-04
35	重大风险防控措施清单	SG-AQ-05-05
36	重大风险监测监控清单	SG-AQ-05-06
37	重大风险应急处置清单	SG-AQ-05-07
38	危险性较大分部分项工程专项施工方案登记台账	SG-AQ-05-08
39	专项施工方案报批单(不需专家认证)	SG-AQ-05-09
40	专项施工方案报批单(需专家认证)	SG-AQ-05-10
41	专项技术方案审批表	SG-AQ-05-11
42	施工方案报审表	SG-AQ-05-12
43	生产安全事故隐患治理台账	SG-AQ-06-01
44	事故隐患排查登记表	SG-AQ-06-02
45	工程事故隐患整改通知单	SG-AQ-06-03
46	工程事故隐患整改回复单	SG-AQ-06-04
47	重大事故隐患登记表	SG-AQ-06-05
48	重大事故隐患排查治理监督表	SG-AQ-06-06
49	重大事故隐患公示牌	SG-AQ-06-07
50	重大事故隐患报备单	SG-AQ-06-08
51	重大事故隐患挂牌督办销号申请报告	SG-AQ-06-09
52	重大事故隐患治理验收申请	SG-AQ-06-10
53	重大事故隐患治理验收报告	SG-AQ-06-11
54	领导带班生产工作记录表	SG-AQ-06-12
55	安全日志	SG-AQ-06-13
56	电工巡检维修记录表	SG-AQ-06-14
57	大型/特种设备进场验收登记台账	SG-AQ-07-01
58	大型/特种设备进场验收记录表	SG-AQ-07-02
59	大型/特种设备现场检查记录表	SG-AQ-07-03
60	施工设备定期检查、维修、保养记录表	SG-AQ-07-04
61	大临设施/安全设施验收记录表	SG-AQ-07-05
62	小型设备进场登记台账	SG-AQ-07-06
63	安全设施清单	SG-AQ-08-01
64	应急预案登记台账	SG-AQ-09-01
65	项目公司、各项目部______年应急演练计划	SG-AQ-09-02
66	应急预案演练登记表	SG-AQ-09-03

续上表

序号	文件名称	表号
67	20××年×月值班表	SG-AQ-09-04
68	带班值班替班表（值班负责人、人员、带班领导）	SG-AQ-09-05
69	值班记录表	SG-AQ-09-06
70	突发事件信息报告表	SG-AQ-09-07
71	交通运输行业建设工程生产安全事故快报表	SG-AQ-09-08
72	应急救援设备管理台账	SG-AQ-09-09
73	应急救援物资及器材管理台账	SG-AQ-09-10
74	工程安全事故情况记录表	SG-AQ-10-01
75	安全事故处理结果记录表	SG-AQ-10-02
76	表1.1.3　大中型公路水运工程危险性较大的分部分项工程施工前安全生产条件核查表	SG-AQ-11-01
77	表1.2.1　大中型公路水运工程施工合同段开工前安全生产条件核查表	SG-AQ-11-02
78	表1.3.1　大中型公路水运工程平安工地建设施工单位施工现场（通用部分）考核评价表	SG-AQ-11-03
79	表1.3.2　大中型公路水运工程平安工地建设施工单位施工现场（公路部分）考核评价表	SG-AQ-11-04
80	安全月报	SG-AQ-12-01
81	安全专项活动登记台账	SG-AQ-12-02

C.2 施工单位安全表格样表

SG-AQ-01-01

安全生产管理机构文件登记台账

第　　页／共　　页

施工单位：　　　　　　　　　　　　　　　　　　　　合同段号：

序号	单位	文件标题	文件日期	收发文号
				来：
				发：
				来：
				发：
				来：
				发：
				来：
				发：
				来：
				发：
				来：
				发：
				来：
				发：
				来：
				发：
				来：
				发：
				来：
				发：
				来：
				发：
				来：
				发：

说明：本表用于施工单位安全生产管理机构文件的登记，登记的文件应按序附表后。

SG-AQ-01-02

安全管理目标和计划文件管理登记台账

第　　页/共　　页

施工单位：　　　　　　　　　　　　　　　　　　　　　　合同段号：

序号	文件名称	文件日期	备注

说明：本表用于施工单位安全管理目标和计划文件的登记，项目安全管理目标考核表按月联系排放。

SG-AQ-01-03

安全管理规章制度登记台账

第　　页/共　　页

施工单位：　　　　　　　　　　　　　　　　合同段号：

序号	规章制度名称	责任部门	责任人	备注

说明：本表用于施工单位发文定稿的各项安全生产管理制度登记。

SG-AQ-01-04

安全操作规程登记台账

第　　页/共　　页

施工单位：　　　　　　　　　　　　　　　　　　　　　　　　合同段号：

序号	操作规程名称	责任部门	责任人	备注

说明：本表用于施工单位发文定稿的操作规程登记。

SG-AQ-01-05

安全生产责任书登记表

第　　页/共　　页

施工单位：　　　　　　　　　　　　　　　　　　　　　　合同段号：

序号	安全生产责任书名称	甲方名称	乙方名称	编号	签订日期

说明：单位与单位签订的安全生产责任书登记到本表；个人签订的安全生产责任书归档到“一人一档”资料，不登记到本表。

SG-AQ-01-06

网格划分表

第　　页／共　　页

监理单位：　　　　　　　　　　　　　　　　　　　　　　　　　合同段号：

序号	网格编号	网格名称	施工内容	具体位置（桩号）	网格管理员姓名	联系电话	监理人员	专职安全员
1	FSGS-LJ1-001	×× 桥梁下部一工区	桩基、承台、立柱、盖梁等					
2	FSGS-LJ1-002	×× 桥梁下部二工区	桩基、承台、立柱、盖梁等					
3	FSGS-LJ1-003	×× 预制场	梁板预制、梁板安装					
4	FSGS-LJ1-004	×× 大桥现浇梁工区	现浇箱梁、悬臂梁等					
5	FSGS-LJ1-005	×× 大桥桥面系	湿接缝、横隔梁、桥面、护栏等					
6	FSGS-LJ1-006	×× 隧道一工区	洞口、开挖及支护、出渣、二次衬砌、明洞等					
7	FSGS-LJ1-007	×× 隧道二工区	洞口、开挖及支护、出渣、二次衬砌、明洞等					
8	FSGS-LJ1-008	路基一工区	路基开挖、填筑等					
9	FSGS-LJ1-009	路基防护一工区	高边坡、排水、绿化等					

SG-AQ-01-07

安全管理文件登记台账

第　　页/共　　页

单位名称：　　　　　　　　　　　　　　　　　　　合同段号：

序号	单位	文件标题	文件日期	收发文号
				来：
				发：
				来：
				发：
				来：
				发：
				来：
				发：
				来：
				发：
				来：
				发：
				来：
				发：
				来：
				发：
				来：
				发：
				来：
				发：
				来：
				发：

说明：本表用于施工单位安全生产管理机构文件的登记，登记的文件应按序附表后。

SG-AQ-02-01

施工现场“三类人员”管理名册

第　　页／共　　页

施工单位：　　　　　　　　　　　　　　　　　　合同段号：

<table>
<tr><th colspan="2">类别</th><th>姓名</th><th>进场日期</th><th>身份证号</th><th>技术职称</th><th>安全证书编号</th><th>发证部门</th><th>发证日期</th><th>复审时间</th><th>退场日期</th><th>备注</th></tr>
<tr><td rowspan="5">项目负责人</td><td>项目经理</td><td></td><td></td><td></td><td></td><td></td><td></td><td></td><td></td><td></td><td></td></tr>
<tr><td rowspan="2">项目副经理</td><td></td><td></td><td></td><td></td><td></td><td></td><td></td><td></td><td></td><td></td></tr>
<tr><td></td><td></td><td></td><td></td><td></td><td></td><td></td><td></td><td></td><td></td></tr>
<tr><td>安全负责人</td><td></td><td></td><td></td><td></td><td></td><td></td><td></td><td></td><td></td><td></td></tr>
<tr><td>技术负责人</td><td></td><td></td><td></td><td></td><td></td><td></td><td></td><td></td><td></td><td></td></tr>
<tr><td colspan="2" rowspan="5">专职安全员</td><td></td><td></td><td></td><td></td><td></td><td></td><td></td><td></td><td></td><td></td></tr>
<tr><td></td><td></td><td></td><td></td><td></td><td></td><td></td><td></td><td></td><td></td></tr>
<tr><td></td><td></td><td></td><td></td><td></td><td></td><td></td><td></td><td></td><td></td></tr>
<tr><td></td><td></td><td></td><td></td><td></td><td></td><td></td><td></td><td></td><td></td></tr>
<tr><td></td><td></td><td></td><td></td><td></td><td></td><td></td><td></td><td></td><td></td></tr>
</table>

项目经理签名：　　　　　　　　填表人：　　　　　　　　日期：　　　　年　月　日

说明：1.三类人员的身份证、安全证书等复印件依次装订成册。

2.备注栏应注明专职安全员分工等。

3.本表由专职安全员进行登记，人员发生变化随时更新。

SG-AQ-02-02

特种(设备)作业人员名册

第　　页/共　　页

施工单位：　　　　合同段号：

序号	工种	姓名	性别	年龄	进场日期	身份证号	工作班组	工作地点	证书编号	发证部门	发证时间	复审时间	退场日期	备注

项目经理签名：　　　　填表人：　　　　日期：　　年　月　日

说明：1.特种作业人员包括焊工、电工、切割工、起重工、起重信号工、安装拆装卸工、爆破作业人员、施工船舶作业人员、场内机动车辆驾驶人员等。

2.应将特殊工种作业人员的身份证、资格证书等复印件依次装订成册。

3.本表由专职安全员进行登记并对相关证书进行查验，人员发生变化应随时更新。

SG-AQ-02-03

施工作业人员证件信息表

施工单位：　　　　　　　　　　　　　　　　　　　　　合同段号：

劳务协作单位：

身份证正、反面复印件：
个人执业资格证书：

说明：1.表格中身份证、操作证按照要求放置到框内。

2.要求彩色打印。

SG-AQ-02-04

施工人员名册

第　　页/共　　页

施工单位：

合同段号：

劳务协作单位：

序号	姓名	性别	年龄	工种	身份证号	户籍住址	联系电话	进场日期	退场日期	备注

项目经理签名：　　　　填表人：　　　　日期：　　年　月　日

说明：1.特种作业人员包括焊工、电工、切割工、起重工、起重信号工、安装拆装卸工、爆破作业人员、施工船舶作业人员、场内机动车辆驾驶人员等。

2.应将班组作业人员的身份证、资格证书等复印件依次装订成册。

3.本表由专职安全员进行登记并对相关证书进行查验，人员发生变化应随时更新。

SG-AQ-02-05

进场人员信息登记表

施工单位：　　　　　　　　　　　　　　　　　　　　合同段号：

<table>
<tr><td>姓　　名</td><td></td><td>性　　别</td><td></td><td rowspan="4">个人照片</td></tr>
<tr><td>民　　族</td><td></td><td>婚姻状况</td><td></td></tr>
<tr><td>出生日期</td><td></td><td>年　　龄</td><td></td></tr>
<tr><td>进场日期</td><td></td><td>所在协作单位</td><td></td></tr>
<tr><td>班　　组</td><td></td><td>籍　　贯</td><td colspan="2"></td></tr>
<tr><td>工　　种</td><td></td><td>个人联系方式</td><td colspan="2"></td></tr>
<tr><td>身份证号</td><td colspan="4"></td></tr>
<tr><td>家庭住址</td><td colspan="4"></td></tr>
<tr><td rowspan="3">紧急联系人</td><td>关系</td><td>姓名</td><td>联系方式</td><td>备注</td></tr>
<tr><td></td><td></td><td></td><td>填写未参加本工程建设的直系亲属</td></tr>
<tr><td></td><td></td><td></td><td>填写未参加本工程建设的直系亲属</td></tr>
<tr><td>个人工作经验（哪个工地、何种工种）</td><td colspan="4"></td></tr>
</table>

说明：1.进场人员根据个人实际情况填写本信息表。

2.进场工人需提供两张一寸白底照片。

3.进场人员进场2天内务必到施工单位劳资专管员进行个人信息登记。

4.进场人员将个人身份证正反复印件附在本表一起上交。

SG-AQ-02-06

三级安全教育表

施工单位： 合同段号：

姓名		性别		年龄		身份证号码	
班组		工种		文化程度		进场时间	
公司级 安全教育							
	讲课人		听课人		教育日期	年 月 日— 年 月 日	
项目部级 安全教育							
	讲课人		听课人		教育日期	年 月 日— 年 月 日	
班组级 安全教育							
	讲课人		听课人		教育日期	年 月 日— 年 月 日	

说明：1.公司级讲课人为公司安全管理人员或公司授权的项目安全责任人，项目级讲课人应为项目部安全管理人员，班组级讲课人为施工班组安全负责人或班组长。

2.公司、项目部、班组三级教育时间分别不少于15h、15h、20h。

SG-AQ-02-07

施工作业人员三级安全教育培训考核合格证书

施工单位：　　　　　　　　　　　　　　　　　　　　合同段号：

劳务协作单位：

<table>
<tr><td>姓名</td><td></td><td>证书编号</td><td></td><td rowspan="4">照片</td></tr>
<tr><td>性别</td><td></td><td>年龄</td><td></td></tr>
<tr><td>文化程度</td><td></td><td>工种</td><td></td></tr>
<tr><td>身份证号码</td><td colspan="3"></td></tr>
<tr><td colspan="5">（身份证复印件）</td></tr>
<tr><td>培训时间</td><td colspan="2"></td><td>考核成绩</td><td></td></tr>
<tr><td>培训内容</td><td colspan="4">1.基本劳动纪律。
2.安全操作规程：各工种安全操作规程。
3.安全控制要点。
4.安全生产管理规章制度。
5.应急处置。
6.安全风险告知。
7.环保、水保、文明施工保障措施。</td></tr>
<tr><td>培训考核
单位意见</td><td colspan="4">经培训考核合格，准许上岗

（盖章）

日期：　　年　月　日</td></tr>
</table>

说明：1.施工作业人员进入新的施工现场后必须通过项目部组织的安全教育培训，考核合格后核发本证。

2.本证件应加盖发证的施工单位公章后生效。

SG-AQ-02-08

工人退场确认表

施工单位： 合同段号：

姓名		所在协作单位	
所属劳务班组		工种	
进场日期		退场时间	
退场人员承诺： 本人已经结清并领取从进场至今的所有工资以及其他相关费用，并承诺从 ____________ 年__月__日__时退场后： 1.保证今后不以任何理由要求施工队或项目部再次支付本人的任何工资或其他款项。 2.本人在工程所在地的其他经济来往或其他事宜，均由本人负责，与项目部或其他单位无关。 3.退场后发生的一切事情由本人自行负责，与其他人和原单位无关。 4.本人保证以上情况属实，如有欺骗行为，愿意承担相应的法律责任。 承诺人签名： 日期： 年 月 日			
协作单位意见：			
协作单位负责人： 日期： 年 月 日			

SG-AQ-02-09

安全防护用品入库登记台账

序号	防护用品名称	规格	单位	数量	单价	总价	入库时间	入库保管地点	经管人

SG-AQ-02-10

安全设施报验单

施工单位：　　　　　　　　　　　　　　　　　　　　　　　　合同段号：

监理单位：　　　　　　　　　　　　　　　　　　　　　　　　编　　号：

致(驻地监理工程师)__________： 按合同和规范要求，已完成 逃生管道安全设施 (工程或项目安全设施名称)，并经自检合格，报请查验。 工区(工段)负责人：　　　　日期：　年　月　日	
项目安全部意见： 安全部部长：　　　　日期：　年　月　日	
工程地点及桩号	
具体部位	
检验内容	
附件：	
要求到现场检验时间	日期：　年　月　日
承包人递交日期、时间和签名	日期：　年　月　日
驻地监理工程师收件日期、时间和签名	日期：　年　月　日
审查意见： 现场监理：　　　　日期：　年　月　日	
审核意见： 驻地监理组长：　　　　日期：　年　月　日	

SG-AQ-02-11

安全生产费用使用管理台账

细目号	细目名称	规格	单位	数量	单价	总价	票据号

SG-AQ-02-12

影像资料卡片

第　　页/共　　页

单位名称：

拍摄事由		背景内容	
相机型号		存储方式	
（相片及编号、主题）			
拍摄人		日期	

SG-AQ-03-01

安全教育培训登记表

第　　页/共　　页

施工单位：　　　　　　　　　　　　　　　　　　　　合同段号：

活动名称		活动日期	年　月　日
活动类别		参加对象	
活动地点		参加人数	
主讲人		记录人	
活动内容摘要：			
注：活动类别分为高空坠落、触电、经常性、季节性、安全技术交底等			

说明：本表施工单位组织安全教育培训活动后整理活动记录时使用，参加人员签名可用“安全会议（教育培训活动）签到单”作附件，另外安全细则交底、安全技术交底、监理单位办公室内部各种风险告知书属于安全教育培训活动的一种类型，可在本表“活动类别”注明；安全教育培训具体内容及影像资料应作为附件附表后。

SG-AQ-03-02

安全教育培训活动记录表

第　　页/共　　页

施工单位：　　　　　　　　　　　　　　　　　　　合同段号：

活动名称		活动日期	年　月　日
活动类别		参加对象	
活动地点		参加人数	
主讲人		记录人	
活动内容摘要：			
注：活动类别分为新职工上岗、变换工种、操作规程和技能、经常性、季节性等			

说明：安全教育培训内容表内简要介绍教育培训的主要内容，详细记录教育培训的内容和活动情况，附培训内容文字材料。

SG-AQ-03-03

安全会议(教育培训活动)签到表

第　　页/共　　页

施工单位：　　　　　　　　　　　　　　　　　　　　合同段号：

会议名称			会议日期	年　月　日	
会议地点			组织部门		
序号	姓名	所属部门(班组)	职务 (工种)	联系电话	备注

签到负责人签名：

说明：签到表上各栏目应填全，签到人信息应由参会人本人签字。

SG-AQ-03-04

安全教育培训考核登记台账

第　　页/共　　页

单位名称：

序号	考核名称	考核日期	考核地点	组织部门	备注

说明：本表用于汇总登记每次安全教育培训考核。

SG-AQ-03-05

安全教育培训考核结果统计表

第　　页／共　　页

单位名称：

考核名称					考核日期	年　月　日		
考核地点					组织部门			
考核人数					考核总分			
序号	姓名	考核得分	序号	姓名	考核得分	序号	姓名	考核得分

说明：本表用于汇总每次安全教育培训考核的结果，如一张表格填写不下可续表。

SG-AQ-03-06

安全技术交底登记表

第　　页/共　　页

单位名称：

序号	安全技术交底类型	安全技术交底内容	交底时间	交底人	接受人/班组	备注

说明：本表用于施工单位登记各类安全技术交底文件，按交底类型分别分表按形成时间登记。

SG-AQ-03-07

一级安全技术交底记录表

第　　页/共　　页

施工单位：　　　　　　　　　　　　　　　　　　　　　　合同段号：

交底工序或工程名称		交底日期	年　月　日
交底层级		交底地点	

一、项目概况：

二、劳动纪律：

三、施工安全操作规程：

四、施工安全注意事项：

五、风险辨识与防治：

六、应急救援：

七、环保、水保、文明施工保障措施：
(一)环境保护及保证措施
(二)水土保持及保证措施
(三)文明施工保证体系及保证措施

项目技术负责人 (交底人)		交底日期	年　月　日
分项工程负责人或工段长 (接受交底人)		接受交底日期	年　月　日
安全管理人员		日　期	年　月　日

SG-AQ-03-08

二级安全技术交底记录表

第　　页/共　　页

施工单位：　　　　　　　　　　　　　　　　　　　　　　合同段号：

交底工序或工程名称		交底日期	年　月　日
交底层级		交底地点	
一、项目概况： 二、劳动纪律： 三、施工安全操作规程： 四、施工安全注意事项： 五、风险辨识与防治： 六、应急救援： 七、环保、水保、文明施工保障措施： (一)环境保护及保证措施 (二)水土保持及保证措施 (三)文明施工保证体系及保证措施			
分项工程负责人或工段长 (交底人)		交底日期	年　月　日
现场技术负责人和班组长 (接受交底人)		接受交底日期	年　月　日
安全管理人员		日　期	年　月　日

SG-AQ-03-09

三级安全技术交底记录表

第　　页/共　　页

施工单位：　　　　　　　　　　　　　　　　　　　　合同段号：

交底工序或工程名称		交底日期	年　月　日
交底层级		交底地点	

一、劳动纪律：

二、施工安全操作规程：

现场技术负责人和班组长（交底人）		交底日期	年　月　日
作业人员（接受交底人）		接受交底日期	年　月　日
安全管理人员		日　　期	年　月　日
安全监理		日　　期	年　月　日

说明：如为现场交底，则可不使用安全会议（教育培训活动）签到表。

SG-AQ-04-01

安全会议登记表

第　　页/共　　页

施工单位：　　　　　　　　　　　　　　　　　　　　　　　　合同段号：

序号	规章制度名称	责任部门	责任人	备注

说明：按月整理，备注可注明主办单位。

SG-AQ-04-02

安全会议记录表

第　　页/共　　页

施工单位：　　　　　　　　　　　　　　　　　　　　　　　合同段号：

会议名称		会议时间	年　月　日		
会议地点		组织部门			
出席对象		主持人		参加人数	
缺席人员					
会议内容摘要：					

主持人(签字)：　　　　　　　　　　　　　　　　　　　记录人(签字)：

说明：本表在施工单位合同段组织召开安全相关会议时后整理会议纪要时使用，记不下时可另附页，后面应附"安全会议(教育培训活动)签到单"；安全会议具体内容及影像资料应作为附件附表后。

SG-AQ-05-01

安全风险评估报告登记表

第　　页/共　　页

建设单位：

序号	资料名称	施工标段	监理标段	审批是否到位	报备时间	复核人

说明：1.安全风险资料包括风险评估报告，较大及以上施工安全风险分部分项工程清单、审批记录及专项施工方案等。

2.本表后附施工单位报备的安全风险资料。

SG-AQ-05-02

危险性较大工程清单

第　　页/共　　页

施工单位：

监理单位：

序号	危险性较大的工程名称	具体桩号及部位	监理审查意见	是否需专家论证
1				
2				
3				
4				
5				
6				
7				
8				
9				
10				
11				
12				
13				
14				
15				
16				
17				
18				
19				

安全监理工程师：　　　　　　　　　　施工单位技术负责人：

说明：应根据施工单位合同段专项风险评估报告正式稿的危险源台账填写，报监理单位审核、建设单位备案。

SG-AQ-05-03

重大风险基础信息登记清单

填报单位(公章)：

所在基层单位名称	类别	名称	部位	危险特性	影响范围	可能发生的事故及后果	是否落实监测管控	是否制定责任分工清单	是否制定防控措施清单	是否制定监测监控清单	是否制定应急处置清单	是否发生风险事件，并开展应急处置

联系人：　　　　　　　　　　联系电话：

SG-AQ-05-04

重大风险责任分工清单

填报单位(公章)：

所在基层单位名称	类别	名称	所在基层单位责任		集团所属二级企业责任		
			责任人	具体职责	责任部门	责任人	具体职责

联系人： 联系电话：

SG-AQ-05-05

重大风险防控措施清单

填报单位(公章)：

所在基层单位名称	类别	名称	所在基层单位防控措施			集团所属二级企业防控措施			
			责任人	具体措施	措施落实情况	责任部门	责任人	具体措施	措施落实情况

联系人：　　　　联系电话：

SG-AQ-05-06

重大风险监测监控清单

填报单位(公章):

所在基层单位名称	类别	名称	所在基层单位监测监控措施				集团所属二级企业监测监控措施				
			责任人	具体措施	措施落实情况	相关设施运行是否正常	责任部门	责任人	具体措施	措施落实情况	相关设施运行是否正常

联系人:　　　　　　　　联系电话:

SG-AQ-05-07

重大风险应急处置清单

填报单位(公章)：

所在基层单位名称	类别	名称	所在基层单位应急处置措施				集团所属二级企业监测监控措施				
			责任人	具体措施	是否发生风险事件,并开展应急处置	应急处置情况	责任部门	责任人	具体措施	是否发生风险事件,并开展应急处置	应急处置情况

联系人：　　　　　　　　　　联系电话：

SG-AQ-05-08

危险性较大分部分项工程专项施工方案登记台账

第　　页／共　　页

施工单位：

危险性较大分部分项专项施工方案名称	工程主要参数(规模/数量)	是否专家论证	计划施工日期

填表人：

说明：本表应根据施工单位合同段专项风险评估报告正式稿的风险评估结论填写。另根据实际情况，建设单位认为风险较大及以上施工风险的分部分项工程(在专项风险评估报告中未体现)也应列入表中；可结合现场情况按照《公路工程施工安全技术规范》(JTG F90—2015)附录A所列内容编制。

SG-AQ-05-09

专项施工方案报批单(不需专家认证)

施工单位:	合同段号:
监理单位:	分部合同段号:
	编　　号:

致(总监理工程师)__________: 由我项目部承担施工的_________________________工程的专项施工方案业已编制完毕,请予以审批。 附件:____________专项施工方案 内容包括:1.工程概况 2.编制依据 3.施工计划 4.施工工艺技术 5.施工安全保证措施 6.劳动力计划 7.计算书及相关图纸 分部项目经理(签章):　　日期:　　年　月　日 承包人(签章):　　日期:　　年　月　日
审查意见: 全专业监理工程师(签字):　　日期:　　年　月　日
审查意见: 驻地监理工程师(签字):　　日期:　　年　月　日
审核意见: 副总监理工程师(签章):　　日期:　　年　月　日
审批意见: 总监理工程师(签章):　　日期:　　年　月　日

说明:1.本表及其附件一式三份,承包人、总监办和总监办分部各存一份。

2.本表用于不需专家认证的专项施工方案的报审。

SG-AQ-05-10

专项施工方案报批单(需专家认证)

施工单位：　　　　　　　　　　　　　　　　　　　合同段号：
监理单位：　　　　　　　　　　　　　　　　　　　分部合同段号：
　　　　　　　　　　　　　　　　　　　　　　　　编　　号：

致(业主单位)__________： 由我项目部承担施工的____________________工程的专项施工方案业已编制完毕,并按专家论证意见进行了修订,请予以审批。 附件:__________专项施工方案及专家认证报告 内容包括:1.工程概况 2.编制依据 3.施工计划 4.施工工艺技术 5.施工安全保证措施 6.劳动力计划 7.计算书及相关图纸 分部项目经理(签章)：　　日期：　　年　月　日 承包人(签章)：　　日期：　　年　月　日
审查意见： 安全专业监理工程师(签字)：　　日期：　　年　月　日
审查意见： 驻地监理工程师(签字)：　　日期：　　年　月　日
审核意见： 副总监理工程师(签章)：　　日期：　　年　月　日
审核意见： 总监理工程师(签章)：　　日期：　　年　月　日
审批意见： 业主单位技术负责人(签章)：　　日期：　　年　月　日

说明:1.本表及其附件一式四份,承包人、总监办、总监办分部和业主单位各存一份。
2.本表用于超过一定规模危险性较大,需专家认证的专项施工方案报批。

SG-AQ-05-11

专项技术方案审批表

施工单位： 合同段号：

监理单位： 分部合同段号：

编　　号：

<table>
<tr><td colspan="2">方案名称</td><td colspan="4"></td><td>等级分类</td><td></td></tr>
<tr><td colspan="2">工程名称</td><td colspan="6"></td></tr>
<tr><td rowspan="3">编制单位</td><td>项目名称</td><td>公章</td><td rowspan="3">审批单位</td><td>单位名称</td><td colspan="3">公章</td></tr>
<tr><td>编制</td><td>日期：　　年　月　日</td><td>审批</td><td colspan="3">日期：　　年　月　日</td></tr>
<tr><td>项目总工</td><td>日期：　　年　月　日</td><td>总工程师</td><td colspan="3">日期：　　年　月　日</td></tr>
<tr><td colspan="8">审批意见：</td></tr>
</table>

说明：本表用于承包人(具备法人资格单位)的技术负责人审批。

SG-AQ-05-12

施工方案报审表

施工单位：　　　　　　　　　　　　　　　　　　合同段号：

监理单位：　　　　　　　　　　　　　　　　　　分部合同段号：

　　　　　　　　　　　　　　　　　　　　　　　编　　号：

致(驻地监理工程师)__________： 由我部承担施工的________________________工程的施工方案已编制完毕，并经我单位技术负责人批准，请予以审批。 附件：__________方案 分部项目经理(签章)：　　　　日期：　　年　月　日 承包人(签章)：　　　　日期：　　年　月　日
审查意见： 专业监理工程师(签字)：　　　　日期：　　年　月　日
审批意见： 驻地监理工程师(签章)：　　　　日期：　　年　月　日

说明：本表及其附件一式两份，承包人、总监办分部各存一份。

SG-AQ-06-01

生产安全事故隐患治理台账

建设单位：

序号	隐患名称	类型/部位	等级	发现时间	整改责任人/时限(天)	验收责任人/验收时间	备注

填写人：

说明：本表用来登记已发生的生产安全事故隐患。

SG-AQ-06-02

事故隐患排查登记表

第　　页／共　　页

建设单位：

事故排查类型：

序号	检查时间	检查地点	隐患情况	检查人	整改情况	整改负责人	备注

记录人：　　　　　　　　　　　　　　　　　　监理工程师：

说明：本表为登记施工单位开展隐患日常排查、定期排查和专项排查工作时使用，依据检查类别按序登记整理。

SG-AQ-06-03

工程事故隐患整改通知单

项目名称： 第 号

建设单位： ____年___月___日 星期____

受检查单位			
检查意见： 检查单位盖章 日期： 年 月 日			
限期回复时间		受检单位负责人签字	
检查人员签字			
备注：			

说明：1. 所有事故隐患应要求立即整改，限期回复。

2. 整改反馈意见粘附在存根后面。

3. 本表一式两/四份，下发到相关监理单位办公室、施工单位合同段，或推送到中标的监理单位和施工单位（重大事故隐患）。

SG-AQ-06-04

工程事故隐患整改回复单

项目名称：

施工单位：　　　　　　　　　　　　　　　　　　　　　　　　合同段号：

监理单位：　　　　　　　　　　　　　　　　　　　　　　　　分部合同段号：

　　　　　　　　　　　　　　　　　　　　　　　　　　　　　编　　号：

我部接到编号为________的事故隐患整改通知单后，现已按要求完成了整改，具体整改情况如下： 1. 2. 请予复查。 项目经理签名： 日期：　　年　月　日(章)
监理复查意见： 安全专业监理： 总监理工程师签名： 日期：　　年　月　日(章)
建设单位复查意见： 复查人： 日期：　　年　月　日(章)

说明：1.本表用于回复 JS-AQ-05-03 表。

2.本表一式三份，建设单位、监理单位、施工单位各存一份。

3.建设单位可以自规定哪些隐患整改回复需要安全专业监理（安全监理人员）签字，哪些既需要安全专业监理（安全监理人员）签字又需要总监理工程师签字。

SG-AQ-06-05

重大事故隐患登记表

第　　页/共　　页

单位名称：

<table>
<tr><td>隐患名称</td><td colspan="2"></td><td>登记时间</td><td>年　月　日</td></tr>
<tr><td>隐患部位</td><td colspan="2"></td><td>隐患类型
及等级</td><td></td></tr>
<tr><td>治理时限</td><td colspan="2"></td><td>所需资金</td><td>元</td></tr>
<tr><td>施工单位</td><td>负责人姓名
及联系电话</td><td></td><td>责任人姓名
及联系电话</td><td></td></tr>
<tr><td>监理单位</td><td>负责人姓名
及联系电话</td><td></td><td>责任人姓名
及联系电话</td><td></td></tr>
<tr><td>建设单位</td><td>负责人姓名
及联系电话</td><td></td><td>责任人姓名
及联系电话</td><td></td></tr>
<tr><td colspan="5">隐患的现状及其产生原因：</td></tr>
<tr><td colspan="5">隐患的危害程度和整改难易程度分析：</td></tr>
<tr><td colspan="5">隐患的治理初步方案：</td></tr>
<tr><td colspan="5">施工单位意见：

项目经理签字：　　　日期：　　年　月　日</td></tr>
<tr><td colspan="5">监理单位审查意见：

总监理工程师签字：　　　日期：　　年　月　日</td></tr>
</table>

填报人：　　　　　填报日期(章)：　　　　　年　月　日

说明：本表由施工单位合同段填写，对重大事故隐患的信息应按分析评估结论如实登记，并制订专项治理方案附表后，报监理单位办公室审查。

SG-AQ-06-06

重大事故隐患排查治理监督表

合同段：

序号	工程名称	存在的重大隐患	整改要求及措施	整改时限	整改监督人	整改情况	备注

SG-AQ-06-07

重大事故隐患公示牌

第　　页/共　　页

单位名称：

项目标段					
重大事故隐患名称					
重大事故隐患地点		开始时间			
		结束时间			
重大事故隐患概况					
重大事故隐患主要控制措施					
建设单位		责任人		联系电话	
施工单位		责任人		联系电话	
设计单位		责任人		联系电话	
监理单位		责任人		联系电话	

SG-AQ-06-08

重大事故隐患报备单

第　　页/共　　页

单位名称：

<table>
<tr><td>项目名称</td><td></td><td>联系电话</td><td></td></tr>
<tr><td>合同标段</td><td></td><td>施工单位</td><td></td></tr>
<tr><td>项目经理</td><td></td><td>项目总工</td><td></td></tr>
<tr><td>报备方式</td><td colspan="3"></td></tr>
<tr><td colspan="4">重大隐患信息报备内容：</td></tr>
<tr><td>施工单位意见</td><td colspan="3">项目负责人：　　　　日期：　　年　月　日</td></tr>
<tr><td>监理单位意见</td><td colspan="3">监理负责人：　　　　日期：　　年　月　日</td></tr>
<tr><td>建设单位意见</td><td colspan="3">建设单位负责人：　　　　日期：　　年　月　日</td></tr>
</table>

说明：1.施工单位单位合同段应当制定重大隐患治理专项方案，立即进行整改，由合同段项目主要负责人签字确认后及时向监理单位、建设单位报备。

2.重大隐患报备方式填写首次报备、定期报备和不定期报备三种方式。

SG-AQ-06-09

重大事故隐患挂牌督办销号申请报告

第　　页/共　　页

单位名称：

项目名称		联系电话	
合同标段		单位名称	
项目负责人		技术负责人	
督办通知书编号		要求完成时间	
督办问题描述：			
整改措施：			
整改完成时间			
施工单位申请意见	项目负责人：	日期：　　年　月　日	
监理审核意见	监理负责人：	日期：　　年　月　日	
建设单位核验意见	建设单位负责人：	日期：　　年　月　日	

说明：在重大隐患治理工作结束后，建设单位应成立隐患整改验收组对重大隐患治理情况进行验收，出具整改验收结论，并由组长签字确认；整改到位并消除安全生产隐患后，本表由施工单位填写上报，监理单位、建设单位核验，核验意见签完后由建设单位及时向主管监督机构提出销号申请报告，申请报告应附隐患整改报告、整改验收报告等内容。

附件：1.挂牌督办整改报告；2.评估意见。

SG-AQ-06-10

重大事故隐患治理验收申请

第　　页／共　　页

单位名称：

<table>
<tr><td>隐患名称</td><td colspan="2"></td><td>隐患部位</td><td></td></tr>
<tr><td>隐患类型
及等级</td><td colspan="2"></td><td>督办单位</td><td></td></tr>
<tr><td>治理经费</td><td colspan="2">元</td><td>计划验收时间</td><td>日期：　年　月　日</td></tr>
<tr><td>施工单位
治理情况
描述</td><td colspan="4">主要治理措施及效果：

安全负责人：　　　项目经理：　　　日期：　年　月　日</td></tr>
<tr><td>监理单位
审查意见</td><td colspan="4">

监理责任人：　　　总监理工程师：　　　日期：　年　月　日</td></tr>
</table>

说明：施工单位合同段在重大事故隐患治理完成后填写本表，将治理情况报监理单位，监理单位应现场验收后签写审查意见；本表应报备建设单位。

SG-AQ-06-11

重大事故隐患治理验收报告

第　　页/共　　页

单位名称：

隐患名称		隐患部位	
隐患类型及等级		治理经费	元
验收单位		验收时间	日期：　　年　月　日
隐患治理整改情况			
验收意见	监理单位验收负责人签名：		日期：　　年　月　日
	建设单位验收负责人签名：		日期：　　年　月　日

说明：本表自施工单位合同段开始填写，施工单位填写完重大隐患治理整改情况后，报监理单位、建设单位验收，本表意见签完后由建设位提交主管监督机构。

SG-AQ-06-12

领导带班生产工作记录表

第　　页/共　　页

施工单位：　　　　　　　　　　　　　　　　　　　　　　　　合同段号：

<table>
<tr><td colspan="2">工程名称</td><td colspan="2"></td><td colspan="2">施工单位</td><td colspan="2"></td></tr>
<tr><td colspan="2">日　期</td><td colspan="2"></td><td colspan="2">天气情况</td><td colspan="2"></td></tr>
<tr><td colspan="2">当日的施工生产工作</td><td colspan="6"></td></tr>
<tr><td colspan="2">专职安全员到位和履职情况</td><td colspan="6"></td></tr>
<tr><td colspan="2">安全防范重点部位和措施</td><td colspan="6"></td></tr>
<tr><td colspan="2">带班生产过程中检查出的问题和处理方法</td><td colspan="6"></td></tr>
<tr><td colspan="2">上次发现问题整改落实情况</td><td colspan="6"></td></tr>
<tr><td colspan="2">突发事件及处理情况</td><td colspan="6"></td></tr>
<tr><td colspan="2">其他(交接班注意事项)</td><td colspan="6"></td></tr>
<tr><td>交班领导</td><td></td><td>交班时间</td><td></td><td>接班领导</td><td></td><td>接班时间</td><td></td></tr>
</table>

说明：1.本表适用于施工单位领导带班巡查。

2.施工单位带班领导每日轮流带班，巡查工程现场，隧道、桥梁施工现场跟班作业。

3.施工单位填写带班生产工作记录内容应包括当日的施工生产工作、安全防范重点部位和措施、巡查记录、整改落实情况、特殊情况、交接班记录等。

SG-AQ-06-13

安全日志

第　　页/共　　页

施工单位：　　　　　　　　　　　　　　　　　　　　　　　　合同段号：

日期	年　月　日		天气情况	
施工桩号及部位				
安全生产情况	安全检查情况及发现的问题			
	隐患整改情况			
	有无事故发生：　　有□　　无□			
	事故简要经过			
专职安全员签名：				

说明：1.专职安全员每日巡查完后填写安全日志，每人每月记录一本。

2.“隐患整改情况”栏如下发了事故处理意见书则填写编号及情况简述，无则划“/”。

SG-AQ-06-14

电工巡检维修记录表

第　　页/共　　页

施工单位：　　　　　　　　　　　　　　　　　　　　合同段号：

电工姓名		巡视维修时间		日期	
序号	巡视检查项目	巡视检查内容		发现隐患	维修部位

说明：电工巡检维修记录单独组卷，由电工每日填写，每本填完后送交安全部门存档。

SG-AQ-07-01

大型/特种设备进场验收登记台账

第　　页／共　　页

施工单位：　　　　　　　　　　　　　　　　　　　　　　　　　　合同段号：

序号	设备名称	规格型号	产品合格证	使用地点	安装单位	检测单位验收情况	验收或检测日期	登记日期	登记部门	操作责任人	查验人	备注

项目经理签名：　　　　　　填表人：　　　　　　　　　　　　　　日期　　　年　月　日

说明：本表由机械、设备管理人对进场设备进行查验后登记，设备安装、验收、登记等环节完成后随时补充；设备出厂合格证明、验收检测资料等应依次装订成册附表后，停用或已拆除设备在备注栏注明；清单设备应与"一机一档"对应。

SG-AQ-07-02

大型/特种设备进场验收记录表

第　　页/共　　页

施工单位：　　　　　　　　　　　　　　　　　　　　　　合同段号：

<table>
<tr><td>设备名称</td><td colspan="4"></td><td colspan="2">型号/编号</td><td colspan="2"></td></tr>
<tr><td>使用地点</td><td colspan="4"></td><td colspan="2">验收日期</td><td colspan="2"></td></tr>
<tr><td>设备来源</td><td colspan="2">自有</td><td colspan="2">租赁</td><td colspan="2">出租单位</td><td colspan="2"></td></tr>
<tr><td>安装单位</td><td colspan="4"></td><td colspan="2">安装单位资质</td><td colspan="2"></td></tr>
<tr><td>检测单位</td><td colspan="4"></td><td colspan="2">检测单位资质</td><td colspan="2"></td></tr>
<tr><td>验收意见
及结论</td><td colspan="8"></td></tr>
<tr><td>附件</td><td colspan="8">1.设备设计文件、参数资料；　2.设备生产（制造）许可证、产品质量合格证；
3.安装单位资质证书；　4.安装及使用维护保养说明书；
5.安装、拆卸专项方案；　6.设备操作规程；
7.检测单位检测报告；　8.检测单位资质证书；
9.特种设备使用登记证；　10.起重设备试吊记录；
11.大型设备现场检查记录；　12.其他资料</td></tr>
<tr><td rowspan="3">参加验收
单位及人员</td><td colspan="2">使用单位：</td><td colspan="3">安装单位：</td><td colspan="3">出租单位：</td></tr>
<tr><td colspan="2">验收负责人：</td><td colspan="3">验收负责人：</td><td colspan="3">验收负责人：</td></tr>
<tr><td>日期：</td><td>（章）</td><td colspan="2">日期：</td><td>（章）</td><td>日期：</td><td colspan="2">（章）</td></tr>
</table>

说明：1.大型设备：指非特种设备的大型设备，如起重机械、整体提升式脚手架、滑模爬模、架桥机、挂篮、移动模架等。

2.验收人员应包括使用单位机械管理员和专职安全员，安装单位安拆检修人员，出租单位设备专业负责人和设备操作人员。

3.设备验收后，需相关单位参与人员签字，并加盖单位公章，未经验收合格不得投入使用。

SG-AQ-07-03

大型/特种设备现场检查记录表

第　　页/共　　页

施工单位：　　　　　　　　　　　　　　　　　　　　合同段号：

设备名称		型号/编号		使用地点	
安装单位				出租单位	

检查内容	施工自查情况	监理核查情况
设备制造许可证、产品合格证		
设备进场验收、检测及登记情况		
专项施工方案编制及审查情况		
设备与专项施工方案相符性		
设备基础与专项施工方案相符性		
特种作业人员上岗证持有情况		
安全技术交底落实情况		
其他安全保证措施情况		
设备运转情况		
其他		

施工自查意见：			
安全员签字 及日期		项目经理签字 及日期	

监理核查意见：			
安全监理签字 及日期		总监理工程师签字 及日期	

说明：1. 投入使用前检查。

2. 大型设备：指非特种设备的大型设备，如起重机械、整体提升式脚手架、滑模爬模、挂篮、移动模架等。

SG-AQ-07-04

施工设备定期检查、维修、保养记录表

第　　页／共　　页

施工单位：　　　　　　　　　　　　　　　　　　　　　　合同段号：

设备名称		使用地点		进场日期		检查人 或维修保养人	登记人
日期	类别	检查情况(或维修、保养内容)		处理情况			

说明：1.每台设备单独填记，类别包括安装、检测(验收)、定期检查、维修及保养等。

2.本表专职安全员在每次设备检查、检修、保养后进行登记。

SG-AQ-07-05

大临设施/安全设施验收记录表

第　　页/共　　页

施工单位：　　　　　　　　　　　　　　　　　　　　合同段号：

设施名称		使用部位	
设计单位		使用单位	
安装/制作单位		拆卸单位	
验收项目	验收内容及标准	施工单位自查情况	监理单位核查情况
施工单位自查验收意见：			
技术负责人签字及日期		机料负责人签字及日期	
安全员签字及日期		项目经理签字及日期	
监理单位检查验收意见：			
安全监理签字及日期		总监理工程师签字及日期	

说明：1.本表适用于高大支架、脚手架、安全通道、安全吊挂平台、高空检修平台、高空张拉操作平台等安全设施、安全防护用具以及临建驻地等大临设施的使用前安全检查验收。

2.本表中“验收项目”和“验收内容及标准”需根据施工方案，结合设施实际情况针对性制定。

3.验收项目、内容及标准较多时，可单独制作检查验收记录内容附后，要有验收人签字确认，并附验收照片。

SG-AQ-07-06

小型设备进场登记台账

第　　页／共　　页

施工单位：　　　　　　　　　　　　　　　　合同段号：

序号	设备名称	规格型号	产品合格证	使用地点	登记日期	登记部门	操作责任人	查验人	备注

填表人：　　　　　　　　　　　　　　　　日期：　　　　年　月　日

说明：本表由机械、设备管理人对进场设备进行查验后登记；设备出厂合格证明应依次装订成册附表后，停用或已拆除设备在备注栏注明；清单设备应与“一机一档”对应。

SG-AQ-08-01

安全设施清单

施工单位：　　　　　　　　　　　　　　　　　　合同段号：

监理单位：　　　　　　　　　　　　　　　　　　编　　号：

工程名称			工程项目		
序号	安全设施名称	规格型号	单位	数量	备注

安全生产副经理：　　　　　　现场监理：　　　　　　日期：　　　　　　年　月　日

SG-AQ-09-01

应急预案登记台账

第　　页/共　　页

施工单位：　　　　　　　　　　　　　　　　　　　　　　合同段号：

序号	名称	备案单位	备案日期	修订日期	备注

说明：本表用于应急预案登记，应急预案审批表和应急预案最终稿应附后。

SG-AQ-09-02

项目公司、各项目部________年应急演练计划

单位名称	演练名称	演练时间	演练地点	规模(参演单位、人员、设备)

SG-AQ-09-03

应急预案演练登记表

第　　页/共　　页

施工单位：　　　　　　　　　　　　　　　　　　　　　　　　　　　　　合同段号：

序号	演练时间	演练名称	演练类别	备注

说明：本表用于施工单位合同段应急预案演练登记，应急预案演练的工作方案、脚本、评估报告、总结报告等资料应依次附表后。

SG-AQ-09-04

20××年×月值班表

单位名称：

日期		带班领导	值班负责人		值班员				
		姓名	姓名	联系方式	姓名	联系方式	驾驶员	联系方式	值班室电话
×月×日	星期一								
×月×日	星期二								
×月×日	星期三								
×月×日	星期四								
×月×日	星期五								
×月×日	星期六								
×月×日	星期日								
×月×日	星期一								
×月×日	星期二								
×月×日	星期三								
×月×日	星期四								
×月×日	星期五								
×月×日	星期六								
×月×日	星期日								

值班须知：

1.带班领导、值班负责人、值班员24小时在岗，值班地点设在项目公司×楼×××值班室，电话：××××-×××××××，值班时间为9:00—次日早9:00。

2.周五值班时间为9:00—18:00，周六、日值班人员值班时间为周五18:00—周一9:00。

3.值班员应按时交接班，做好交接记录，坚守岗位，遇情况及时报告带班领导及值班负责人。

4.值班员遇特殊情况无法值班时，必须在带班值班日之前落实替班人员，并填写《带班值班替班表》

制表人： 审核人：

SG-AQ-09-05

带班值班替班表(值班负责人、人员、带班领导)

带班值班替班表(值班负责人、人员)

日期	原值班人	现值班人	带班领导

带班值班替班表(带班领导)

日期	原值班人	现值班人	总经理或董事长

SG-AQ-09-06

值班记录表

时间： 月 日 时至 月 日 时 天气：

值班记录：			
交接班交办事宜：			
带班领导签字		值班负责人签字	
		值班人员签字	

SG-AQ-09-07

突发事件信息报告表

报告阶段：（填写首报、续报、终报）

基本信息	时间	地点	信息来源
报告内容			

报告单位:

报告人: 联系电话:

SG-AQ-09-08

交通运输行业建设工程生产安全事故快报表

表　　号：交安监11表
制定机关：交通运输部
批准机关：国家统计局
批准文号：国统制(2014) 97号

填报单位(签章)：

1　事故基本情况			
1.1　事故发生日期与时间		1.2　天气气候	
1.3　工程名称		1.4　所在地	
1.5　工程分类		1.6　工程等级	
1.7　建设类型		1.8　事故发生部位	
1.9　事故发生作业环节		1.10　事故类别	
1.11　工程概况			
1.12　事故简要经过和抢险救援情况			
1.13　事故原因初步分析			
2　从业单位基本信息			
2.1　建设单位		2.2　设计单位	
2.3　施工单位		2.4　监理单位	

3　事故人员伤亡及经济损失情况							
	计量单位	合计	管理人员	技术人员	企业聘用工人	非本企业劳务人员	其他人员
死亡人数	人						
其中：现场死亡人数	人						
失踪人数	人						
受伤人数	人						
其中：重伤人数	人						
预估直接经济损失(万元)							

单位负责人：　　填表人：　　联系电话：　　填报时间：　　年　月　日　时　分

SG-AQ-09-09

应急救援设备管理台账

第　　页／共　　页

施工单位：　　　　　　　　　　　　　　　　　　　　　　　　　　合同段号：

序号	设备名称	规格型号	产品合格证	使用地点	登记日期	登记部门	操作责任人	查验人	备注

填表人：　　　　　　　　　　　　　　　　　　　　　　　　　　日期：　　　　年　月　日

说明：本表由机械、设备管理人对进场设备进行查验后登记；设备出厂合格证明应依次装订成册附表后，停用或已拆除设备在备注栏注明；清单设备应与“一机一档”对应。

SG-AQ-09-10

应急救援物资及器材管理台账

第　　页/共　　页

施工单位：　　　　　　　　　　　　　　　　合同段号：

序号	物资/器材名称	规格型号	产品合格证	使用地点	登记日期	登记部门	操作责任人	查验人	备注

填表人：　　　　　　　　　　　　　　　　日期：　　　年　月　日

说明：本表由机械、设备管理人对进场设备进行查验后登记；设备出厂合格证明应依次装订成册附表后，停用或已拆除设备在备注栏注明；清单设备应与“一机一档”对应。

SG-AQ-10-01

工程安全事故情况记录表

施工单位：　　　　　　　　　　　　　　　　　　　　编　　号：

合同段号：

事故单位		事故车（船）	
发生时间	___月___日___时___分	事故发生地点	
伤亡情况	伤亡___人，失踪___人，重伤___人		
报告单位		报告人员姓名及联系电话	
事故经过及原因			
事故处理情况			
赶赴现场人员			

说明：本表由事故单位填写，事故发生的时间、地点、经过、伤亡情况、处理情况应如实填写，事故原因填写初步分析原因，赶赴现场人员为救援、医疗、技术支持、警戒、善后等类人员。

SG-AQ-10-02

安全事故处理结果记录表

第　　页/共　　页

单位名称：

事故发生单位		事故发生时间	年　月　日　时　分
项目名称及合同段		事故发生地点部位	
事故类型		伤亡情况	
事故性质	□重大　　□一般	事故直接经济损失	万元
事故发生简要经过：			
事故责任鉴定：			
事故处理情况：			
有关责任人处理情况：			
整改措施及要求：			
处理单位		处理日期	年　月　日

说明：本表用于登记上报的安全事故处理结果，事故经过及处理结果的材料应附后。

SG-AQ-11-01

表 1.1.3　大中型公路水运工程危险性较大的分部分项工程施工前安全生产条件核查表

施工合同段：　　　　危险性较大的分部分项工程名称：

序号	安全生产条件核查内容	需附资料	评判标准	核查结论（符合、不符合）	存在问题说明（可另附页）
1	按规定编制专项施工方案，附具安全验算结果，经施工单位技术负责人、监理工程师签字后实施；超过一定规模的危险性较大分部分项工程，还应组织专家论证	专项施工方案，施工单位技术负责人、监理工程师审查意见和专家论证、审查意见	符合：按规定编制专项施工方案、附具安全验算结果，按程序履行签字确认手续；超过一定规模的危险性较大工程专项施工方案组织专家论证。 不符合：未按规定编制专项施工方案，或超过一定规模的危险性较大工程未编制专项施工方案，或未组织专家论证		
2	涉及本分部分项工程施工的特种设备操作人员和特种作业人员应取得相应作业资格	特种设备操作人员和特种作业人员资格证书复印件、身份证复印件	符合：特种设备操作人员和特种作业人员资格证书真实有效、符合作业要求，人数满足作业要求，人员已实际到岗就位。 不符合：特种设备操作人员和特种作业人员资格证书无效，不符合作业要求，人数不满足作业要求，人员未实际到岗就位		
3	施工单位按规定对本分部分项工程施工人员进行安全教育培训、技术交底和风险告知等	教育培训档案、技术交底记录和风险告知书	符合：按规定对从业人员进行安全教育培训且考核合格，培训内容符合岗位从业要求，培训学时符合相关规定；分工种、工序组织安全技术交底；针对不同工种进行针对性的风险告知。 不符合：施工单位按规定对从业人员进行安全教育培训但仍存在未经教育培训考核上岗从业情形，或未组织安全生产教育培训，未组织安全技术交底，未进行风险告知或者风险告知没有针对性		

续上表

序号	安全生产条件核查内容	需附资料	评判标准	核查结论（符合、不符合）	存在问题说明（可另附页）
4	涉及本分部分项工程施工的特种设备应取得使用登记证书并建立了技术档案；自行设计、组装或者改装的施工挂(吊)篮、移动模架等设施应进行验收	附特种设备使用登记证复印件和技术档案，自行设计、组装或者改装的施工挂(吊)篮、移动模架等设施的设计及验收材料	符合：特种设备取得使用登记证书并建立详细的技术档案；自行设计、组装或者改装的施工挂(吊)篮、移动模架等设施通过了专项验收。 不符合：特种设备未取得使用登记证书；自行设计、组装或者改装的施工挂(吊)篮、移动模架等设施未按规定组织专项验收，或专项验收未通过，或验收手续不全，或无验收记录		
5	施工现场按要求设置必要的作业平台、安全防护设施	附作业平台、安全防护设施相关设计图纸和现场实物照片	符合：按要求设置作业平台、安全防护设施，且牢固可靠。 不符合：未按要求设置作业平台、安全防护设施，或设置简易、不牢固		
6	施工现场应当配备必要的应急救援器材、设备和物资	附应急物资、设备、器材等清单和实物照片	符合：配备必要的救援器材、设备和物资。 不符合：未配备必要的急救援器材、设备和物资		
7	施工单位应当为本分部分项工程施工人员购买意外伤害险	附相关保单复印件	符合：本分部分项工程的作业岗位有意外伤害险或安全生产责任险。 不符合：本分部分项工程的作业岗位没有意外伤害险或安全生产责任险		
8	按规定办理跨线施工、交通管制及水上水下作业等相关手续	附相关手续材料	符合：按规定办理相关手续。 不符合：未按规定办理各项手续		

施工(监理)单位(盖章)：　　　　核查人(签名)：　　　　核查日期：　　　　年　月　日

说明：1.本表由施工单位自查，自查结果报监理单位。监理单位负责核查，核查结果报建设单位确认。在前序的危险性较大的分部分项工程中的某项安全生产条件核查结论为“符合”的情况下，后序的危险性较大的分部分项工程中相同项别的安全生产条件无实质变化的，可不重复报验。

2.危险性较大的分部分项工程范围划分可按照《公路工程施工安全技术规范》(JTG F90—2015)、《水运工程施工安全防护技术规范》(JTS 205—1—2008)。

3.参照住房和城乡建设部《危险性较大的分部分项工程安全管理规定》等文件，结合工程实际予以明确。

SG-AQ-11-02

表 1.2.1 大中型公路水运工程施工合同段开工前安全生产条件核查表

施工合同段：

序号	安全生产条件核查内容	需附资料	评判标准	核查结论（符合、不符合）	存在问题说明（可另附页）
1	施工单位建立健全安全生产保障体系，设立安全生产管理机构，按要求配备专职安全生产管理人员；“三类人员”按规定持有有效资格证书	附安全保障体系文件、组织机构图、相关证书复印件、相关人员任命文件等	符合：施工单位建立健全安全生产保障体系，按规定设立安全生产管理机构，按要求配足专职安全生产管理人员，安全管理机构有成立文件，岗位责任明确，人员有任命文件，符合岗位任职条件。 不符合：施工单位未建立安全生产保障体系，未按规定设立安全生产管理机构，未按要求配足专职安全生产管理人员，施工单位安全生产管理人员未按规定持有有效资格证书		
2	按规定开展专项风险评估工作，编制专项风险评估报告，梳理风险清单。制定风险分级管控和隐患排查治理方案，重大风险应按规定进行报备	附专项风险评估报告、风险分级管控和隐患排查治理方案	符合：按规定开展合同段专项风险评估，编制评估报告，评估程序规范、评估深度符合实际，建立风险管控清单；制定风险分级管控和隐患排查治理方案，重大风险已按规定进行报备。 不符合：未组织开展合同段专项风险评估，未编制风险评估报告、未建立风险管控清单；未制定风险分级管控和隐患排查治理方案，重大风险未按规定进行报备		
3	实施性施工组织设计文件按规定报批	附实施性施工组织设计文件和报批意见	符合：实施性施工组织设计文件按规定报批。 不符合：实施性施工组织设计文件未按规定报批		

续上表

序号	安全生产条件核查内容	需附资料	评判标准	核查结论（符合、不符合）	存在问题说明（可另附页）
4	劳务分包、专业分包等单位有符合法律法规的资质条件，证照真实有效，与从业人员订立劳动合同。与劳务分包、专业分包等单位签订分包协议，明确双方安全管理责任义务	附劳务分包、专业分包等单位的资质文件	符合：劳务分包、专业分包等单位有符合法律法规的资质条件，证照真实有效，与从业人员全员订立劳动合同。签订分包协议，明确双方安全管理责任义务。 不符合：劳务分包、专业分包等单位的资质条件不符合法律法规要求，证照缺失或失效，未与从业人员全员订立劳动合同。未签订分包协议，或分包协议未明确双方安全管理责任义务		
5	按规定编制合同段施工专项应急预案和现场处置方案，建立应急救援组织机构（队伍）或者指定工程现场兼职的、具有一定专业能力的应急救援人员	附施工专项应急预案、现场处置方案和成立专（兼）职应急救援组织机构（队伍）文件	符合：按规定编制专项应急预案和现场处置方案，各项应急管理要素齐全、应急程序合理、应急资源充足、应急指挥机制完备；成立专（兼）职应急救援组织机构（队伍）。 不符合：未按规定编制专项应急预案和现场处置方案；未成立专（兼）职应急救援组织机构（队伍）		
6	施工单位应当依法参加工伤保险，为从业人员缴纳保险费。施工单位依法投保安全生产责任险	附相关保单复印件	符合：企业相对固定的职工按用人单位参加工伤保险，短期雇用的农民工按项目参加工伤保险。施工单位依法投保安全生产责任险。 不符合：投保范围未覆盖全部从业人员，特别是新入场或转场的农民工没有工伤保险。未投保安全生产责任险		
7	办公、生活区与作业区选址和设置应当符合安全性要求，并按规定组织了验收	附验收资料	符合：办公、生活区与作业区选址和设置符合安全性要求，并按规定组织了验收。 不符合：办公、生活区与作业区选址和设置不符合安全性要求，未按规定组织验收		

监理单位（盖章）：　　　　核查人（签名）：　　　　核查日期：　　　　年　月　日

说明：本表由监理单位负责核查，核查完成后报建设单位确认。按要求附相关资料。

SG-AQ-11-03

表1.3.1　大中型公路水运工程平安工地建设施工单位施工现场(通用部分)考核评价表(满分150分)

施工合同段：　　　　施工单位名称：

序号	类别	考核项目	考核内容及评价标准	责任部门	考核评价方法	扣分标准	扣分说明	得分
1	施工现场布设(49分)	1.1　办公、生活、生产区域(8分)	*办公、生活区严禁设置在危险区域。距离集中爆破区应不小于500m。 *生活区严禁存放易燃易爆等危险品。 *装配式房屋应有材料合格证或验收证明,满足安全使用要求。 生产、生活区分别设置并封闭管理,设置满足紧急疏散要求的通道	安全部门、工程技术部门	查看现场、核查资料	*办公、生活区设置在危险区域,扣2分。 *生活区内存放易燃易爆危险品,发现一处扣1分。 *装配式房屋不满足安全使用要求的,发现一处扣1分。 办公、生活、生产区未分开设置、布局不合理,或有条件封闭的未封闭管理,未安排专人值班,发现一处扣1分。办公、生活、生产区布置不满足防火防爆要求,发现一处扣1分		

续上表

序号	类别	考核项目	考核内容及评价标准	责任部门	考核评价方法	扣分标准	扣分说明	得分
1	施工现场布设（49分）	1.2　拌和站（8分）	*拌和站应进行专项设计与验算，明确安全验收标准，并应编制安装、使用、维护和拆除的作业方案。 *拌和站实行封闭管理。 *拌和设备、罐体、料棚等应设置防倾覆措施。 *罐体等高耸建筑按规定设置防雷接地设施。拌和主机人孔门设置连锁开关。LNG气站应经过专项设计，由有资质的单位和人员负责管理，安全设施齐全有效，站内设置事故切断系统，用电设备满足防爆要求，现场配备防静电装置	机料部门、安全部门、工程技术部门	查看现场、核查资料	*拌和站未进行专项设计与验算，扣1分。 *拌和站未编制安装、使用、维护和拆除的作业方案，扣1分。 *拌和站未封闭管理，扣1分。 *拌和设备、罐体、料棚等未设置防倾覆设施，发现一处扣0.5分；应设而未设置防雷设施的，发现一处扣0.5分。拌和主机人孔门未设置连锁开关，扣1分。 LNG气站未进行专项设计，扣1分。负责管理LNG气站的单位和人员没有相应资质，扣1分。LNG气站安全设施失效或不齐全，视情节扣1~2分		
		1.3　预制场（5分）	*预制场应进行专项设计与验算，明确安全验收标准，并应编制安装、使用、维护和拆除的作业方案。 *构件存放场地基应进行处理，排水顺畅，满足存放要求。 *大型构件存放层数和间距符合规范要求，并采取有效防倾覆措施。 *张拉作业应设置警戒区，并有安全防护措施	安全部门、工程技术部门	查看现场、核查资料	*预制场未进行专项设计与验算，扣1分。 *预制场未编制安装、使用、维护和拆除的作业方案，扣1分。 *存梁场排水不畅，扣0.5分。 *梁板堆放层数不符合规范要求、无防倾覆措施，发现一处扣0.5分。 *张拉作业没有设警戒区或者没有安全防护措施，发现一处扣0.5分		

续上表

序号	类别	考核项目	考核内容及评价标准	责任部门	考核评价方法	扣分标准	扣分说明	得分
1	施工现场布设（49分）	1.4 钢筋加工场（5分）	*钢筋加工场应进行专项设计与验算，明确安全验收标准，并应编制安装、使用、维护和拆除的作业方案。 *钢筋加工场实行封闭管理。 *钢筋加工场应设置加工区与材料存放区。材料存放应按照成品、半成品、原材料进行区分	安全部门、工程技术部门	查看现场、核查资料	*钢筋加工场未进行专项设计与验算，扣2分。 *钢筋加工场未编制安装、使用、维护和拆除的作业方案，扣1分。 *钢筋加工场未实行封闭管理，扣1分。 *钢筋加工厂未分区管理，现场管理混乱，视情节扣0.5~1分		
		1.5 临时用电（7分）	*施工现场临时用电应采用“TN-S接零保护系统”，按“三级配电，二级漏电保护”设置。 *每台用电设备必须设独立的隔离开关及短路、过载、漏电保护器；配电箱、开关箱电源进线端严禁用插头或插座做活动连接。电缆应采用架空或埋地敷设。水上或潮湿地带电缆线必须绝缘良好并具有防水功能，电缆线接头必须经防水理。禁止临时电缆线布设在船舶进出航道、抛锚区和锚缆摆动区。工程使用的电线电缆入场前应当按规定抽样检测，无检测合格报告的不得使用。施工现场临时用电的巡视、维修、保养记录完整	安全部门、工程技术部门	查看现场	*未采用“TN-S接零保护系统”，未按“三级配电，二级漏电保护”设置的，发现一处扣0.5分。 *用电设备未设独立开关箱的，发现一台扣0.5分。 *开关箱未设短路、过载、漏电保护器的，发现一处扣0.5分。 *配电箱、开关箱电源进线端用插头或插座做活动连接的，发现一处扣0.5分。电缆线布设不规范的，发现一处扣0.5分。需经防水处理的电缆未做防水处理的，发现一处扣0.5分。工程使用的电线电缆入场前未按规定开展抽样检测，或无检测合格报告的，发现一次扣0.5分。施工现场临时用电的巡视、维修、保养记录缺失或者不完整，发现一处扣0.5分		

续上表

序号	类别	考核项目	考核内容及评价标准	责任部门	考核评价方法	扣分标准	扣分说明	得分
1	施工现场布设（49分）	1.6 消防安全（5分）	*施工生产、生活、办公区域消防设施、消防通道和安全距离符合消防安全要求。明确消防责任人，悬挂责任铭牌，定期对消防器材进行检查	安全部门、工程技术部门	查看现场	*施工生产、生活、办公区域的消防设施配备不足，或配备不正确，或维护、更新不及时，发现一处扣0.5分。消防通道不满足要求，扣1分。未明确消防责任人，未悬挂消防责任铭牌，扣1分。未定期对消防器材进行检查，扣1分		
		1.7 施工便道便桥（6分）	*便桥应进行专项设计，并组织验收，按设计荷载使用。跨航道便桥应设置防撞设施和警示标志。便道在急弯、陡坡、连续转弯等危险路段应硬化，临水临崖侧应设置防撞设施	安全部门、工程技术部门	查看现场、核查资料	*便桥未开展专项设计或未经验收即投入使用，扣1分。 *便桥超限超载使用的，发现一处扣1分。 *跨航道便桥缺少防撞设施和警示标志的，发现一处扣0.5分。便道应当硬化未硬化、临水临崖侧未设置防撞设施的，发现一处视情节扣0.5~1分		
		1.8 临时码头与栈桥（5分）	*临时码头与栈桥应进行专项设计，并组织验收。 *应配备相应的安全防护及救生设施。 *栈桥和临时码头应设专人管理，非施工车辆、人员及船舶不得进入或靠泊。开展码头或栈桥的沉降位移观测，及时检查、维护。栈桥应设置满足施工安全要求的照明设施。 *栈桥应设置独立的船舶停泊系缆装置，严禁直接系挂在栈桥上	安全部门、工程技术部门	查看现场、核查资料	*临时码头及栈桥未开展专项设计，或未组织验收即投入使用的，或未按设计荷载使用，扣1分。 *未配备安全防护及救生设备的，发现一处扣0.5分。 *未进行专人管理，扣1分。未对码头、栈桥开展观测、检查和维修，或相关工作不规范、不连续的，视情节扣0.5~1分。栈桥未按规定设置照明设施的，视情节扣0.5~1分。 *栈桥未设置独立的船舶停泊系缆装置的，扣1分		

续上表

序号	类别	考核项目	考核内容及评价标准	责任部门	考核评价方法	扣分标准	扣分说明	得分
2	安全防护（31分）	2.1 防护设施设置（13分）	施工现场应按规定设置封闭围挡。 *高处、临边、临水作业及孔洞应设置防护栏杆及安全网。 *下方有人员通行或作业的，应设置踢脚板或安全通道等。 *跨越既有公路、铁路施工时，应设置防护棚架、防抛网、桥梁防撞设施等安全设施。棚架应进行专项设计	安全部门、工程技术部门	查看现场、核查资料	施工现场未设置封闭围挡，发现一处扣0.5分。 *未按规定设置防护栏杆、安全网或其他安全防护设施的，发现一处扣0.5分。 *防护设施设置不规范，安全通道未搭设或搭设不规范，发现一处扣0.5分。 *跨越既有公路施工时，未搭设防护棚架或搭设不规范的，视情节扣1~2分。 *棚架应进行专项设计而未设计的，扣2分		
		2.2 安全警示标志、标牌（10分）	*施工现场应在明显位置设置“五牌一图”。 *施工工点应设置“网格化监管责任牌”。 *重大风险、重大事故隐患应在现场设置公示牌。 *施工现场与危险作业区域设置安全警示标志、标牌。 *施工便道与既有道路平面交叉处设置道口警示标志。 便桥应设置限宽、限速、限载标志。施工机械、设备按要求设置安全操作规程牌	安全部门、工程技术部门	查看现场	*施工现场未设置“五牌一图”，或未公示重大风险、重大事故隐患的，发现一处扣0.5分。 *未按规定设置文明施工、安全警示标志、标牌及操作规程牌的，发现一处扣0.5分。 *施工便道与既有道路平面交叉处未设置道口警示标志，发现一处扣0.5分。 便桥未设限宽、限速、限载标志，发现一处扣0.5分。施工机械、设备未按要求设置安全操作规程牌，发现一处扣0.5分		

续上表

序号	类别	考核项目	考核内容及评价标准	责任部门	考核评价方法	扣分标准	扣分说明	得分
2	安全防护（31分）	2.3　个体防护（8分）	*进入施工现场的人员及作业人员应按规定正确使用防护用品。防护用品质量应合格	安全部门、机料部门	查看现场	*未按照规定使用个体防护用品，发现一人次扣0.5分。 使用假冒伪劣的防护用品，或使用超过使用合格期的防护用品，发现一人次扣0.5分		
3	施工作业（70分）	3.1　高处作业（10分）	*墩柱及盖(系)梁施工、跨越式支架搭设、围堰拼装、设备安装等高处作业施工按要求设置作业平台，作业平台按规定进行设计验算。作业平台脚手板应铺满且固定牢固。 *高处作业必须设置人员上下专用通道，基础应牢固。 *作业平台脚手板应铺满且固定牢固。 40m以上宜安装附着式电梯	工程技术部门、安全部门	查看现场	*高处作业未按要求设置作业平台或设置简易，发现一处扣1分。 *大型高处作业平台未按规定进行设计验算，扣2分。高处作业未按要求设置人员上下专用通道，发现一处扣1分。 *高处作业平台脚手板未铺满或搭设不牢固，发现一处扣1分		

续上表

序号	类别	考核项目	考核内容及评价标准	责任部门	考核评价方法	扣分标准	扣分说明	得分
3	施工作业（70分）	3.2 支架脚手架（10分）	*施工现场搭设和拆除支架、脚手架应满足方案要求。 *拆除作业应设置警戒区。夜间不得进行支架脚手架的拆除作业。 *支架和脚手架基础牢固，排水设施完善。 *搭设支架和脚手架的材料应有产品性能检验报告、产品质量合格证，并按规定进行抽样检验。 *搭设高度大于10m的脚手架应设置缆风绳或固定措施。 *承重支架搭设应制定专项施工方案，并对地基基础进行承载力验算，按规定进行预压、验收，验收通过后应挂牌公示及告知	工程技术部门、安全部门、机料部门	查看现场、核查资料	*未按方案搭设和拆除支架脚手架，视情节扣1~2分。 *拆除作业未设置警戒区的，扣1分。 *夜间组织拆除支架脚手架的，发现一次扣1分。 *支架脚手架基础处理不符合要求或者缺少验收资料，扣1分；排水设施不完善，扣0.5分。 *支架和脚手架的材料无产品性能检验报告、产品质量合格证，或抽检质量不合格，每发现一处，扣1分。 *承重支架搭设未制定专项施工方案，扣2分。搭设完未组织验收，发现一处扣1分。未挂牌公示和公告，发现一处扣0.5分。 *承重支架使用前未进行预压，或预压不符合要求，发现一处扣0.5分。 未按要求设置缆风绳或固定措施，发现一处扣0.5分		

续上表

序号	类别	考核项目	考核内容及评价标准	责任部门	考核评价方法	扣分标准	扣分说明	得分
3	施工作业（70分）	3.3 模板工程（8分）	模板制作、安装、使用、拆除满足方案要求。大型模板使用前应组织验收。 *大型模板搭设和拆除应有专项施工方案，并按规定设置工作平台和爬梯。 *模板吊环不得采用螺纹钢筋	安全部门、工程技术部门、机料部门	查看现场、核查资料	模板制作、安装、使用、拆除等不符合方案要求，发现一处扣0.5分。大型模板验收程序不规范、验收记录不完善，视情节扣1~2分。 *大型模板搭设、拆除未制定专项施工方案，或方案未经审批，或方案内容有缺项、操作性不强，视情节扣1~2分。大型模板安装和拆除未按规定设置工作平台和爬梯，发现一处扣1分。 *模板吊环采用螺纹钢筋的，发现一处扣1分		
		3.4 焊接切割作业（6分）	*焊接与热切割作业人员应持证上岗，并正确佩戴、使用专用劳动防护用品。 *密闭空间内实施焊接及切割，应采取相应的通风、绝缘、照明装置和应急救援装备，并由专人现场监护，气瓶及焊接电源应置于密闭空间外。不宜使用交流电焊机。使用交流电焊机时，除应在开关箱内装设一次侧漏电保护器外，尚应安装二次侧空载降压触电保护器。气割作业氧气瓶与可燃气瓶之间的距离不得小于5m。气瓶安全附件（如压力表、防回火阀等）有效	安全部门、工程技术部门	查看现场、核查资料	*焊接与热切割作业人员未持证上岗，或未佩戴、使用专用劳动保护用品，发现一人次扣0.5分。 *密闭空间焊接，未实施通风、绝缘、照明等措施，或无应急装备、无专人监护等，发现一处扣1分。 使用交流电焊机时，未安装二次侧空载降压触电保护器，发现一台扣0.5分。 氧气瓶、乙炔瓶等作业的安全距离不足，发现一处扣0.5分。气瓶安全附件失效，发现一处扣0.5分		

续上表

序号	类别	考核项目	考核内容及评价标准	责任部门	考核评价方法	扣分标准	扣分说明	得分
3	施工作业（70分）	3.5　机械设备作业（12分）	大型机械设备作业场地地基承载力及平整度满足作业要求。 *门式起重机应设置夹轨器、尾端止挡、行程限位器等。 *塔式起重机基础和架体附着装置牢固，轨道式起重机限位及保险装置有效。 *垂直升降设备基础满足要求，架体附着装置牢固，不超载运行。 *缆索式起重机、跨缆式起重机、桥面起重机锚固可靠，经过检测检验或型式试验合格。 *起重设备安全保险装置、钢丝绳、滑轮、吊索、卡环、地锚等应安全可靠。检验合格铭牌悬挂于明显位置。 *吊装作业应设置警戒区，警戒区不得小于起吊物坠落影响范围。吊装作业现场应当配备专门人员现场管理。高空调转梁等大型构件应在构件两端设溜绳。吊装大、重、新结构构件和采用新的吊装工艺应先进行试吊。起重机严禁吊人。高耸起重设备按照规定设置避雷设施	机料部门、安全部门、工程技术部门	查看现场、核查资料	大型机械设备作业场地地基承载力及平整度不满足作业要求，扣1分。 *门式起重机未设置夹轨器、尾端止挡、行程限位器等，发现一处扣0.5分。 *垂直升降设备、塔式起重机基础及附着装置不稳定牢固，发现一处扣1分。 *缆索式起重机、跨缆式起重机、桥面起重机未经检测检验或型式试验合格便投入使用的，发现一处扣1分。轨道起重机无有效限位及保险装置，电缆拖地行走，发现一次扣0.5分。 *起重设备安全保险装置、钢丝绳、滑轮、吊索、卡环、地锚等损坏或不规范的，发现一处扣1分。铭牌未按要求悬挂，发现一处扣0.5分。 *吊装作业未设置警戒区的，未配备专门人员现场管理，发现一处扣0.5分。特种设备未报验即投入使用，扣2分。大、重、新构件吊装未试吊，或吊装大、重构件未在构件上设溜绳，发现一处扣1分。起重机违规吊人，发现一处扣2分。高耸起重设备未设置避雷设施，发现一台扣1分		

续上表

序号	类别	考核项目	考核内容及评价标准	责任部门	考核评价方法	扣分标准	扣分说明	得分
3	施工作业（70分）	3.6 爆破作业（8分）	*从事爆破工作的爆破员、安全员、保管员应持证上岗。 *按规定办理爆破许可证。爆破作业应严格按照审批的爆破设计方案进行施工，对邻近建筑物和邻近管线开展核查及评估。 *爆破作业必须设置警戒区和警戒人员。 炸药库应当远离村庄、驻地等人员聚集区域。 民爆器材设置专人负责，严格执行出库、入库和退库手续管理。 *爆破后应先进行排险后方可进行下步施工	安全部门、工程技术部门	查看现场、核查资料	*从事爆破工作的爆破员、安全员、保管员未持证上岗，发现一人次扣1分。 *未办理爆破许可证即进行爆破作业，扣2分。 *未按爆破设计方案进行作业，扣2分。 *爆破作业未设置警戒区和警戒人员，或警戒时间不足的，或起爆前未按规定检查、起爆后未按规定清查哑炮的，发现一次视情节扣1~2分。 炸药库未远离村庄、驻地等人员聚集区域设置，扣2分。 民爆器材未设置专人负责，未严格执行出库、入库和退库手续管理，发现一次视情节扣1~2分。 *爆破后未先进行排险即进行下步施工，扣2分		

续上表

序号	类别	考核项目	考核内容及评价标准	责任部门	考核评价方法	扣分标准	扣分说明	得分
3	施工作业（70分）	3.7 基坑工程（8分）	*深基坑施工应编制专项施工方案并经审批通过，严格按方案施工。 *深基坑边坡、支护结构等应进行沉降和位移监测。 基坑边坡的堆载安全间距及安全防护措施应满足要求	工程技术部门、安全部门	查看现场、核查资料	*无专项施工方案或方案未经审批通过即施工，扣2分。 施工方案内容不全、操作性差，视情节扣1~2分。 *基坑开挖和支护与施工方案不符，视情节扣1~2分。 *未进行基坑沉降和位移观测，或观测不规范、不连续，视情节扣1~2分。 基坑边坡堆载安全间距及安全防护措施不满足相关要求，发现一处扣1分		
		3.8 拆除工程（8分）	按专项施工方案组织拆除工程施工。 *拆除工程应由相应资质单位实施，施工前办理相关审批手续。 拆除工程可能对相邻建筑物或管线等安全产生危险时，应采取相应保护措施。 *拆除工程施工应采取封闭施工，专人指挥	工程技术部门、安全部门	查看现场、核查资料	未按拆除方案组织施工，扣2分。 *拆除工程未由相应资质单位实施，扣2分。 拆除工程对毗邻建筑物或管线构成危险时未采取保护措施，发现一处扣1分。 *拆除工程施工区域未采取封闭措施，或未安排专人指挥，扣1分。 防尘、防噪声的措施不到位，扣1分		

考核评价（或监督抽查）单位（盖章）：　　　　评价（或抽查）人（签名）：　　　　实施日期：　　年　月　日

说明：本表用于施工单位每季度自我评价，监理单位季度复核，建设单位每半年考核评价，以及交通运输主管部门监督抽查等，谁组织实施、谁负责盖章签认。

SG-AQ-11-04

表1.3.2 大中型公路水运工程平安工地建设施工单位施工现场(公路部分)考核评价表(满分150分)

施工合同段：　　　　施工单位名称：

序号	类别	考核项目	考核内容及评价标准	责任部门	考核评价方法	扣分标准	扣分说明	得分
4	桥梁工程（50分）	4.1 基础（15分）	*桥梁扩大基础、挖孔桩、钻孔桩、沉入桩、沉井和地下连续墙等施工严格按照施工方案实施。 施工区域应设置警戒设施或警示灯。 桩基钢筋笼下放采用专用吊具。 挖孔桩施工应对有害气体进行监测，保持通风；孔内采用安全特低电压照明；起吊设备应装设限位器和防脱钩装置。 挖孔桩孔口应设置防坠落器	工程技术部门、安全部门、机料部门	查看现场、核查资料	*桥梁扩大基础、挖孔桩、钻孔桩、沉入桩、沉井和地下连续墙等施工无方案的扣3分；未严格按施工方案实施，发现一处视情节扣1~2分。在城市、村镇等人口密集区域未设置警戒设施或警示灯，发现一处扣1分。扩大基础、挖孔桩或钻孔桩施工区域，未悬挂设置安全告知牌的，发现一处扣0.5分。 挖孔桩施工未按规定对有害气体进行监测，并保持通风，孔内未采用安全特低电压照明的，发现一处扣1分。起吊设备未安装限位器和防脱钩装置，或拆除了上述装置的，发现一处扣1分。挖孔桩孔口未设置防坠落器的，发现一处扣1分		

续上表

序号	类别	考核项目	考核内容及评价标准	责任部门	考核评价方法	扣分标准	扣分说明	得分
4	桥梁工程（50分）	4.2　下部结构（15分）	*高墩台施工严格按照专项施工方案组织实施。墩身钢筋绑扎高度超过6m应采取临时固定措施。 模板安装必须牢固，模板之间连接螺栓必须全部安装到位。 *钢围堰应按照设计及专项施工方案组织实施；有效开展监测、监控和预报、预警，工况发生变化时及时采取措施；钢围堰有相应的防撞措施，侧壁不得随意驻泊施工船舶。夜间不宜进行翻模或爬（滑）模升降作业	工程技术部门、安全部门、机料部门	查看现场、核查资料	*高墩台施工未严格按专项施工方案组织实施，视情节扣2~4分。墩身钢筋绑扎高度超过6m未采取临时固定措施，发现一处扣1分。模板螺栓连接不规范，发现一处扣1分。 *钢围堰未按设计及专项施工方案实施，视情节扣2~4分。 *钢围堰未有效开展监测、监控和预报、预警，扣2分。工况发生变化时未及时采取措施，扣2分。钢围堰侧壁随意驻泊施工船舶，发现一处扣1分		

续上表

序号	类别	考核项目	考核内容及评价标准	责任部门	考核评价方法	扣分标准	扣分说明	得分
4	桥梁工程（50分）	4.3 上部结构（20分）	*桥梁上部结构施工严格按专项施工方案实施。 *架桥机应有行程限位开关、联锁保护装置和紧急停止开关等安全防护装置。 *架桥机应安装安全监控管理系统。架桥机垫木应使用硬杂木，一般不多于3层。梁板吊装就位后及时进行稳固。不得采用将梁、板吊挂在架桥机后部配重的方式进行过孔作业。挂篮按方案组拼后，要进行验收，做静载试验。挂篮悬臂浇筑桥梁0号块及边跨现浇段支架、托架稳固。拱桥施工顺序及工艺满足设计及规范要求。斜拉桥、悬索桥的斜拉索、主缆安装、架设及防护施工规范，节段连接合理，施工支架（托架）结构稳固。应对缆索式起重机、桥面起重机、铰接设备、吊索牵引机具、片架运输台车、行走轨道铰点过渡梁和移动操作平台等设备做专项设计、加工及试验。桥面起重机应满足拼装过程中顺桥向坡度变化的要求，底盘应设止滑保险装置。其他结构按照相应规范要求施工	工程技术部门、安全部门、机料部门	查看现场、核查资料	*桥梁上部结构施工未按专项施工方案组织实施，视情节扣2~4分。 *架桥机安全防护装置缺失或失效的，发现一项扣1分。 *架桥机未安装安全监控管理系统，扣2分。架桥机支垫材质不符合要求或者支垫层数大于3层的，扣2分。梁板吊装就位后，未及时进行稳固，或稳固措施不足，发现一处扣1分。采用将梁、板吊挂在架桥机后部配重的方式进行过孔作业的，扣2分。未按要求对挂篮进行静载试验，或无检查记录，视情节扣1~2分。挂篮悬臂浇筑桥梁0号块及边跨现浇段支架、托架稳定性不足，视情节扣1~2分。拱桥施工顺序及工艺不满足设计及规范要求，扣2分。斜拉桥、悬索桥的斜拉索、主缆安装、架设及防护施工不规范的，节段连接不合理的，施工支架（托架）结构稳定性不足的，视情节扣2~4分。缆索式起重机、桥面起重机、铰接设备、吊索牵引机具、片架运输台车、行走轨道铰点过渡梁和移动操作平台等设备未做专项设计、加工及试验，扣2分。桥面起重机底盘未设止滑保险装置，扣1分		

续上表

序号	类别	考核项目	考核内容及评价标准	责任部门	考核评价方法	扣分标准	扣分说明	得分
5	隧道工程（50分）	5.1 基本要求（10分）	*长、特长及高风险隧道施工应设置稳定可靠的视频监控系统、门禁系统和人员识别定位系统。 *隧道内严禁存放汽油、柴油、煤油、变压器油、雷管、炸药等易燃易爆物品。 *隧道施工必须按规定采用机械通风。洞口工程、洞内施工排水系统完善。隧道内照明充足，作业地段采用不大于36V安全电压。施工作业台架、台车需要经过专项设计，并验收合格，防坠设施设置齐全，安全可靠。软弱围岩隧道开挖掌子面至二次衬砌之间应设置逃生通道，配备应急箱。 *逃生通道距离开挖掌子面不得大于20m。洞口设置应急物资库，应急物资配备齐全。隧道内应定期清扫、冲洗，保持干净整洁。应有足够数量的消防器材	工程技术部门、安全部门、机料部门	查看现场、核查资料	*长、特长及高风险隧道施工未设置稳定可靠的视频监控系统、门禁系统和人员识别定位系统，视情节扣1~2分。 *隧道内堆放易燃易爆物品，发现一处视情节扣0.5~1分。洞口工程、洞内施工排水系统不完善，视情节扣0.5~1分。 *隧道施工应采用机械通风而未采用的，扣1分。隧道内照明不足，或作业地段未采用安全电压的，发现一处扣1分。施工作业台架、台车未经专项设计和验收，扣1分。 *逃生通道设置不规范，发现一处扣1分。应急设施设置不到位，扣0.5分。隧道内未定期清扫、冲洗，粉尘超标，发现一次视情节扣0.5~1分。隧道内消防器材不足，扣1分		

续上表

序号	类别	考核项目	考核内容及评价标准	责任部门	考核评价方法	扣分标准	扣分说明	得分
5	隧道工程（50分）	5.2 隧道施工（20分）	*洞口边仰坡施工应设置截水沟，开挖应自上而下开挖，保证稳定。 *施工安全步距应符合规范要求。 *开挖循环进尺符合方案及规范要求。 *严禁擅自变更开挖方法，严格控制超欠挖。单洞Ⅲ级及以上围岩累计长度超过2km的隧道应使用多臂凿岩机施工。 *下台阶左右侧应错开开挖，同一榀钢架两侧不得同时悬空。分部开挖法的临时支架拆除在仰拱施工前进行。隧道对向开挖两工作面距离达到要求临界值时应加强联系，改为单向开挖。无轨运输斜井内运输道路应硬化，并应采取防滑措施。斜井应每隔一定距离设置防冲撞设施；单车道的斜井，每隔一定距离应设置错车道。仰拱栈桥应经过强度、刚度和稳定性验算。相邻钢架之间必须用纵向钢筋连接，钢架拱脚必须放在牢固的基础上。仰拱开挖宽度应符合规范要求	工程技术部门、安全部门、机料部门	查看现场、核查资料	*洞口边仰坡施工未设置截水沟，扣1分。未自上而下开挖，扣1分。 *施工安全步距不符合规范要求，视情节扣1~2分。 *开挖循环进尺不符合方案及规范要求，视情节扣1~2分。 *擅自变更开挖方法，发现一次视情节扣1~2分。超欠挖超标，发现一次视情节扣1~2分。单洞Ⅲ级及以上围岩累计长度超过2km的隧道未使用多臂凿岩机施工，扣1分。 *下台阶左右侧未错开开挖，同一榀钢架两侧同时悬空，视情节扣1~2分。分部开挖法的临时支架拆除未在仰拱施工前进行，扣1分。无轨运输斜井内运输道路未硬化，未采取防滑措施，扣1分。斜井防冲撞设施设置不规范，视情节扣1~2分。仰拱栈桥未经过强度、刚度和稳定性验算，扣1分。相邻钢架未用钢筋连接，发现一处扣0.5分。拱脚基础不牢固，发现一处视情节扣0.5~1分。仰拱开挖宽度不满足规范要求，扣1分		

续上表

序号	类别	考核项目	考核内容及评价标准	责任部门	考核评价方法	扣分标准	扣分说明	得分
5	隧道工程（50分）	5.3 监测预报（10分）	*长大隧道和不良地质隧道必须进行超前地质预报。 *制定监控量测及超前地质预报专项施工方案，按方案组织实施。 *岩溶、采空区等不良地质隧道、瓦斯隧道施工需配置超前地质钻机进行预报地质，地质预报必须进行地质素描。 *对隧道有毒有害气体进行监测，并公示监测数据。 *监控量测数据出现异常时应当及时报告，对量测数据定期进行分析，编写分析报告，施工负责人、技术负责人及设计代表签字齐全	工程技术部门、安全部门	查看现场、核查资料	*长大隧道和不良地质隧道未进行超前地质预报，扣2分。 *未制定监控量测及超前地质预报专项施工方案的，扣2分，或方案不完善，或未按照方案实施，发现一处扣1分。 *未按规定配备超前地质钻机进行预报地质，扣1分。 地质预报没有地质素描，扣1分。 *未对隧道有毒有害气体进行监测，扣1分。 *监控量测数据出现异常时未及时报告，扣1分。 *量测数据未定期分析，或未编写分析报告，视情节扣1~2分。监测量测数据不真实的，扣1分。 报告签字不齐全，发现一处扣0.5分		

续上表

序号	类别	考核项目	考核内容及评价标准	责任部门	考核评价方法	扣分标准	扣分说明	得分
5	隧道工程（50分）	5.4 瓦斯隧道（10分）	*瓦斯隧道施工要编制专项施工方案并严格执行。 *瓦斯隧道应使用具有防爆性能的机械设备。 *瓦斯隧道应建立预警机制。 *使用煤矿许用炸药和雷管，按规定实施动火作业管理。 *掌子面瓦斯浓度超标时严禁施工。 *瓦斯隧道通风必须进行专项设计，性能满足设计要求。设置灭火器、消防水池、消防用砂等消防设施	安全部门、工程技术部门	查看现场、核查资料	*瓦斯隧道施工未编制专项施工方案，或方案未经专家评审的，扣2分。 *瓦斯隧道施工不按方案实施的，视情节扣1~2分。 *瓦斯隧道施工未按要求使用具有防爆性能的机械设备，发现一处扣1分。 *瓦斯隧道未建立预警机制，扣1分。 *使用煤矿许用炸药和雷管，未按规定实施动火作业管理，扣1分。 *掌子面瓦斯浓度超标继续施工，扣2分。 *瓦斯隧道未按规定进行瓦斯浓度检测，或测试数据不连续，发现一次扣1分。 *瓦斯隧道通风未进行专项设计，扣2分。通风设备性能不满足设计要求，扣1分。瓦斯隧道施工现场消防设备不齐备，或失效的，发现一处情节扣0.5~1分		

续上表

序号	类别	考核项目	考核内容及评价标准	责任部门	考核评价方法	扣分标准	扣分说明	得分
6	路基工程（20分）	6.1 边坡工程（15分）	*高边坡施工应设置截、排水设施，靠近交通要道作业时需要设置隔离、防护措施。不良地质边坡开挖前应提前施作排水设施。 *高边坡施工自上而下，开挖一级防护一级，严禁多级坡同时立体交叉作业。不良地质边坡在雨后或雪融后不得直接开挖。高边坡施工需要开展边坡稳定性监测、变形监测。挡土墙施工排水设施完善。爆破开挖满足相关要求，符合本表中3.6条要求。锚杆、锚索施工应当设置警戒区。 张拉作业千斤顶后方不得站人	工程技术部门、安全部门	查看现场、核查资料	*未设置截、排水设施或者设置不完善，扣1分。 *靠近交通要道作业时未设置隔离、防护措施，扣2分。 *边坡施工未实现开挖一级防护一级，发现一处扣1分。存在多级坡同时立体交叉作业，扣2分。高边坡施工未开展边坡稳定性监测、变形监测，扣2分。锚杆、锚索施工未按规定设置警戒区，发现一处扣1分。张拉作业时有人站在千斤顶后方，每发现一人次扣1分		
		6.2 抗滑桩工程（5分）	*孔桩应当间隔跳槽开挖。 *抗滑桩未施工完毕下级边坡严禁开挖。 抗滑桩开挖过程中应设置观测点	工程技术部门、安全部门	查看现场	*孔桩未采取间隔跳槽开挖方式的，发现一处扣1分。 *抗滑桩施工中上、下级边坡同时交叉开挖，发现一处扣1分。抗滑桩开挖过程中未设置观测点，发现一处扣0.5分		

续上表

序号	类别	考核项目	考核内容及评价标准	责任部门	考核评价方法	扣分标准	扣分说明	得分
7	路面工程（14分）	7.1 路面工程（14分）	路面施工按照审批的交通组织方案实施。 *施工区域实行交通管制。在通车道路上施工或夜间作业时，应采取限速、导流及渠化等措施。 *交通指挥人员和上路作业人员应按规定穿着安全反光标志服或反光背心。严禁工程施工车辆违规载人或超速行驶。路面摊铺机、压实机械等设备设置防触碰装置、设置倒车影像、倒车雷达等安全设施。摊铺施工应安排专人负责指挥	安全部门、机料部门	查看现场、核查资料	施工区域未实行交通管制或交通封闭管理不严，扣2分。 *在通车道路上施工或夜间作业时，未设置限速、导流及渠化等措施，扣2分。 *交通指挥人员和上路作业人员未按规定穿着安全反光标志服或反光背心，发现一人次扣1分。发现用施工车辆违规载人，或在施工区域超速行驶，发现一次扣1分。 路面摊铺机、压实机械等设备安全设施缺少或失效，发现一处扣1分。 摊铺施工期无专人指挥的，发现一次扣1分		

续上表

序号	类别	考核项目	考核内容及评价标准	责任部门	考核评价方法	扣分标准	扣分说明	得分
8	附属工程（16分）	8.1 房建工程（4分）	施工现场井字架、脚手架应按照施工方案搭设和拆除。上料平台应独立设搭设，平台距井架间隙小于10cm，当平台高度超过10m时，四面应设缆风绳。双机提升的吊篮应配备两名工人操作，严禁单人操作。发现吊篮工作不正常时，应及时停止作业、检查和消除隐患。严禁在带病吊篮上继续进行作业	安全部门、工程技术部门	查看现场、核查资料	施工现场井字架、脚手架未按照施工方案搭设和拆除，视情节扣0.5~1分。上料平台未独立设搭设，平台距井架间隙大于10cm，当平台高度超过10m时，四面未设缆风绳，视情节扣0.5~1分。双机提升的吊篮单人操作，发现一处扣0.5分。发现吊篮工作不正常时，未及时停止作业、检查和消除隐患，扣0.5分。在带病吊篮上进行作业，扣0.5分		
		8.2 绿化工程（4分）	涉路施工，应提前在施工地段车行方向前端的交叉口设置导向分流标志。涉路施工，警示标志、围挡应在施工区域两端和周边摆放，应专人看管做好交通引导。小范围、短周期的日常养护应避开交通高峰时段，安排夜间施工，应通知交巡警部门，确实需要白天施工的，应征得交巡警批准后进行	安全部门、工程技术部门	查看现场	涉路施工，未提前在施工地段车行方向前端的交叉口设置导向分流标志，扣1分。涉路施工，未在施工区域两端和周边摆放警示标志、围挡，未安排专人看管做好交通引导，发现一处扣0.5分。日常养护工作不规范或者程序未履行到位，视情节扣0.5~1分		

续上表

序号	类别	考核项目	考核内容及评价标准	责任部门	考核评价方法	扣分标准	扣分说明	得分
8	附属工程（16分）	8.3 交安工程（4分）	打、压立柱施工时，桩机应安设牢固、平稳，作业区域四周应设置安全警示标识牌。涉路施工，应提前在施工地段车行方向前端的交叉口设置导向分流标志。热熔釜熔料时最大投料量不得超过缸体的4/5，热熔釜和漆料保温桶上方不得出现明火	安全部门、工程技术部门	查看现场	打、压立柱施工时，桩机安设不稳固，作业区域四周未设置安全警示标识牌，发现一处扣0.5分。涉路施工，未提前在施工地段车行方向前端的交叉口设置导向分流标志，扣1分。热熔釜熔料时最大投料量超过缸体的4/5，扣1分。热熔釜和漆料保温桶上方出现明火，扣1分		
		8.4 电气工程（4分）	涉路施工，警示标志、围挡应在施工区域两端和周边摆放，应专人看管做好交通引导。电气设备集中场所应配置可灭电气火灾的灭火器材。电气设备和线路周围，应设置易燃易爆或阻燃格力防护	安全部门、工程技术部门	查看现场	涉路施工，未在施工区域两端和周边摆放警示标志、围挡，未安排专人看管做好交通引导，发现一处扣1分。 电气设备集中场所未配置可灭电气火灾的灭火器材，发现一处扣0.5分。电气设备和线路周围，未设置易燃易爆或阻燃格力防护，发现一处扣0.5分		

考核评价(或监督抽查)单位(盖章)：　　　　评价(或抽查)人(签名)：　　　　实施日期：　　年　月　日

说明：本表用于施工单位每季度自我评价，监理单位季度复核，建设单位每半年考核评价，以及交通运输主管部门监督抽查等，谁组织实施、谁负责盖章签认。

SG-AQ-12-01

安全月报

编　制　人：________
审　核　人：________
单位负责人：________

项目部：
日　期：

安全月报

__________月，现将本月安全生产情况具体汇报如下：

一、安全管控总体情况

二、事故状况

三、上月安全问题整改情况

四、本月安全管控情况

五、下月安全工作重点及计划安排

六、附表：安全月报表

安全月报附表

填报单位：　　　　　　　　　　　　　　　　日期：

基本情况	召开安全生产专题会议次数		开展安全检查、督查情况					组织隐患排查情况			
			参与项目(合同段)数量		检查项目(合同段)数量			参与项目(合同段)数量		排查项目(合同段)数量	
	1		5		5			5		5	
事故情况	名称		高处坠落	物体打击	机械伤害	触电	爆炸	坍塌	其他	共计	直接经济损失(万元)
	事故起数		0	0	0	0	0	0	0	0	0
	死亡人数		0	0	0	0	0	0	0	0	0
	事故等级										
上级部门发现隐患整改情况	隐患分类	发现数量	已整改	未整改	整改率	责任部门	责任人	隐患未整改完成原因		未整改完成隐患计划完成时间	
	Ⅰ级隐患(项)										
	Ⅱ级隐患(项)										
	Ⅲ级隐患(项)										
自查发现隐患整改情况	Ⅰ级隐患(项)										
	Ⅱ级隐患(项)										
	Ⅲ级隐患(项)	0	0	0	100%						
重大隐患	发现部位、情况		列入整改计划的重大隐患	其中						累计落实整改资金(万元)	
				落实整改目标任务	落实整改经费物资	落实整改机构人员	落实整改时间要求	落实安全措施方案			

说明：1.隐患分类按照山西省地方标准《公路工程施工安全检查评价规程》要求进行分类，Ⅰ级:是指危害严重的；Ⅱ级:是指危害较重的；Ⅲ级:是指危害较轻的。

2.重大隐患指Ⅰ级及Ⅱ级隐患，一般隐患指Ⅲ级隐患。对Ⅰ级及Ⅱ级隐患应写明责任部门、责任人、隐患未整改完成原因、未整改完成隐患计划完成时间。

SG-AQ-12-02

安全专项活动登记台账

第　　页/共　　页

施工单位：

序号	安全专项活动名称	活动时间	备注